中國學術思想 研究輯刊

十九編

林慶彰 主編

第 14 冊

論宋季士儒之困頓與抉擇
——以殉節思想爲核心展開探討(下)

鍾永興 著

花木蘭文化出版社

國家圖書館出版品預行編目資料

論宋季士儒之困頓與抉擇——以殉節思想為核心展開探討
（下）／鍾永興 著 -- 初版 -- 新北市：花木蘭文化出版社，2014
〔民 103〕
目 2+184 面；19×26 公分
（中國學術思想研究輯刊 十九編；第 14 冊）
ISBN 978-986-322-933-9（精裝）
1.宋元哲學 2.知識分子
030.8   103014777

ISBN-978-986-322-933-9

9 789863 229339

中國學術思想研究輯刊
十九編　第十四冊　　　　　　ISBN：978-986-322-933-9

論宋季士儒之困頓與抉擇
——以殉節思想爲核心展開探討（下）

作　　者　鍾永興
主　　編　林慶彰
總 編 輯　杜潔祥
副總編輯　楊嘉樂
編　　輯　許郁翎
出　　版　花木蘭文化出版社
社　　長　高小娟
聯絡地址　235 新北市中和區中安街七二號十三樓
　　　　　電話：02-2923-1455／傳眞：02-2923-1452
網　　址　http://www.huamulan.tw 信箱 hml 810518@gmail.com
印　　刷　普羅文化出版廣告事業
封面設計　劉開工作室
初　　版　2014 年 9 月
定　　價　十九編 25 冊（精裝）新台幣 42,000 元

論宋季士儒之困頓與抉擇
——以殉節思想爲核心展開探討（下）

鍾永興　著

第五章　文天祥的忠義行誼
與〈正氣歌〉思想

　　文天祥是宋季極具指標性的殉節人物，尤其可貴的是文天祥並非在宋代覆滅的當時就立即殉節犧牲，而是經過了三年之久的囚處光陰，其間因抵死不肯仕元，遁隱之願亦不爲元君接納，最終乃是一往無悔，問心無愧地殉節犧牲，極其壯烈地受刑戮而死。宋季許多殉節義士絕命於兵荒馬亂之際，甚是可惜的是彼輩殉節行爲背後所憑藉的思想較難被彰顯，縱使有之，也較難建構出完備的思想體系。相較於那些慷慨成仁的殉節義士，文天祥由生入死前仍有三年的寶貴時光，可謂是從容就義者。他在這段期間內書寫下許多著名的詩歌文章，包括〈正氣歌〉、〈過零丁洋〉、〈衣帶贊〉等著作，爲後世遺留下研究其殉節動機的絕佳契機，並有助於後人爬梳其間的思想底蘊，進以探究其學術本眞。

第一節　文天祥生平梗概

一、志向與才識

　　文天祥（1236～1282），字宋瑞，又字履善，吉之吉水人也。〔註 1〕《宋史・文天祥傳》云：「自爲童子時，見學宮所祠鄉先生歐陽修、楊邦乂、胡銓

〔註 1〕文天祥生平之相關記載，參照元・脫脫，《宋史・文天祥傳》，元・劉岳申，〈文丞相傳〉，明・胡廣，〈丞相傳〉。詳見元・脫脫等撰，《宋史》（北京：中華書局，1977 年 11 月），卷 418，頁 12533～12541。宋・文天祥，《文文山全集・附錄》（臺北：河洛圖書出版社，1975 年 9 月），卷 19，頁 487～504。

像，皆諡『忠』，即欣然慕之。曰：『沒不俎豆其間，非夫也。』」〔註2〕歐陽
修（1007～1072）諡號「文忠」〔註3〕、楊邦乂（1085～1129）諡號「忠襄」
〔註4〕、胡銓（1102～1180）諡號「忠簡」〔註5〕，上述三人皆以「忠」聞名
天下。文天祥深受三位先賢感召，仰慕著彼輩的忠心與義舉，據此蓋不難窺
知文天祥實有意把「盡忠」當成自我期許與畢生之目標，盼望哪朝一日得以
竭盡所能地報效家國，憑藉著耿耿忠心與國族共體艱難。文天祥〈瑞州三賢
堂記〉之中有云：「瑞有三賢祠堂。三賢，余襄公、蘇文定公、楊文節公。……
余公用於慶曆，蘇公用於元祐，蹇蹇匪躬，皆在困躓流落之後。楊公當權姦
用事，屢召不起，報國丹心，竟以憂死，凜然古人尸諫之風。嗚呼！此其所
以為三賢歟。」〔註6〕文天祥替瑞州三賢堂題記當時，瞻顧余靖（1000～1064）、
蘇轍（1039～1112）、楊萬里（1127～1206）等先賢之事蹟〔註7〕，皆具有「臨
難毋苟免」〔註8〕的氣魄與胸襟，而天祥亦頗欲見賢思齊，矢志接踵先賢之行
誼。史載：「咸淳九年，起為湖南提刑，因見故相江萬里。萬里素奇天祥志節，

〔註2〕元・脫脫等撰，《宋史》，卷418〈文天祥傳〉，頁12533。

〔註3〕歐陽修為宋代著名政治家、文學家，為人崇尚風節，富有文采，光明磊落，
平生與人言談無所隱，歐陽修不吝於獎引後進，惟恐不及。如曾鞏（1019～
1083）、王安石（1021～1086）、蘇洵（1099～1066）、蘇轍（1039～1112）等
人，皆受其拔擢。詳見元・脫脫等撰，《宋史》，卷319，〈歐陽修傳〉，頁10375
～10381。

〔註4〕楊邦乂是南宋著名的抗金志士，史書稱他「博通古今」、「以節義自許」，建炎
三年，金人渡江攻南宋，當時戶部尚書李梲，以及鎮守建康的陳邦光皆投降，
迎金帥完顏宗弼入城，楊邦乂獨不屈膝，血書於衣上曰：「寧作趙氏鬼，不為
他邦臣」表明其心志。又曰：「世豈有不畏死而可以利動者？速殺我。」並且
大罵完顏宗弼曰：「若女真圖中原，天寧久假汝，行磔汝萬段，安得汙我！」
最終因惹怒完顏宗弼，遭剖心身亡。詳見元・脫脫等撰，《宋史》，卷447〈忠
義二・楊邦乂傳〉，頁13195～13196。

〔註5〕靖康之變以後，正值宋金交兵，胡銓以主戰立場反對秦檜（1090～1155）的
和議決策，甚至不惜上疏請斬當權的秦檜、孫近等人，表明寧願赴東海而死，
亦不屑與秦檜等人為伍，卻因此事獲罪於秦檜，導致秦檜等人的報復及貶謫。
詳見詳見元・脫脫等撰，《宋史》，卷374〈胡銓傳〉，頁11579～11590。

〔註6〕宋・文天祥，〈瑞州三賢堂記〉，《文集》，見氏著，《文文山全集》，卷9，頁
215～216。

〔註7〕三賢其人其事，詳見元・脫脫等撰，《宋史》，卷320〈余靖傳〉，頁10407～
10411。同書，卷339〈蘇轍傳〉，頁10821～10835。同書，卷433〈楊萬里傳〉，
頁12863～12870。

〔註8〕東漢・鄭玄注，宋・岳珂校，《禮記鄭注》〔相臺岳氏本〕（臺北：新興書局，
1975年10月），卷1〈曲禮上〉，頁3。

語及國事，愀然曰：『吾老矣，觀天時人事當有變，吾閱人多矣，世道之責，其在君乎？君其勉之。』」〔註9〕文天祥求學於白鷺洲書院，而江萬里（1198～1275）的身份即是白鷺洲書院的創辦人，江萬里為人知書達禮、忠義耿介，因此姦人賈似道（1213～1275）對江萬里頗有忌憚。江氏觀察出文天祥乃不凡之大器，賞其學問品德、識其忠義氣節，故於危急存亡之際託付以國族重擔，欲借助其才德與氣魄挽救南宋朝傾頹的情勢。及襄樊淪陷，江萬里心知國將不國，遂投水自盡，果敢地殉節以表其心志。〔註10〕文天祥所景仰的對象多為忠義之輩，據是知悉天祥亦存忠義報國之心，文氏與江氏皆為忠義節士，二人所掛念、所懷思、所作為乃如出一轍，二人的道德人品亦皆嶔崎磊落、光風霽月。江萬里向來為文天祥所敬重，最終殉節與國共相存亡，以明確其意向。文天祥為江萬里所託付，最終亦殉節以闡明其耿耿大義，且無愧其初衷。曩時江萬里認定天祥存有過人的氣節操守，著實深具識人之慧眼，誠可謂知人。文天祥囚困燕京凡三年之久，仍可不屈不撓，最終以從容的姿態自甘受刑，以成就其忠義，一來實無咎於萬里之勉，二來誠可謂無愧於趙宋朝廷。仔細思量，節士之間蓋存惺惺相惜之心，是故其情可相類似、其感可相與共，其行跡軌範亦可謂相去不遠矣。

此外，《宋史・文天祥傳》稱其「年二十舉進士，對策集英殿。時理宗在位久，政理浸怠，天祥以法天不息為對，其言萬餘，不為稿，一揮而成。帝親拔為第一。考官王應麟奏曰：『是卷古誼若龜鑑，忠肝如鐵石，臣敢為得人賀。』」〔註11〕文天祥出身書院，好學多聞、博通經史、善於文藻，其應殿試策對之時，援筆立成，呈現出敏捷的思慮與過人的才氣。他能受到考官王應麟（1223～1296）的讚揚與賞識也誠然是當之無愧。文天祥真正受到朝廷重用是在二王（趙昰、趙昺）時期，方其時襄樊二城已經淪陷，宋軍兵敗如山倒，宋恭宗（1271～？）已然降元，區區二王政權實則無力挽回傾頹的國勢，宋朝的敗亡其實是可以被預見的未來景象，然文天祥卻仍願受命於危厄之時，呈現出明知不可而為的過人氣魄。在文天祥的精神層面裡，有著

〔註9〕元・脫脫等撰，《宋史》，卷418〈文天祥傳〉，頁12534。

〔註10〕據《宋史・江萬里傳》記載：「萬里聞襄樊失守，鑿池芝山後圃，扁其亭曰『止水』，人莫諭其意，及聞警，執門人陳偉器手，曰：『大勢不可支，余雖不在位，當與國為存亡。』及饒州城破，軍士執（江）萬頃，索金銀不得，支解之。萬里竟赴止水死。左右及子鎬繼投沼中，積屍如疊。」引自元・脫脫等撰，《宋史》，卷417〈江萬里傳〉，頁12525。

〔註11〕元・脫脫等撰，《宋史》，卷418〈文天祥傳〉，頁12533。

一股強烈的道德感，這股道德感若體現在政治場域裡頭，亦是一種以天下爲己任的使命感，以及關懷世間治亂的宏偉胸襟。宋末朝廷秩序紊亂，理宗（1205～1264）以來賈似道、董宋臣（？～1260）等群小弄權當道，文天祥雖有入朝匡濟國政的志向，竟屢次遭受姦佞的抵制與罷黜，終因遠離魏闕之故，雖有雄心壯志與救國策略，卻終究是滯礙難有施爲。文天祥既聞知宋朝情勢危急，自身雖處江湖之遠，然一心繫乎天下國族的他，又怎能對國朝的衰敗冷眼旁觀？文氏內心的擔憂與焦慮，早已於字裡行間表露無遺。如下所述：

> 山中有流水，霜降石自出；驟雨東南來，消長不終日。故人書問至，
> 爲言北風急；山深人不知，塞馬誰得失。挑燈看古史，感淚縱橫發；
> 幸生聖明時，漁樵以自適。〔註12〕

> 桃花何夭夭，楊柳何依依；去年白鳥集，今年黃鵠飛。昔爲江上潮，
> 今爲山中雲；江上潮有聲，山中雲無情。一年足自念，況復百年長；
> 但存松柏心，天地眞茫茫。〔註13〕

文天祥留心魏闕的原因非爲高官厚祿，其於〈上權郡陳通判啓謝解〉說道：「以孝弟忠信爲實地，以功名富貴爲飄風。」〔註14〕足以顯露出他爲官之用意，非是爲了權柄與俸給，而是在於濟弱扶傾以及淑世護國。如上述「感淚縱橫發」、「但存松柏心」諸語，皆可見文天祥憂心天下安危的心境，況且當他聞知蒙古頻頻侵宋，斷然無法自安於漁樵生活。無奈方其時小人當權、賢良黜退，文天祥不禁悲從中來，僅能以詩歌抒發其憂國憂民的無限情懷。文天祥最終雖見用於朝廷而任丞相職，然國勢已頹，人臣雖欲光復故土，卻終究是回天乏術。但尤其可貴的是，文天祥直到以身殉節的那一刻，仍舊不改其憂國憂民的情懷，以天下爲己任的初衷。

二、學術與師承

文儀（革齋）是文天祥之父，雖無顯達的功名偉業，但頗重視學問人品，

〔註12〕 宋・文天祥，〈山中感興三首・其二〉，《文集》，見氏著，《文文山全集》，卷2，頁21。

〔註13〕 宋・文天祥，〈山中感興三首・其三〉，《文集》，見氏著，《文文山全集》，卷2，頁21。

〔註14〕 宋・文天祥，〈上權郡陳通叛啓謝解〉，《文集》，見氏著，《文文山全集》，卷7，頁161。

文天祥〈先君子革齋先生事實〉記載其父行誼云：「先君子幼穎，器質端重，進止如有尺寸。書經目輒曉大義，越時舉全文，不一遺。見鄉曲前輩，必肅容請益。暨長，天才逸發，志聞道，嗜書如飴，終日忘飲餐，夜擎燈密室，至丙丁或達旦。」〔註15〕文儀博學好禮，嗜書如命，文天祥自幼便受其父嚴格地督導，〈先君子革齋先生事實〉云：「始天祥兄弟幼且長，先君子不疾其不令昭蘇蒙滯納之義。方日授書，痛策砆，夜呼近燈誦日課。誦竟，旁摘曲詰，使不早恬，以習于弗懈。小失睡，即示顏色，雖盛寒暑，不縱檢束。天祥兄弟，慄慄擎槃水，無感色于偷。」〔註16〕文天祥又稱：「幼蒙家庭之訓，每欲行其本心，長讀聖賢之書。」〔註17〕文天祥受此書香環境的陶冶，遂奠定其嫻熟典籍、博覽多聞的學問基礎。及長，文天祥就學於白鷺洲書院，其於〈與中書祭酒知贛州翁丹山〉中稱：「某青原白鷺書生耳」〔註18〕。在白鷺洲書院的求學過程中，天祥嘗師事歐陽守道先生（1209～？），守道為朱熹（1130～1200）再傳，所以文天祥的學術思想亦可溯源自程朱理學，是為晦翁三傳。歐陽守道之生平，根據清代全祖望（1705～1755）所稱：「巽齋之宗晦翁，不知所自，考之滄洲弟子，盧陵有歐陽謙之實嘗從遊，巽齋其後人邪？其遺書宗旨，不可考見。然巽齋之門有文山，徑畈之門有疊山，可以見宋儒講學之無負於國矣。」〔註19〕《宋元學案・巽齋學案》既以歐陽守道為晦翁再傳，其學問特質遂屬於程朱一路，全氏說道：「（歐陽守道）年未三十，翕然以德行為鄉郡儒宗。……江文忠公作白鷺洲書院，首致先生為諸生講說。……先生初升講，發明孟氏正人心承三聖之說，學者悅服。」〔註20〕文天祥〈巽齋先生像贊〉讚揚歐陽守道為「學通經史，有本有根」、「說書崇政，講貫唐虞」、「橫經論道，一世宗師」〔註21〕，文天祥〈祭歐陽巽齋先生〉一文有云：「先生之學，如布帛菽粟，求為有益於世用，而不為高談虛語，以自標榜於一時。

〔註15〕宋・文天祥，〈先君子革齋先生事實〉，《文集》，見氏著，《文文山全集》，卷11，頁266。

〔註16〕同前注，頁267～268。

〔註17〕宋・文天祥，〈謝丞相〉，《文集》，見氏著，《文文山全集》，卷7，頁164。

〔註18〕宋・文天祥，〈與中書祭酒知贛州翁丹山〉，《文集》，見氏著，《文文山全集》，卷5，頁114。

〔註19〕清・黃宗羲，清・全祖望撰，《宋元學案》（臺北：河洛圖書出版社，1975年3月），卷22〈巽齋學案〉，頁81。

〔註20〕同前注，頁82。

〔註21〕宋・文天祥，〈巽齋先生像贊〉，《文集》，見氏著，《文文山全集》，卷10，頁251。

先生之文，如水之有源，如木之有本。與人臣言，依於忠，與人子言，依於孝，不爲曼衍而支離。」〔註22〕〈挽巽齋先生歐陽大著〉稱歐陽守道爲「名理軼魏晉，雅言襲軻思」〔註23〕。觀文天祥對歐陽守道的信服與盛譽，蓋知歐陽守道之品德、學術、文章，多有足堪令人稱善之處。

　　歐陽守道〈浩齋說〉嘗謂：「氣有實有虛。實氣，浩然之眞；虛氣，浩然之似。實者，至勁健而最和平，氣之常也。虛者，乍粗暴，而卒消靡，客氣之暫也。」〔註24〕文天祥〈正氣歌〉依正氣爲綱領而多所闡發，是以知歐陽守道的學說對文天祥之思想頗有啓迪的功效，文天祥師事守道，實可謂名師出高徒。此外，文天祥平生飽覽經籍與聖賢著作，早已在日積月累與耳濡目染之中，育成其厚實的學術根基及其崇高的道德理想，文天祥〈過零丁洋〉中說道：「辛苦遭逢起一經，干戈落落四周星」〔註25〕，雖感嘆遭逢亂世，注定自身的仕途坎坷，然憑藉其所學所讀，則必當篤信忠義氣節，以無愧於聖賢之教。文天祥以其學問經術開啓宦海仕途，是其官宦生涯的起點，最終以趙宋丞相的身份決意以一己之性命與國族命脈共存亡，以「讀聖賢書，所學何事」、「孔曰成仁，孟曰取義」、「惟其義盡，所以仁至」〔註26〕的意志與胸襟決心殉節，一往無悔地結束了性命。文天祥初以經術上的成就出仕爲官，之後承接了丞相要職，因而站在與蒙元軍事交鋒的最前線，不幸遭受蒙元的俘虜與囚處。文氏遇此禍患，最後仍能秉持聖賢所教地殉節而死，貫徹了道德操守，遙契於儒門風骨，是以能永垂不朽、流芳百世，巍巍然無愧乎天地。

三、詩歌與文章

　　詩歌所具備言志抒情的實際效益，向來便受到中國傳統士人的高度重視。孔子嘗稱：「《詩》可以興，可以觀，可以群，可以怨。邇之事父，遠之事君。多識於鳥獸草木之名。」〔註27〕乃從情感、功用、知識各方面談論《詩》

〔註22〕宋・文天祥，〈祭歐陽巽齋先生〉，《文集》，見氏著，《文文山全集》，卷11，頁282。

〔註23〕宋・文天祥，〈挽巽齋先生歐陽大著〉，《文集》，見氏著，《文文山全集》，卷2，頁37。

〔註24〕宋・歐陽守道，〈浩齋說〉，《巽齋文集》，卷25，頁19。引自王雲五編，《四庫全書珍本》（臺北：臺灣商務印書館，1971）。

〔註25〕宋・文天祥，〈過零丁洋〉，《指南後錄》，見氏著，《文文山全集》，卷14，頁349。

〔註26〕宋・文天祥，〈自贊〉，《文集》，見氏著，《文文山全集》，卷10，頁251。

〔註27〕《論語》卷9〈陽貨〉，宋・朱熹，《四書章句集注》（北京：中華書局，1983年10月），頁178。

的價值。《詩經·大序》云：「詩者，志之所之也。在心爲志，發言爲詩，情動於中而形於言，言之不足故嗟歎之，嗟歎之不足故永歌之，永歌之不足，不知手之舞之，足之蹈之也。」〔註28〕也說明了詩歌創生的源由及其能與人類情感相結合的特徵。「詩歌內容」跟「詩歌的創作者」是不容分割的整體，孟子嘗稱：「友天下之善士爲未足，又尙論古之人。頌其詩，讀其書，不知其人，可乎？是以論其世也。」〔註29〕這樣的「知人論世」之法，無疑說明了作品與作者、時代背景三者間的互通與關聯。文天祥之心念意志，發而爲詩歌文章，則見其詩文如親睹其人，皆適宜以「忠義」、「氣節」、「正氣」三語詞作爲象徵。惟獨第一等品格、學養之人，方能爲第一等風骨之詩文，誠如清代沈德潛（1673～1769）所謂：「有第一等襟抱，第一等學識，斯有第一等眞詩。」〔註30〕再觀《四庫全書總目提要》所述如下：

> 天祥平生大節，照耀今古。而著作亦極雄贍，如長江大河，浩瀚無際。其廷試對策，及上理宗諸書，持論劻直，尤不愧肝膽如鐵石之目。故長谷眞逸《農田餘話》曰：「宋南渡後，文體破碎，詩體卑弱。惟范石湖，陸放翁爲平正，至晦庵諸子，始欲一變，時習模彷古作，故有神頭鬼面之論，時人漸染旣久，莫之或改；及文天祥留意杜詩，所作頓去當時之凡陋，觀《指南前後錄》可見，不獨忠義貫於一時，亦斯文間氣之發見也。」〔註31〕

關於文天祥的文章與詩歌作品，周全先生認爲可劃分爲前後兩期，周氏云：「就今存《文山集》之內容觀之，大致可以蒙軍入杭，劃分爲二期。前期作品，多題贈應酬唱和之作。……後期作品，以《指南錄》、《指南後錄》及《集杜

〔註28〕漢·毛亨傳，東漢·鄭玄箋，唐·孔穎達疏，《毛詩正義》〔清·阮元校勘，《十三經注疏》第2冊〕（臺北：藝文印書館，2007年8月），卷1之1，頁13。

〔註29〕《孟子》卷10〈萬章下〉，宋·朱熹，《四書章句集注》，頁324。

〔註30〕清·沈德潛，《說詩晬語》，頁2。引自王德毅編，《叢書集成續編》（臺北：新文豐出版公司，1987年7月），199冊，頁332。另如胡明先生〈文天祥詩歌散論〉所稱：「文天祥作爲忠臣烈士、民族英雄，他的聲譽在中國歷史上是赫赫隆盛的。他以南宋宰相的身份被元代統治者殺害，但元代統治者又允許他的塑像與牌位奉入學官。明清兩代更是封謚不斷，名望劇升。……今天人們談到文天祥便肅然起敬地想到他的〈正氣歌〉，想到『人生自古誰無死，留取丹心照汗青』的名句。——文天祥的詩歌風貌與他的行爲形象是統一的。」見氏著，《南宋詩人論》（臺北：臺灣學生書局，1990年6月），頁317。

〔註31〕清·永瑢，紀昀等撰，《景印文淵閣四庫全書總目提要》（臺北：臺灣商務印書館，1986年3月），頁4～322。

詩》爲主,是文天祥忠烈行誼之自白,最足以表現其人格節操。」〔註32〕此就其文本談論。若就其學說思想而論,在文天祥的學說思想裡頭,極其強調一種「生生不息」的精神力量,這股力量蘊含著豐沛長存的活動特性,倘若以宋明理學「理本論」、「氣本論」、「心本論」來加以劃分,文天祥的學術背景乃淵源自程朱理學一脈,然而他的〈正氣歌〉思想,雖不足以視爲成熟的氣本論取徑,但至少可說是儒家「氣論」當中的「正氣論」,這樣的思想底蘊亦可算是獨樹一幟的開展進路。文天祥除卻文章詩歌可做前後期的分隔,其學說思想亦可略分爲前半期與後半期,前半期是表現在宋末階段。在這個階段裡頭,文天祥意圖以其學說思想振作朝廷風氣,期盼君主奮發有爲,勿苟且偷安以遺害國族命脈。《宋史》曰:「時理宗在位久,政理浸怠,天祥以法天不息爲對,其言萬餘。」〔註33〕文天祥在殿試對策之中以「法天不息」作答,此處指的便是《文山集》之中的〈御試策一道〉,同時也是文氏思想前半期之重要代表作品。

然宋理宗昏闇、賈似道當權,文天祥在理宗朝始終不受器重。及任丞相職,國勢已頹,文天祥縱然有心挽救,卻已無力回天,終歸得承受宋朝覆滅的殘酷事實。文天祥學說思想的後半期,便呈現在元初遭受朝廷囚處的這段期間內,其囚處獄中遭諸惡氣侵襲,卻不爲所害,欲死而不得,蓋有超然的精神力量作爲生命的支柱,文天祥思索這股精神力量的來源,遂寫下赫赫有名的〈正氣歌〉以表明其意向,〈正氣歌〉所代表的是文氏後半期思想之本眞,也是一篇血淚交織的曠世巨著。文天祥的思想底蘊,以前半期而論,蓋可以把〈御試策〉作爲代表及開端,〈御試策〉或可視爲〈正氣歌〉之雛型,該文雖未直接以「氣」字作爲立論闡述的基礎點,但文中所提及「生化」、「不息」等特徵,已然隱約地透露出「流行」、「活動」等氣化概念。至於後半期則直接以〈正氣歌〉作爲代表,深入地闡發天地正氣、浩然之氣等觀念,〈正氣歌〉實爲文氏畢生思想所凝結成的寶貴結晶,該文以「浩然之氣」兼攝自然義與道德義,強調此「正氣」的普遍流行與永垂不朽。換言之,這股「浩然之氣」就是一種活躍能動的流行本體,不受生死的阻隔,不受時空的制約,它既能充塞寰宇,又能於吾人生命行爲中具體實踐。〈正氣歌〉是文天祥臨終前的思想定論,是他畢生心血的總結,可援引來探究其殉節行爲所憑依之精神歸屬,

〔註32〕周全,《宋遺民志節與文學》(臺北:東吳大學,1991 年 3 月),頁 45~47。
〔註33〕元・脫脫等撰,《宋史》,卷 418〈文天祥傳〉,頁 12533。

並追溯其盡忠赴義的義理源頭。〈正氣歌〉既發揚孟子「浩然之氣」之說，又將宇宙論與德性論融合為一處，以「氣」作為前導，賦予此氣「浩然」的道德特性。綜上所述，蓋知文天祥對氣的闡發誠可謂廣博精微。茲將〈正氣歌〉的思想底蘊列於下兩節當中析論及闡揚，附帶略述中國傳統「氣論」的流變歷程。以下先就〈御試策〉部份加以論述，〈御試策〉所發揚的是「法天不息」、「生化不息」的思想崖略，如下列陳述：

> 臣聞天地，與道同一不息。聖人之心，與天地同一不息。上下四方之宇，往古來今之宙，其間百千萬變之消息盈虛，百千萬事之轉移闔闢，何莫非道？所謂道者，一不息而已矣。道之隱於渾淪，藏於未瑄未琢之天，當是時，無極太極之體也。自太極分而陰陽，則陰陽不息，道亦不息。陰陽散而五行，則五行不息，道亦不息。自五行又散而為人心之仁義理智、剛柔善惡，則乾道成男，坤道成女，穹壤間生生化化之不息，而道亦與之相為不息。然則，道一不息，天地亦一不息，天地之不息固道之不息者為之。〔註34〕

> 聖人出，而為天地立心，為生民立命，為往聖繼絕學，為萬世開太平，亦不過以一不息之心充之。充之而修身治人，此一不息也。充之而致知，以至齊家治國平天下，此一不息也。充之而自精神心術，以至於禮樂刑政，亦此一不息也。自有三墳五典以來，以至於太平六典之世，帝之所以帝，王之所以王，皆自其一念之不息者始。……臣之所望於陛下者，法天不息而已。〔註35〕

> 臣聞聖人之心，天地之心也。天地之道，聖人之道也。分而言之，則道自道，天地自天地，聖人自聖人。合而言之，則道一不息也，天地一不息也，聖人亦一不息也。……道之在天下，猶水之在地中，地中無往而非水，天下無往而非道，水一不息之流也，道一不息之用也。……聖人體天地之不息者也，天地以此道而不息，聖人亦以此道而不息。聖人立不息之體，則歛於修身；推不息之用，則散於治人。立不息之體，則寓於致知以下之工夫；推不息之用，則顯於齊家治國平天下之效驗。〔註36〕

〔註34〕宋・文天祥，〈御試策一道〉，《文集》，見氏著，《文文山全集》，卷3，頁42。
〔註35〕同前註，頁42～43。
〔註36〕同前註，頁43～44。

> 聖人所以爲聖人者，猶天地之所以爲天地也。道之在天地間者，常
> 久而不息，聖人之於道，其可以頃刻息邪？聖人之論配天地，乃歸
> 之不息則久，豈非乾之所以剛健中正純粹精也者，一不息之道
> 耳。……是以配天地者，亦以一不息。以不息之心，行不息之道，
> 聖人即不息之天地也。〔註37〕

文天祥以爲「道」遍天地、萬物、聖賢、帝王，皆以一「不息」者也，至於
「道」的眞諦亦僅坐落於「不息」而已。天地之間有一種踴躍的活動狀態，
這狀態流行不已、生化不止。天地乃是自然範疇，它以自然力量持續活動著，
宛如水之流動不息。聖賢是人文領域的領導，亦憑藉著「道」的運用應變而
不停歇。因此天地以不息長存，人類以不息延續，聖人所學所想、所作所爲
皆是不息的體現。聖人立不息之體，可謂內聖；推不息之用，可謂外王。推
己及人、內聖外王，皆是聖賢教人不倦的具體行動，這當然也是一種不息的
表現。聖人教化之不息、淑世之不息，不息的用意乃爲維繫人文領域的永續
發展，進以朝著長治久安的方向邁進。中國古代的思想家最常用「道」表述
自身的觀點，雖同以「道」言之，然其中的「第一義」卻不盡然相同。清代
史家章學誠（1738～1801）就曾經觀察出此番情況，章氏云：「人自率道而行，
道非人之所能據而有也。自人各謂其道，而各行其所謂，而道始得爲人所有
矣。」〔註38〕文天祥雖爲朱熹三傳，然其思想底蘊中「道」的「第一義」卻
不是朱熹所強調的寂然之「理」，而是〈正氣歌〉裡頭所闡發的具備活動功
能的「氣」，「氣」的特徵正是〈御試策〉所揭示出的「不息」，是故文氏有
「所謂道者，一不息而已矣」、「道一不息也」、「道一不息之用也」等思想論
調。這與朱熹學說大有立異之處，蓋朱子思想主「理」而崇尚「靜態義」，
文氏思想主「氣」而推尊「動態義」，蒙培元先生嘗專就此二者加以比較分
析。〔註39〕文天祥所闡述「不息」的意義，雖如蒙培元先生所提及的這般具

〔註37〕同前注，頁44。
〔註38〕清・章學誠，〈原道中〉，見氏著，葉瑛校注，《文史通義校注》（臺北：頂淵
　　　　文化，2002年9月），卷2，頁133。
〔註39〕蒙培元稱：「文天祥對朱熹的另一個重要改造和發展，是強調道的變化不息。
　　　　朱熹所謂變化之理，是說理雖有變化的性質，但理本身是無所謂變化的。……
　　　　文天祥則提出，常是道，變也是道。常是規律，變是常的表現。文天祥認爲，
　　　　本體之氣發育流行不息，萬物運動變化不息，因此，『道亦與之相爲不息』，
　　　　道是變的，而不是靜止不變的。」見氏著，《理學的演變——從朱熹到王夫之
　　　　戴震》〔第二版〕（福州：福建人民出版社，1998年4月），頁163～164。

備「變動特性」，但除此之外，亦適宜側重其運行不止、持續活動而不停歇的「延續特性」以及「永恆特性」。吾人不妨把「道」的變化變動視為一種程序，而變動的最終目標其實是為了保障「道」的綿延不絕與永恆發展，職是之故，文天祥「法天不息」、「生化不息」等觀點，既是徹頭徹尾的動態涵義，同時亦無庸置疑地體現其永恆涵義。文天祥「正氣論」思想的成熟與其決意殉節的關聯性實為密切，其中又以〈正氣歌〉的完成最具代表性。〈正氣歌〉中雖也重申了〈御試策〉所提及的「不息」概念，然而卻又更直接地以「氣」作為「不息」特徵的具體象徵，以氣的概念貫徹天地宇宙以及人倫道德，文天祥〈正氣歌〉對道德本體論的氣化架構闡論地極為恢宏磅礡，其完備程度已較先前〈御試策〉中的「不息」概念更上一層，蓋可視為文天祥思想之定論。關於這部分，筆者將置於本章第二節與第三節當中加以析論。

第二節　正氣為體的義理思想

一、從〈正氣歌〉論及「氣」之源由

　　〈正氣歌〉〔註40〕一文收錄自文天祥著作《指南後錄》之中，是文天祥囚於獄中時的嘔心瀝血之作，此篇文章所蘊含的義理內容頗為深厚，其間容納諸多中國傳統思想的精髓，全文主要以兩大脈絡進行，一線是以「氣」的概念作為呈現，另一線是以「史」的經驗加以陳述。此外也涉及到宇宙觀，天地人三才概念等等。最終匯流成的中心思想無非是對仁義、倫常等傳統觀念的遵循與恪守，以及無論身處何時何地，遭遇何種的顛沛困頓，皆不容移易的堅毅態度。〈正氣歌〉之序文首先提及文天祥所處囚牢裡頭污穢幽暗、諸氣萃然的惡劣環境，其中包括「雨潦四集，浮動牀几」的「水氣」，「塗泥半朝，蒸漚歷瀾」的「土氣」，「乍晴暴熱，風道四塞」的「日氣」，「簷陰薪爨，助長炎虐」的「火氣」，「倉腐寄頓，陳陳逼人」的「米氣」，「駢肩雜遝，腥臊汗垢」的「人氣」，「或圊溷、或毀屍、或腐鼠」所產生的「穢氣」。面臨這些有害人體的濁氣與惡氣，文天祥稱：「疊是數氣，當之者鮮不為厲，而予以孱弱，俯仰其間，于茲二年矣，幸而無恙，是殆有養致然。」〔註41〕牢獄之中數氣交替侵入，如「水氣」、「土氣」、「日氣」、「火氣」等等，這些惡氣先

〔註40〕詳見本文附錄。
〔註41〕宋・文天祥，〈正氣歌〉，《指南後錄》，見氏著，《文文山全集》，卷14，頁375。

是肇因於外部天候狀態的變遷，二來也因監獄內部設施簡陋不堪，無法提供適當的排水與通風功能，如此一來將造成室內的空氣品質持續惡化，對「米氣」、「人氣」、「穢氣」等氣的聚生亦將無從消解，這樣的空間容易成爲病菌滋生蔓延的溫床，對人體的健康狀況來講亦是一種威脅。此外，由於牢獄狹隘，可舒展的空間極其受限，文天祥必須與其他囚犯共處一室，其間又有諸多腐壞變質的食物、死鼠、未及處理的屍首等等。透過這些歷歷在目的描述，囚牢當中生存條件之惡劣可見一斑。

　　文天祥囚處獄中，受到「水氣」、「土氣」、「日氣」、「火氣」、「米氣」、「人氣」、「穢氣」等氣的侵擾，倘若尋常人遭遇這些惡濁之氣的時候自然是「鮮不爲厲」，但文天祥卻能出人意料之外地「幸而無恙」，此事頗令人費解，而文天祥自稱其「幸而無恙」的原因正是如同孟子一般存養著浩然之正氣。以正氣剋邪氣的情形，朱熹曾說道：「若以正勝邪，則須是做得十分工夫，方勝得他，然猶自恐怕勝他未盡在。正如人身正氣稍不足，邪便得以干之矣。」〔註42〕然朱熹所云是以天理勝人欲的觀念，「天理」是道德原則，「人欲」是人心惡念。若以氣而論，天理是「正氣」，人欲是內在動機中的「邪氣」。文天祥憑著這股浩然正氣說道：「彼氣有七，吾氣有一，以一敵七，吾何患焉！」〔註43〕這樣的正氣，除卻是以天理克制內在人欲之邪念，甚至能以天理之正氣抵禦外在物質之邪氣。文氏所闡論的正氣，其內涵意義比起朱子所論，已有更大規模的擴充，氣的效益似乎也有更上一層樓的趨勢。文天祥〈正氣歌〉既以「氣」這個概念貫穿全文，那麼我們有必要先探討「氣」的特徵與意義。

　　「氣」的概念所能追溯的範疇其實相當地廣博深遠，它在中國傳統文化與義理思想中佔有舉足輕重的地位，其演進歷程與體系脈絡誠可謂頗具規模，傳統中華民族深信「氣」的存在，認爲「氣」眞實地活動於宇宙天地之間，既強調氣與人的關聯性，同時也講求練氣、行氣對人體健康上的裨益。氣的概念由來久遠，早在《周易》當中就已被論及，《周易・乾卦・文言》解釋九五「飛龍在天，利見大人」一句時嘗稱：「同聲相應，同氣相求；水流濕，火就燥，雲從龍，風從虎。」〔註44〕〈繫辭上傳・第四章〉稱：「精氣爲物，

〔註42〕宋・朱熹，〈孟子九・告子上〉，見氏著，宋・黎靖德編，王星賢點校，《朱子語類》（北京：中華書局，1986年3月），卷59，頁1417。

〔註43〕同注41。

〔註44〕魏・王弼，晉・韓康伯注，唐・孔穎達疏，《周易正義》〔清・阮元校勘，《十三經注疏》第1冊〕（臺北：藝文印書館，2007年8月），卷1〈乾卦・文言〉，頁15。

游魂爲變」〔註45〕，〈說卦傳・第三章〉稱：「天地定位，山澤通氣」〔註46〕
等等。關於「精氣爲物，游魂爲變」一句，晉代韓康伯注曰：「精氣烟熅，聚
而成物，聚極則散，而遊魂爲變也。」〔註47〕指的是現象界當中存有一股氣
息，氣的凝聚創成形物，氣消散之時形物隨即滅絕，稱爲遊魂。氣與遊魂同
屬抽象的概念，皆不具備形狀面貌。不同的是，氣是凝聚活動的象徵，存在
於人們所能認知的範疇當中，雖說抽象，卻不失爲一種普遍常態的呈現。遊
魂是形物滅絕後的稱謂，形物毀滅以後的情況或許是形滅而神存，又或許是
神形俱滅，真相爲何時常是見仁見智。然遊魂畢竟是較難臆測與徵驗的對象，
無法憑藉普遍常態的認知予以證實，因此稱之爲變。「天地定位，山澤通氣」
此句，根據唐代孔穎達（574～648）疏曰：「天地定位而合德，山澤異體而通
氣。」〔註48〕蓋萬物共同生存於寰宇當中，這包含著萬事萬物的宇宙空間便
是人們所認知的現象界，現象界的萬物各有其外觀形貌以及質地氣息，差別
在於外觀形貌是具體的存在，質地氣息則是抽象的存有。以天地來講，天的
晝夜、雲雨是可以聞見的具體存在，但品物流形的運化卻是不可聞見的抽象
存有。地的沙石土壤是可以聞見的具體存在，但長養作物的能量卻是不可聞
見的抽象存有。山林水澤各具其外觀形體而有所殊異，這是可以聞見的具體
存在，至於山澤之間有「氣」的相互流通與感應，卻是不可聞見的抽象存有，
例如山川之間有許多肉眼無法望見的水分子、水汽、芬多精等等，皆是一些
不具備形象外觀的物質。古時候的人感受到有某些事物雖不具備人們肉眼可
辨識的形體及樣貌，它卻仍有實際上的功效與作用，於是「氣」就成了某部
份抽象事物的代名詞，相似或相通的氣息容易聚合在一塊，這便是「同氣相
求」的概念。

　　古人談論「氣」的趨向，有時候談的是宇宙氣化的自然意義，有時候談
的是人稟受先天氣化作用而形成的材質氣稟，有時候談的是人文與道德意義
的浩然之氣、浩然正氣。要之，在中國傳統學術裡頭，「氣」是相當精微廣博
的抽象存在，它既橫攝儒道兩家思想，也常是歷代思想家竭力探討與闡揚的

〔註45〕魏・王弼，晉・韓康伯注，唐・孔穎達疏，《周易正義》，卷7〈繫辭上傳・第
　　　　四章〉，頁147。
〔註46〕魏・王弼，晉・韓康伯注，唐・孔穎達疏，《周易正義》，卷9〈說卦傳・第三
　　　　章〉，頁183。
〔註47〕同注45。
〔註48〕同注46。

對象，此議題的重要性著實不容小覷。先秦時期的儒道二家思想對「氣」的
概念多有闡述，儒道二家雖同樣認爲氣的存在不具備形體，無從依靠肉眼觀
視，是故難以名狀。不同地是儒家所談的「氣」較屬於人文範疇的德性論取
向，而道家所談的「氣」較屬於自然範疇的宇宙論取向，或是著重於「人」
效法「自然」的修養論取向。文天祥〈正氣歌〉裡所談的「氣」雖兼容自然
範疇的宇宙論以及人文範疇的德性論，然尤其偏重於德性論取向的浩然之
氣，文天祥在〈正氣歌〉的序文裡頭這麼說道：「孟子曰：『吾善養吾浩然之
氣』彼氣有七，吾氣有一，以一敵七，吾何患焉！況浩然者，乃天地之正氣。」
〔註49〕此語的源頭即是孟子以道義養氣的修養概念，孟子養氣之說是儒家氣
論的重要代表，其原典如下所述：

> 我知言，我善養吾浩然之氣。……其爲氣也，至大至剛，以直養而
> 無害，塞于天地之閒。其爲氣也，配義與道；無是，餒也。是集義
> 所生者，非義襲而取之也；行有不慊於於心，則餒矣。〔註50〕

孟子所謂的氣可內存於人，此氣不等同於外在萬物的氣息，也不是天地陰陽
造化所生，它是集義而生、配義與道而成。此氣至大至剛，其發用足以充塞
於宇宙天地之間。氣的存有如果落在自然範疇上，指的是陰陽激盪氣化的生
成概念，陰陽二氣交感激盪而生成宇宙萬物，這是天地萬物塑成的必要條件。
至於孟子與文天祥所稱的浩然正氣，是經由道義與意志構成，它必須透過人
們自覺自發地存養，以意志率領此氣，使得自身的思想言行合於道義，集義
恆久，浩然正氣便能充乎人體。浩然正氣所稟賦的對象無外乎人，這樣的概
念既屬於人文範疇，同時也屬於道德範疇。人若要成功地存養正氣，亦得配
合某些先決條件，其一、要懂得「志至焉，氣次焉」〔註51〕的先後順序，進
以達到「持其志無暴其氣」〔註52〕的理性境界。其二、氣的存養原則必須是
「配義與道、集義所生」。關於第一點，朱熹闡述如下：

> 若論其極，則志固心之所之，而爲氣之將帥；然氣亦人之所以充滿
> 於身，而爲志之卒徒者也。故志固爲至極，而氣即次之。人固當敬
> 守其志，然亦不可不致養其氣。蓋其內外本末，交相培養。……孟
> 子言志之所向專一，則氣固從之；然氣之所在專一，則志亦反爲之

〔註49〕宋・文天祥，〈正氣歌〉，《指南後錄》，見氏著，《文文山全集》，卷14，頁375。
〔註50〕《孟子》卷3〈公孫丑上〉，宋・朱熹，《四書章句集注》，頁231～232。
〔註51〕同前註，頁230。
〔註52〕同前註，頁230～231。

動。如人顛躓趨走，則氣專在是而反動其心焉。所以既持其志，而
又必無暴其氣也。〔註53〕

在氣的發用之前，孟子教人先要敬慎地把持心志，使志爲將帥，氣爲卒徒。
氣隨志行的用意在於人惟有堅定志向後，方能無所疑慮，行事應對時也才能
趨於理性沉著，當氣的發用伴隨著理性沉著的認知能力時，也才能無所偏差。
倘若暴其氣而行的話，氣只會流於激動情緒下的產物，惟有符合「志至焉」、
「持其志」的前提，這樣的氣才得以是認知後的結晶。關於第二點，何謂「配
義與道、集義所生」呢？朱熹陳述道：

義者，人心之裁制。道者，天理之自然。……人能養成此氣，則其
氣合乎道義而爲之助，使其行之勇決，無所疑憚；若無此氣，則其
一時所爲雖未必不出於道義，然其體有所不充，則亦不免疑懼，而
不足以有爲矣。……氣雖可以配乎道義，而其養之之始，乃由事皆
合義，自反常直，是以無所愧怍，而此氣自然發生於中。〔註54〕

正氣的發用與道義並無絲毫違背，必合乎天理公道，也由於合乎天理公道，
訴諸行動之時便能果敢堅決而無任何的疑慮與忌憚。養氣的要旨，又在於事
事皆求合於道義，必時時省察己身的心態與行爲是否端正無邪，而非只是一
二事偶然合乎道義而已。時時存養此氣以配道義，把持心志、堅定信念，沒
有絲毫的怠慢與鬆懈，對合乎道義之事必然當仁不讓地貫徹執行，不得混入
個人私心或是利害的考量，如此方可稱爲善養浩然之氣。孟子所說「配義與
道、集義所生」的概念，大略等同於文天祥〈正氣歌〉所稱的「三綱實係命，
道義爲之根」。〔註55〕綜上所述，吾輩既知存養浩然正氣可透過「志至焉」、「持
其志」、「配義與道」、「集義所生」等修養工夫加以把握與持操，猶不免想探
問「浩然正氣」的形貌與特徵究竟爲何？孟子對此說道：「難言也。其爲氣也，
至大至剛，以直養而無害，則塞于天地之閒。」〔註56〕朱熹注曰：「難言者，
蓋其心所獨得，而無形聲之驗，有未易以言語形容者。……至大初無限量，
至剛不可屈撓。蓋天地之正氣，而人得以生者，其體段本如是也。惟其自反而
縮，則得其所養；而又無所作爲以害之，則本體不虧而充塞無間矣。」〔註57〕

〔註53〕同前注。
〔註54〕同前注，頁231～232。
〔註55〕宋‧文天祥，〈正氣歌〉，《指南後錄》，見氏著，《文文山全集》，卷14，頁375。
〔註56〕《孟子》卷3〈公孫丑上〉，宋‧朱熹，《四書章句集注》，頁231～232。
〔註57〕同前注。

意指氣的存在無形體樣貌，無法以耳目聞見與徵驗，因此也頗難用言語具體地勾勒與形容，然而一旦養成此氣，便知該氣之浩然充沛，大而無可限量，剛而不屈不撓，它是一股既可與天地並存，又可從吾人的信念意志當中發顯的精神力量。

二、儒道兩家氣論之異同

儒家論「氣」的時候，強調的是此氣必透過「人」而發顯，正氣內存雖無可名狀，然其表現在外的取向往往是種道德實踐的行爲，據是可知儒家義理當中對「氣」的定義，不全然坐落在天地創生的宇宙論範疇，它更加突顯的其實是人透過「氣」的「活動性」去發顯「道德本體」，至於「道德本體」又爲養氣時的必要憑藉，是以氣與道德是一種唇亡齒寒的依存關係。「氣的活動性」與「道德的本體義」兩者之間，務必求其相互輔成，亦務必使其圓融貫通。孟子所謂「持其志」、「配義與道」、「集義所生」等概念，目的即是運用吾人之認知與經驗將「氣」順利地引導至道德實踐的路徑上頭。但爲何「氣」的存在必得遵循著道德的原則方可展開其造化及活動？這是因爲假使吾人徒具一股氣魄、氣勢，然而這股氣魄、氣勢卻全然無關乎道德操守，如此的氣有可能僅是漫無目標的竄動，最終仍難逃「暴其氣」的結果，這樣子的氣只是暴亂之氣，無所寄存之氣，它既無法創業垂統，又無法博施濟民地去造福社會人群，是以其與孟子、文天祥所盛譽的「浩然正氣」無疑已是南轅北轍的兩造。據此，我們不難推知儒家思想裡所談的「氣」是側重在人文範疇，尤其著眼於道德修養與實踐等層面，儒家論「氣」其眞正的主體坐落在「人」、「道德」；道家論「氣」的主體則擺放在「天地」、「自然」，一者爲人文化成的取向，一者爲自然運化的取向，此兩項義理概念並不盡然相似。

從《周易》所論「氣」的概念觀之，大抵是偏向宇宙創生的範疇，憑藉著「氣」解釋陰陽相互激盪、物類氣化塑成。先秦儒家氣論主要見於孟子的思想，孟子的養氣之說終究屬於人文與道德的取徑，如此談「氣」與原始氣化宇宙論的觀點已然有所殊別，差異之處在於宇宙論當中的氣化作用不必然把人當成主體，人僅被視爲萬物之一，與萬物同樣受到氣的形塑，是被動意義而非主動意義。換句話說，「人」的價值地位既不甚突顯，也沒有任何的優先性，人亦僅僅是自然界裡頭的一個環節罷了！先秦道家思想進一步闡發「氣」的創造義與創生義，所強調的是宇宙萬物由「有無」、「天地」共構而

成，或者是由「陰陽」二者激盪氣化而創生。《道德經·第四十二章》稱：「道生一，一生二，二生三，三生萬物。萬物負陰而抱陽，沖氣以爲和。」〔註58〕此即是道的本體藉由氣的活動性而化成萬物，而人與萬物同樣稟承陰陽二者氣化而生。王弼（226～249）註曰：「萬物之生，吾知其主，雖有萬形，沖氣一焉。」〔註59〕便說明了人與萬物都只是「道生」、「氣化」的客體，而不具備主動性。《道德經·第二十五章》對於道與人的關係敘述如下：

> 有物混成，先天地生。寂兮寥兮，獨立而不改，周行而不殆，可以爲天下母。吾不知其名，字之曰道，強爲之名曰大。……故道大、天大、地大，人亦大。域中有四大，而人居其一焉。人法地，地法天，天法道，道法自然。〔註60〕

綜上所述，《道德經》思想所申明的「道」是「道法自然」的自然規律，它與儒家強調人文化成的德性義可謂涇渭分明，從道家的觀點看來，「人」雖有幸與「道」、「天」、「地」共存於現象界而同樣被列爲「四大」，然而人的存在卻必須在法地、法天、法道的前提下才可追尋到生存的源頭。其實不單是人，即便是天、地，或者是宇宙萬物全都是在「道」的主宰與創生下方可展現其生命力，倘若進一步探究「道」何以具備如斯巧妙的造化之功？《道德經》思想所提出的解釋爲：「道」即是「自然」。順此概念，《呂氏春秋·大樂》有以下的陳述：

> 太一出兩儀，兩儀出陰陽，陰陽變化，一上一下，合而成章。……道也者，視之不見，聽之不聞，不可以爲狀。……道也者，至精也，不可爲形，不可爲名，彊爲之，謂之太乙。〔註61〕

無論是《道德經》所提出的「道」，或者是《呂氏春秋》裡頭所談到的「太一」與「太乙」，其實皆是詞異而義同，它所描述的是宇宙與現象界的本體與源頭。「道」、「太一」、「太乙」是造物者，它的形跡不可名狀、它的存有也頗爲抽象，「道」、「太一」、「太乙」都是對它的指稱，象徵它形上本體的存有，以及對它創化萬物特性的形容。「道」、「太一」、「太乙」是創化萬物的主體，而包含人在內的萬物皆是被創造的客體，主體的道與客體的萬物之間有項重要的

〔註58〕魏·王弼，《老子註·第四十二章》（臺北：藝文印書館，2001 年 5 月），頁 89。

〔註59〕同前注，頁 90。

〔註60〕魏·王弼，《老子註·第二十五章》，頁 49～53。

〔註61〕先秦·呂不韋編，東漢·高誘註，《呂氏春秋》（臺北：藝文印書館，1974 年 1 月），卷 5〈大樂〉，頁 117～120。

連結，這處連結便是「氣」的概念。道的本體義藉由氣的活動性創化萬物，萬物稟氣完成其形體樣貌，道家思想將這整體過程與境界稱爲「道生萬物」或是「道法自然」，從道體創生到氣化形塑的整段歷程，便是彰顯「道」雖無形，卻是無限的自然力量。〔註62〕先秦諸子思想對「氣」字的釋義，亦不只限定在道家論宇宙創生這層涵義上頭，例如《莊子·人間世》對「氣」的闡釋則與《道德經》、《呂氏春秋》所申明的宇宙創生論有所不同。《莊子·人間世》曰：「若一志，無聽之以耳而聽之以心，無聽之以心而聽之以氣。聽止於耳，心止於符。氣也者，虛而待物者也。唯道集虛。虛者，心齋也。」〔註63〕《莊子·人間世》此處所論及的「氣」乃是作爲吾人一番修養工夫與生命境界，它是超越耳目感官之上的一種心靈層次。這種境界所強調的是人與自然融合爲一體的虛靜與空靈，或可謂物我兩忘的境界。作爲一種修養工夫來講，《莊子·人間世》認爲「氣」已可以爲吾人所運使，因此人在道與氣之間，便不再是全然被動的客體，人可以藉由「道的本體概念」與「氣的活動性」修持己身。相較於《道德經》、《呂氏春秋》的氣化宇宙論，《莊子·人間世》既承認吾人對「氣」擁有運使的可能性，這樣看來人對於氣而言，便增添了主動、積極這層涵義。

再者，例如荀子（約313BC～約238BC）嘗稱：「凡用血氣、志意、知慮，由禮則治通，不由禮則勃亂提僈。」〔註64〕又稱：「凡生乎天地之閒者，有血氣之屬必有知，有知之屬莫不愛其類。……故有血氣之屬莫知於人，故人之

〔註62〕例如《莊子·知北遊》曰：「人之生，氣之聚也。聚則爲生，散則爲死。」又如《淮南子·天文訓》稱：「道始于虛霩，虛霩生宇宙，宇宙生氣，氣生涯垠。清陽者薄靡而爲天，重濁者凝滯而爲地。清妙之合專易，重濁之凝竭難，故天先成而地定。天地之襲精爲陰陽，陰陽之專精爲四時，四時之散精爲萬物。」蓋從先秦到漢代，道家思想對氣的理解都是以之爲自然義，憑此解釋宇宙開創之力，以及人、物的稟氣形塑之功。人類受氣化形塑而有外在的血氣生命者，無疑也屬自然義。迨及魏晉所尚談的氣稟之說，亦較傾向自然義，是以人內在的氣稟材質大抵亦稟氣所生，乃由先天所成。孟子論氣則與道家思想不類，提倡人文道德義的「正氣」，可由人直養而無害，可集義所生，配義與道而顯。由此足見儒家氣論儼然與老莊思想分流，而各有其側重之處。引自晉·郭象註，《莊子》（臺北：藝文印書館，2000年12月），卷7〈知北遊〉，頁403。漢·劉安撰，漢·高誘註，《淮南子》（臺北：世界書局，1978年3月），卷3〈天文訓〉，頁35。

〔註63〕晉·郭象註，《莊子》，卷2〈人間世〉，頁86～87。

〔註64〕清·王先謙撰，沈嘯寰，王星賢點校，《荀子集解》（北京：中華書局，1988年9月），卷1〈修身篇〉，頁22～23。

於其親也，至死無窮。」〔註65〕由於血液流通與氣息吐納可作爲人類生命形態的表徵，是以荀子將「血氣」指稱作人的生命個體，是一種生命形態的表現，也是一種有血有肉的存有，然而荀子強調，人類的存在不僅是伴隨血液氣息等生物特徵，仍有志意、智慮等信仰與認知的能力，並且能習得如「愛其親」、「愛其類」這般倫理與社群等概念。先秦儒家學說的發展重心不太擺在宇宙論範疇，即便有談也談的不多，儒家《論語》、《孟子》、《荀子》三書大抵對道德宗旨、人倫日用、詩書禮制、心性善端、王道文化等人文範疇談的較多，對宇宙創生這類自然範疇或者不提，或者提的極少，尤其是荀子更有意將「自然天地／宇宙論」與「人事治亂／德性論」的關係與界線給劃分清楚。《荀子‧天論篇》有如下的稱述：

> 天行有常，不爲堯存，不爲桀亡。應之以治則吉，應之以亂則凶。……明於天人之分，則可謂至人矣。〔註66〕

> 天有其時，地有其財，人有其治，夫是謂能參。舍其所以參而願其所參，則惑矣。萬物各得其和以生，各得其養以成，不見其事而見其功，夫是之謂神。皆知其所以成，莫知其無形，夫是之謂天。唯聖人爲不求知天。〔註67〕

先秦儒家思想在論「天」或者論「氣」的方向上不盡相同，比如荀子眼中的天只存有自然概念，它只是「列星隨旋，日月遞炤，四時代御，陰陽大化，風雨博施」〔註68〕的自然運化，是一種天體運轉與氣候變化的自然呈現。是故，自然的「天」與人類世界的治亂禍福之間既毫無關聯性，因此談論道德時也不必要把「天人合德」的觀念帶入。至於抽象的「氣」或者「集義、養氣」等類的論點，亦非荀子立說之取向。相對於荀子，思孟學派對「天」與「氣」等抽象觀念則談論較多，關於「集義、養氣」之說，先前已有論述，於此不再重申。至於「天」，孟子嘗稱：「盡其心者，知其性也。知其性，則知天矣。」〔註69〕據是，心、性、天三者間具有融通性而不須特作區隔，由

〔註65〕清‧王先謙撰，沈嘯寰，王星賢點校，《荀子集解》，卷13〈禮論篇〉，頁372～373。

〔註66〕清‧王先謙撰，沈嘯寰，王星賢點校，《荀子集解》，卷11〈天論篇〉，頁307～308。

〔註67〕同前注，頁308～309。

〔註68〕同前注，頁308。

〔註69〕《孟子》卷13〈盡心上〉，宋‧朱熹，《四書章句集注》，頁349。

是盡心、知性、知天既成爲一種道德修持的歷程，心性論與宇宙論兩者間亦憑藉道德，進而鑄成一個無所扞格的整體。換言之，這正是中國傳統思想中「天人合德」、「天人合一」的道德境界。承此觀點，非但是天、人之間無所隔閡，更進一步來講，甚至可以如孟子所稱：「萬物皆備於我矣。反身而誠，樂莫大焉。」〔註70〕這般示現出「物」、「我」之間毫無分隔的融合境界。

接踵於《論語》、《孟子》的《中庸》、《易傳》，此二部著作對宇宙創生、形上觀點等等，在著墨的比重上已有大幅度的增加，《中庸》、《易傳》同時也是儒家學說涉及形上範疇的重要著作。附帶一提，漢儒董仲舒（179BC～104BC）《春秋繁露》亦嘗闡述「氣」的概念，董仲舒稱：「天地之氣，合而爲一，分爲陰陽，判爲四時，列爲五行。」〔註71〕由是觀之，足知董氏的宇宙觀已經混入了陰陽五行之說，除了宇宙觀之外，董仲舒又以五行相生相勝之說，理解人事以及政權興廢繼絕的道理，如此學術進路著實難以獲得徵驗與信服。對董仲舒的宇宙觀，鄔昆如先生說道：「這些研究一直到魏晉，竟形成了讖緯的『陰陽五行』，脫離了儒家『人文』的氣息，變成宇宙論『命運』的部份。『陰陽五行』一旦成爲宇宙『元素』的探討，『氣』的課題便也浮現出來，漢代董仲舒一反《易經》的『太極』爲宇宙根源的說法，而提出『氣』爲『萬物』原始。」〔註72〕董仲舒以前，道家思想雖也以氣的概念來解釋宇宙生成，然卻與董氏的論點有所不同，道家的創生定義畢竟是先以「道」爲本體，次以「氣」爲作用，藉由陰陽二氣運化萬物。換句話說，「陰陽」與「氣」其實是同位語詞，陰陽相激盪的本身就是一種氣化作用。董仲舒的論點卻反倒是以氣爲先，其後才又分出陰陽二者，進而有四時與五行。這般定義下的「氣」，遂喪失其最初的作用性與活動性，轉變成寂然不動的概念。綜上所述，董仲舒的氣化觀一來無法遙契先秦道家的宇宙創生論，二來又無涉於儒家孟子所闡發的「集義、養氣」之說，是以頗難與儒道二家思想互攝或是相容。至宋代，以周敦頤（1017～1073）、張載（1020～1077）、程顥（1032～1085）、程頤（1033～1107）、朱熹等宋代五子〔註73〕爲首的理學家們，彼輩對此類範

〔註70〕同前注，頁350。

〔註71〕清·蘇輿撰，鍾哲點校，《春秋繁露義證》（北京：中華書局，1992年12月），卷13〈五行相生〉頁362。

〔註72〕鄔昆如，《形上學》（臺北：五南圖書公司，2004年3月），頁44。

〔註73〕元·熊禾（1253～1312）倡言以「五賢祠」立祀周敦頤、張載、程顥、程頤、朱熹等五賢。詳見氏著，〈三山郡泮五賢祠記〉，《勿軒集》卷2，引自清·永瑢，紀昀等編，《景印文淵閣四庫全書》，1188冊，頁779。

疇的鑽研與建構，逐漸形成龐大的體系規模，其學說內容雖普遍地涉及到宇宙創生範疇，卻未雜染東漢以來的讖緯之說，此思想進路在於建立儒家的形上道德體系，並勉人以確切的道德行為作為示範與實踐。例如張載〈西銘〉稱：「天地之塞，吾其體；天地之帥，吾其性。民吾同胞，物吾與也。…尊高年，所以長其長；慈孤弱，所以幼其幼。聖其合德，賢其秀也。」〔註74〕雖然先高唱「天地之塞」、「天地之帥」等形上概念與「體、性」等抽象議題，然而落實於人倫日用上即是法聖賢、尊長慈幼、民胞物與等具體實現。據是可知，這樣的學術進路與道家純粹論天地自然的宇宙論進路，著實有所區別。

　　從先秦時期如《道德經》、《呂氏春秋》這般論「氣」的宇宙創生論取徑，以及如《莊子》倡言「聽之以氣」，《孟子》倡言「集義、養氣」這般談「氣」的修養論取徑，伴隨著時代的流轉，「氣」的概念至魏晉時期又產生了某些變化。魏晉時期乃銜接自東漢末年的政治紛亂以及其後三國鼎足而立的歷史局面，為對應時代變局以及掌權者對各式人才的需求等因素，是以逐漸形成將「氣」用來理解個人才性資質、人格特徵等思維方向與學術氛圍，此類的思想取徑較之以往來講，已然偏重於對個體生命在人格性情，或是在資質才華等面向上的關注與探究，這與以往的宇宙氣化萬物之說，或是以氣作為一種修養工夫等等的闡釋方向確實有顯著的差別。

　　魏晉時期，「氣」的概念大抵朝著「氣性」、「氣稟」等方向被開展與探討，此番概念乃申明人的性情、材質與「氣」之間具備無形的聯結性，是以「氣」被用來理解人們與生俱來因稟受殊異，進而呈現出才性資質與人格特徵上的迥然不同。其實早在先秦時期的《韓非子》與漢代的《論衡》裡頭，「氣稟」二字業已被提及，據《韓非子・解老篇》所云：「萬物各異理，萬物各異理而道盡。稽萬物之理，故不得不化；不得不化，故無常操；無常操是以死生氣稟焉，萬智斟酌焉，萬事廢興焉。」〔註75〕漢代王充（27～？）《論衡・命義篇》云：「人稟氣而生，含氣而長，得貴得貴，得賤則賤。貴或秩有高下，富或貲有多少，皆星位尊卑小大之所授也。」〔註76〕而《論衡・論死篇》云：「人

〔註74〕語出宋・張載〈正蒙・乾稱篇〉，又稱作〈西銘〉。見氏著，章錫琛點校，《張載集》（北京：中華書局，1978 年 8 月），頁 62。

〔註75〕清・王先慎撰，鍾哲點校，《韓非子集解》（北京：中華書局，1998 年 7 月），卷 6〈解老〉，頁 147。

〔註76〕東漢・王充著，黃暉校釋，《論衡校釋》（北京：中華書局，1990 年 2 月），卷 2〈命義〉，頁 48。

之所以生者，精氣也，死而精氣滅。能爲精氣者，血脈也。」﹝註77﹞蓋氣稟二字之涵義，指的是人類生命在個別表現上的相異性，特指人在先天方面難以被改變的特質，該特質雖亦可藉由後天的人文化成與教育加以變化，然其受教的成效以及轉變的程度卻時常因人而異。是以專就氣稟、氣性等概念來論，先天方面於此間所發揮的作用，往往比後天方面的效力還大。王充又以精氣作爲人類生命的呈現，人一旦死亡，氣也隨之消散無蹤，這樣定義下的「氣」全然屬於形而下的範疇，如此將無法展現「氣」的超越性與價值感。是以鄔昆如先生說道：「王充關於『氣』的思想，似乎走離了儒、道二家的『永恆』理想。」﹝註78﹞另外，劉邵《人物志》裡頭所闡述的一些觀點，亦可作爲吾人理解先天氣稟的援例，觀《人物志》〈九徵〉、〈流業〉兩篇敘述如下：

> 蓋人物之本，出乎情性。情性之理，甚微而玄；非聖人之察，其孰能究之哉？凡有血氣者，莫不含元一以爲質，稟陰陽以立性，體五行而著形。苟有形質，猶可即而求之。……聰明者，陰陽之精。陰陽清和，則中睿外明；聖人淳耀，能兼二美。知微知章，自非聖人，莫能兩遂。﹝註79﹞

> 蓋人流之業，十有二焉：有清節家，有法家，有術家，有國體，有器能，有臧否，有伎倆，有智意，有文章，有儒學，有口辯，有雄傑。﹝註80﹞

王充《論衡‧命義篇》將人的貧富窮通歸於先天稟氣與命定，劉邵《人物志》

﹝註77﹞東漢‧王充著，黃暉校釋，《論衡校釋》，卷20〈論死〉，頁871。

﹝註78﹞鄔昆如，《形上學》，頁45。

﹝註79﹞魏‧劉邵著，西涼‧劉昞注，《人物志注》（臺北：世界書局，1959年1月），卷上〈九徵〉，頁5。

﹝註80﹞十二流業定義如下：「若夫德行高妙，容止可法，是謂清節之家，延陵、晏嬰是也。建法立制，彊國富人，是謂法家，管仲、商鞅是也。思通道化，策謀奇妙，是謂術家，范蠡、張良是也。兼有三材，三材皆備，其德足以屬風俗，其法足以正天下，其術足以謀廟勝，是謂國體，伊尹、呂望是也。兼有三材，三材皆微，其德足以率一國，其法足以正鄉邑，其術足以權事宜，是謂器能，子產、西門豹是也。……清節之流，不能弘恕，好尚譏訶，分別是非，是謂臧否，子夏之徒是也。法家之流，不能創思圖遠，而能受一官之任，錯意施巧，是謂伎倆，張敞、趙廣漢是也。術家之流，不能創制垂則，而能遭變用權，權智有餘，公正不足，是謂智意，陳平、韓安國是也。……能屬文著述，是謂文章，司馬遷、班固是也。能傳聖人之業，而不能幹事施政，是謂儒學，毛公、貫公是也。辯不入道，而應對資給，是謂口辯，樂毅、曹丘生是也。膽力絕眾，才略過人，是謂驍雄，白起、韓信是也。」同前注，頁9。

裡頭所論述的「氣稟」亦是以陰陽運化而成，是以人的資質大抵取決於先天的偶然條件，例如聰明睿智這般才性必須陰陽清和方可生成。換言之，人們資質的優劣高下乃是取決於先天的陰陽氣化，而非後天的人文化成所能損益。據此論點，成聖成賢的依據便只能訴諸於可遇不可求的偶然機率，劉邵認知當中的十二流業皆是訴諸於個人先天的資質與才性，而如清節、國體等與道德相關的流業也僅見於少部份精英人士，道德的來源似乎是出自個人的人格特質，在這樣先天條件的限制之下，人們若要借助後天的力量，把道德普遍化、推己及人，最終恐將面臨徒勞無功的結果。儒家思想的進路絕不把成聖成賢的根據取諸於先天性的偶然條件，反倒是勉人以詩書禮樂的教育內容進德修業、克己復禮，相較於上述所論及的氣稟觀，儒家思想更重視的其實是後天教化的實效性，並且無所疑慮地肯定人文化成的必然性。

三、宋代理學對「氣」的闡釋與發揚

儒家思想的發展自先秦兩漢以來，到了宋代遂出現另一波高峰，此稱之為道學、理學。清代皮錫瑞（1850～1908）稱：「章句訓詁不能盡饜學者之心。於是宋儒起而言義理。」〔註81〕「宋儒學有根柢，故雖撥棄古義，猶能自成一家。」〔註82〕「宋儒之經說雖不合於古義，而宋儒之學行實不愧於古人。」〔註83〕宋代學術特質既已與漢唐以來的經義注疏之取徑大異其趣，另一方面蓋受佛老學說的外部衝擊，引發儒學內部的變革與轉進，傾力於如《中庸》、《易傳》這類形上範疇的學說，是以宋儒研究儒學的方向逐漸從經術走往義理，尤其朝著形而上的思維方式前行，宋儒對理、氣、心、性等抽象概念產生極大的興致，歷經周、張、二程子、朱子等先儒殫精竭慮的探究與討論，風氣轉移、俯從時尚，促使宋代理學的體系蔚然成形。

以往「氣」、「氣化」等概念，再度受到宋儒的重視與推展。例如，張載說道：「氣之為物，散入無形，適得吾體；聚為有象，不失吾常。太虛不能無氣，氣不能不聚而為萬物；萬物不能不散而為太虛。……氣聚則離明得施而有形，氣不聚則離明不得施而無形。」〔註84〕建構出「太虛者，氣之體」〔註85〕，

〔註81〕清・皮錫瑞，《經學歷史》（臺北：藝文印書館，2004 年 3 月），頁 85。
〔註82〕同前注，頁 310。
〔註83〕同前注，頁 344。
〔註84〕宋・張載，〈正蒙・太和篇〉，氏著，章錫琛點校，《張載集》，頁 7～8。
〔註85〕宋・張載，〈正蒙・乾稱篇〉，氏著；章錫琛點校，《張載集》，頁 66。

這般「太虛即氣」的本體理論，形化的顯微乃源自氣之聚散，吾人若視太虛爲氣，氣化的作用已含攝在太虛裡頭，那麼宇宙氣化的「本體處」與「作用處」當爲一元。若視「太虛」爲寂然不動的本體，「氣」爲變動形化的作用，如此氣化只是太虛的發用，而非太虛的本體，這便等同於理氣二元、道器二元的概念，以二元論的面貌呈現，遂有形而上、形而下的區分。然而，即使把太虛與氣化的概念視爲相異的二元，太虛與氣在體用關係上卻仍舊處於緊密的聯結狀態，這誠然與程頤〈易傳序〉所提到「體用一源，顯微無間」〔註86〕的概念相去不遠。另外，張載〈西銘〉稱：「天地之塞，吾其體；天地之帥，吾其性。民吾同胞，物吾與也。」〔註87〕即是將「天地之塞」、「天地之帥」等宇宙創生的概念下貫於人間世，帶往「性體」、「民胞物與」等德性論、倫理學範疇中進行理解與應用。張載期望的「性體」本當爲純粹無邪的道德本體，然就經驗事實觀察卻非如此，於是張載說道：「形而後有氣質之性，善反之則天地之性存焉。故氣質之性，君子有弗性者焉。」〔註88〕據此可知張載認爲的「性體」區分爲兩類，一者稱之爲「天地之性」，這是人類進德修業的終極標的，也是足堪與天地同德的道德本體。另一者稱之爲「氣質之性」，氣質之性的概念等同於以往的氣稟說，是以形貌出自於氣化，氣質決諸於偶然。張載云：「人之剛柔、緩急、有才與不才，氣之偏也。」〔註89〕此語所申明的是「氣質之性」受稟氣不齊所影響，進以呈現出的材質差異。漢魏學者雖已楬櫫氣稟之說，但對人類「稟氣不齊」、「氣之偏」這道難題卻仍舊是懸而未決，張載的學說思想正可替此項議題提供解決之道，張氏所述如下：

> 心能盡性，「人能弘道」也；性不知檢其心，「非道弘人」也。〔註90〕

> 德不勝氣，性命於氣；德勝其氣，性命於德。窮理盡性，則性天德，
> 命天理，氣之不可變者，獨死生修夭而已。故論死生則曰「有命」，
> 以言其氣也；語富貴則曰「在天」，以言其理也。〔註91〕

張載正面地肯定人的能動性與主動性，是以性體的走勢全然操之在己，若縱

〔註86〕宋·程頤，《易程傳·序》（臺北：文津出版社，1987年6月），頁1。

〔註87〕同注85，頁62。

〔註88〕宋·張載，〈正蒙·誠明篇〉，氏著，章錫琛點校，《張載集》，頁23。

〔註89〕同前注。

〔註90〕同前注，頁22。

〔註91〕同注88。

之以氣，則「稟氣不齊」、「性命於氣」；若導之以德，則「人能弘道」、「性命
於德」。吾人該運用心的認知能力，窮理盡性使得「德勝其氣」，如此一來便
可徹底解決「稟氣不齊」、「氣之偏」等難題。換言之，人類在貫徹道德意志，
篤志弘道以後，氣化對人類的影響力將僅限於生死夭壽，畢竟生命的長短夭
壽存有偶然性，那是人類無法全盤掌控的命限。道德則不然，道德的操存或
是捨棄完全取決於一己，當道德成為人類普遍認定的必然與必行，那麼氣化
的作用便僅能減損吾人的壽命，絲毫無從毀壞吾人的道德意志。比如顏淵
（521BC～490BC）早夭而德厚，便可當作此觀點的援證。

　　宋代理學經周張二程直到朱子等先儒的費心建構，這門學說在南宋時
已然蔚為大觀。《宋史》於〈儒林傳〉外猶特舉〈道學傳〉，足見其龐大的
學術規模，朱子編注的《四書章句集注》又為後代朝廷科舉所選用的考試
定本〔註92〕，理學這門學說對宋元以降學術環境的影響力可見一斑，因此，
若要論及包含文天祥在內那些宋季儒者的學說思想，亦不宜忽略理學這門
學說對彼等的耳濡目染。由於宋朝理學相當程度地受《中庸》、《易傳》裡
頭形上概念的催化與啟發，使得理學家們在論述道德的時候保有一種特
點，那就是既喜好從形上思維的部份談宇宙創生，另外也不忘從人文化成
的具體層面，闡論道德的修養工夫與實踐方式。以前者而言，便是所謂的
「天道」，從後者來講，便是所謂的「人道」。這樣的學術路徑其實並非宋
儒的標新立異，僅該說是宋儒根據《中庸》、《易傳》甚至是《孟子》等書
的記載，加諸自身的理解與闡釋，最終形成一股學術氛圍以及研究風氣。
宋儒強調的「天道」、「人道」相貫通之說，或者是「天道」、「性命」相貫
通之說等義理特質，實則由來已久，早如《中庸》所稱：「天命之謂性，率
性之謂道，修道之謂教。」「誠者，天之道也；誠之者，人之道也。」「自
誠明，謂之性；自明誠，謂之教。誠則明矣，明則誠矣。」〔註93〕亦如《周
易‧繫辭上傳》所稱：「形而上者謂之道，形而下者謂之器。」〔註94〕《周

〔註92〕元仁宗皇慶二年（1313）詔曰：「漢人、南人，第一場明經經疑二問，《大學》、
　　　　《論語》、《孟子》、《中庸》內出題，並用朱氏《章句集注》，復以己意結之。」
　　　　見明‧宋濂等撰，《元史》（臺北：鼎文書局，1977 年 10 月），卷 81〈選舉志
　　　　一〉，頁 2019。
〔註93〕上述諸語分別見於《中庸章句》第一章、第二十章、第二十一章。詳見宋‧
　　　　朱熹，《四書章句集注》，頁 17、頁 31、頁 32。
〔註94〕魏‧王弼，晉‧韓康伯注，唐‧孔穎達疏，《周易正義》，卷 7〈繫辭上傳‧第
　　　　十二章〉，頁 158。

易・說卦傳》稱：「和順於道德而理於義，窮理盡性以至於命。」〔註95〕「昔者聖人之作《易》也，將以順性命之理，是以立天之道，曰陰與陽；立地之道，曰柔與剛；立人之道，曰仁與義。兼三才而兩之。」〔註96〕又例如《孟子》所稱：「盡其心者，知其性也。知其性，則知天矣。存其心，養其性，所以事天也。」〔註97〕綜上所述，使得宋代理學家們在建構學說的取徑上慣於將「道、器」二分，「天道、人道」二分，「形上、形下」二分，「理、氣」二分。雖說二分，卻又肯定其間的貫通性，因此「天道／宇宙論」與「人道／德性論」二者間誠可說是交互影響的共存體。程頤稱：「在天爲命，在義爲理，在人爲性，主於身爲心，其實一也。」〔註98〕蓋已申明「天道」與「人道」間必然具備的融通性，二者相互依存，斷不是各自爲政的孤立存在。

造物本體對吾人的影響，明顯表現在氣化與形化等作用上，周敦頤〈太極圖說〉稱：「無極之眞，二五之精，妙合而凝。『乾道成男，坤道成女』，二氣交感，化生萬物。萬物生生，而變化無窮。」〔註99〕朱熹解釋此段云：「是人物之始，以氣化而生者也。氣聚成形，則形交氣感，遂以形化，而人物生生，變化無窮矣。」〔註100〕張載亦嘗說道：「氣於人，生而不離」〔註101〕「凡可狀，皆有也；凡有，皆象也；凡象，皆氣也。」〔註102〕宇宙的造物本體對人物的氣化與形化，專就對人類的作用而言，它賦與人類有限的生命，伴隨此生所存在的命限，一來決定了人的外貌長相，二來則決定了人的材質氣稟。魏晉以來時常被士人所關注與探討的才性議題，人的資質與氣稟往往被視作取決於先天條件的命限，要藉著後天的力量改變似乎是極其困難的事，宋代理學家持續談論「氣稟」議題有其必要性，畢竟「氣稟」所楬櫫的概念呈現

〔註95〕 魏・王弼，晉・韓康伯注，唐・孔穎達疏，《周易正義》，卷9〈說卦傳・第一章〉，頁 183。
〔註96〕 魏・王弼，晉・韓康伯注，唐・孔穎達疏，《周易正義》，卷9〈說卦傳・第二章〉，頁 183。
〔註97〕 《孟子》卷 13〈盡心上〉，宋・朱熹，《四書章句集注》，頁 349。
〔註98〕 宋・程顥，宋・程頤著，《河南程氏遺書》卷 18〈伊川先生語四〉，詳見氏著，王孝魚點校，《二程集》（北京：中華書局，1981 年 7 月），頁 204。
〔註99〕 宋・周敦頤著，陳克明點校，《周敦頤集》（北京：中華書局，1990 月 5 月），頁 5。
〔註100〕 出處同前注。
〔註101〕 宋・張載，〈正蒙・動物篇〉，氏著，章錫琛點校，《張載集》，頁 19。
〔註102〕 宋・張載，〈正蒙・乾稱篇〉，氏著，章錫琛點校，《張載集》，頁 63。

出生命個體因稟氣不齊所呈現出的特質差異，然而理學所闡揚的中心思想是道德仁義，道德仁義倘若僅是取決於先天條件的人格特質，如此便會產生莫大的侷限。若凡事訴諸偶然、訴諸先天限制，那麼要教人內省仁心、踐履義行、推展王道都將變得滯礙難行。是以理學家看待宇宙氣化、形化等作用時，一方面雖正視人們稟氣不齊的先天性氣稟部份，另一方面也極其留意後天性人文化成的部份，在在肯定其舉足輕重的施行價值。

理學的立意是勉人以修養品德作為人生的首要目標。從理學家的視域看來，實踐道德是自天子至於庶民休戚與共的義務與責任。宋代理學主流體系的建構大致完成於程頤與朱熹，理學這門學說與道德的關係誠可謂形影不離，這般把道德操守推往極致的學術進路，對宋季儒者的言行思想存在著決定性的影響，是故，要瞭解文天祥的思想與其文章內涵，皆無以迴避其身處的學術環境與時代背景。董金裕先生稱：「文天祥早年曾受業於江萬里與歐陽守道之門，又當其考進士時，主考官為王應麟。江萬里與歐陽守道皆為朱熹的再傳；而王氏雖然是兼治朱（熹）、陸（九淵）、呂（祖謙）三家之學，但其學術的最後歸宿則在朱學，所以文天祥於朱學為近。」〔註 103〕朱熹學說最倡「格物致知」、「持敬涵養」的工夫，無疑是對程頤「涵養須用敬，進學則在致知」〔註 104〕這門學問路數加以延續與闡揚。牟宗三先生（1909～1995）將程頤、朱子的學術思想統稱為「伊川朱子系」，且進一步地說道：「此系是以《中庸》、《易傳》與《大學》合，而以《大學》為主。……于孟子之本心則轉為實然的心氣之心，因此，于工夫特重後天之涵養（『涵養須用敬』）以及格物致知之認知的橫攝（『進學則在致知』）。」〔註 105〕南宋末年，學術環境泰半囊括在程朱思想的體系之下，可想而知宋季儒者相當程度地受到程朱理學的啟迪，換言之，程朱學說實乃直接或間接地影響著宋季儒者的思想舉措及其翰墨詞章。文天祥〈正氣歌〉裡頭所涉及的一些概念，尤其是那些與宇宙論、德性論相關的部份，吾人幾乎都得憑藉程朱的思想底蘊加以理解，否則不免如霧裡看花，難以透徹其思想之本真。文天祥〈正氣歌〉以「氣」為主體貫穿全文，我們實有必要回顧程頤、朱子對「氣」的理解與闡述方式。程頤對「氣」、「養氣」的陳述如下：

〔註 103〕董金裕，《宋儒風範》（臺北：東大圖書公司，1979 年 10 月），頁 107。
〔註 104〕同注 98，頁 188。
〔註 105〕牟宗三，《心體與性體》〔第 1 冊〕（臺北：正中書局，2006 年 3 月），頁 49。

性無不善，而有不善者才也。性即是理，理則自堯、舜至於塗人，
一也。才稟於氣，氣有清濁。稟其清者爲賢，稟其濁者爲愚。〔註106〕

《孟子》養氣一篇，諸君宜潛心玩索。須是實識得方可。勿忘勿助
長，只是養氣之法，如不識，怎生養，有物始言養，無物又養箇甚
麼？浩然之氣，須見是一箇物。如顏子言「如有所立卓爾」，孟子言
「躍如也」。卓爾躍如，分明見得方可。〔註107〕

配義與道，謂以義理養成此氣，合義與道。方其未養，則氣自是氣、
義自是義。及其養成浩然之氣，則氣與義合矣。本不可言合，爲未
養時言也。如言道，則是一箇道都了。若以人而言，則人自是人，
道自是道，須是以人行道始得。……苟不主義，浩然之氣從何而生？

〔註108〕

孟子有功於聖門不可言。如仲尼只說一箇仁義，孟子開口便說仁義；
仲尼只說一箇志，孟子便說許多養氣出來；只此二字，其功甚多。

〔註109〕

孟子率先揭櫫「養氣」與「浩然之氣」等概念，這概念一來成爲儒家「氣論」
思想的主流路徑，二來成了後代儒者論氣時的重要依據。另外，藉著孟子的
養氣之說，正可與道家氣化萬物（自然義）的論點劃出區隔，分別儒道兩家
論氣之異同。概括來說，宋儒對「氣」的理解與定義有三：一者、存有義；
二者、活動義；三者、道德義（人文義）。前兩項的存有義與活動義同樣爲道
家思想所強調，然而儒家的氣論尤其被發揮在實踐道德的場域上，尤其像孟
子與文天祥所談到的浩然之氣、正氣，這幾乎都是人文與道德意義的屬性，
迥然不同於道家純粹指涉自然的氣化觀，以及由氣化觀所帶出的氣稟說。因
此若單就人文義與自然義的面向來講，儒道兩家的氣論可以說是涇渭分明。
儒家思想的「氣論」雖說亦存殊途，不限於一家一派，其間或不免融入道家
「氣化」（自然義）宇宙創生論的概念，或者混入先天「氣稟觀」（自然義）
稟氣而生、引氣不齊的命定涵義。但是儒家論「氣」時在在突顯出一種極爲
清晰的特色，那便是把道德義（人文義）當成學說重心，影響所及，儒家「氣

〔註106〕同注98。
〔註107〕同前注，頁205。
〔註108〕同前注，頁206。
〔註109〕同前注，頁221。

論」大抵近乎「氣節」，而遠於「氣稟」。

　　關於「氣」的議題，程頤一方面既談先天性（自然義）不可移易的氣稟，另一方面也談後天性（人文義）得以認識與存養的浩然之氣。雖說程頤提及在魏晉時期盛行一時的氣稟說，並且承認吾人稟氣不齊的實際情況，但是他卻不把學說重心擺在探究人與人之間的才氣落差這層面向上，而是積極地另闢一條不受先天條件限制的途徑，這條途徑正是「性即是理」的性理之學。性理之學（理學）以爲：認知能力是吾人所擁有的天賦，仁義道德又是可以被理解與認識的客體，仁義道德既非是遙不可及的存在，因此藉由後天的學習（格物致知）與修養（持敬涵養）應當能大舉地提升人們認識仁義與實踐道德的可能性，換句話說，既然是以後天的學習修養作爲踐履道德的根據，那麼先天氣稟的影響對吾人實踐道德而言就顯得微不足道了。與看待仁義、性理一般，程頤同樣是依著「格物致知」的學術路數來定義「氣」與「浩然之氣」的存在，他認爲氣雖是抽象的概念，縱然無法憑藉人們的感官或肢體去聞見或是碰觸到它，但它卻是無庸置疑地存在於我們居處作息的現象界裡頭，倘若氣不是貨真價實的存有物，那麼孟子如何能認識它以及存養它，因此，程頤正面地肯定「氣」的實際存有，視之爲得以被吾人所認識與存養的客觀事物。延續著程頤的學術路數，朱子對「氣」的闡發如下所述：

　　才有天命，便有氣質，不能相離。若闕一，便生物不得。既有天命，須是有此氣，方能承當得此理，若無此氣，則此理如何頓放！〔註110〕

　　人之所以生，理與氣合而已。天理固浩浩不窮，然非是氣，則雖有是理而無所湊泊。故必二氣交感，凝結生聚，然後是理有所附著。凡人之能言語動作，思慮營爲，皆氣也，而理存焉。故發而爲孝弟忠信仁義智，皆理也。……自一氣而言之，則人物皆受是氣而生；自精粗而言，則人得其氣之正且通者，物得其氣之偏且塞者。惟人得其正，故是理通而無所塞。〔註111〕

　　性即是理。有性即有氣，是他稟得許多氣，故亦只有許多理。〔註112〕

　　有是理而後有是氣，有是氣則必有是理。但稟氣之清者，爲聖爲賢，

〔註110〕宋·朱熹，〈性理一·人物之性氣質之性〉，見氏著，宋·黎靖德編，王星賢點校，《朱子語類》，卷4，頁64。

〔註111〕同前注，頁65。

〔註112〕同前注，頁61。

> 如寶珠在清冷水中；稟氣之濁者，爲愚爲不肖，如珠在濁水中。所謂「明明德」者，是就濁水中揩拭此珠也。〔註113〕

> 稟得精英之氣，便爲聖，爲賢，便是得理之全，得理之正。稟得清明者，便英爽；稟得敦厚者，便溫和；稟得清高者，便貴；稟得豐厚者，便富；稟得久長者，便壽；稟得衰頹薄濁者，便愚、不肖，爲貧，爲賤，爲夭。〔註114〕

> 性是形而上者，氣是形而下者。形而上者學是天理，形而下者只是那查滓。至於形，又是查滓至濁者也。〔註115〕

朱子與程頤一般嘗從先天氣稟部份談論「氣」的意義。朱子延續氣化、形化等宇宙創生論的概念，進以衍生出引氣不齊的問題，引氣不齊的結果明確地反映在生命個體的差異處，使人呈現聖賢、才智、愚庸等等先天氣稟的落差。朱子也在注釋《大學》時這麼說道：「明德者，人之所得乎天，而虛靈不昧，以具眾理而應萬事者也。但爲氣稟所拘，人欲所必蔽，則有時而昏；然其本體之明，則有未嘗息者。」〔註116〕注釋《中庸》時說道：「性道雖同，而氣稟或異，故不能無過不及之差。」〔註117〕「天以陰陽五行化生萬物，氣以成形，而理亦賦焉，猶命令也。於是人物之生，因各得其所賦之理，以爲建順五常之德，所謂性也。」〔註118〕氣稟的差異性對吾人的拘限是現實層面的問題，但現實層面的差異與多元，卻會削弱許多共通的理念，例如：道德議題對理學家來講是必然的共識，但倘若凡事皆取決於氣稟的差異處，將使得「義／道義」或者「利／私利」的選擇全從吾人的氣性導發，人們實踐仁義與否也皆起源於自身的人格特質，若先天不具備這種人格特質，即使經由後天的教化也勉強不來，這樣子先天命定的論調，最終恐怕將造成道德的弱化與消解。

　　如上所述，若不解決引氣不齊的問題，道德就難以擁有其優先與必然的價值，就僅能淪爲選項之一，而不是唯一的選項。道德的弱化與消解對宋儒而言，是他們極不樂見的危機，對理學家來講，這更是不容發生的情況，所

〔註113〕同前注，頁 73。

〔註114〕同前注，頁 77。

〔註115〕宋·朱熹，〈性理二·性情心意等名義〉，見氏著，宋·黎靖德編，王星賢點校，《朱子語類》，卷 5，頁 97。

〔註116〕《大學章句》，宋·朱熹，《四書章句集注》，頁 3。

〔註117〕《中庸章句》，宋·朱熹，《四書章句集注》，頁 17。

〔註118〕同前注。

以在彼此差異、難以一致、沒有共通性的「氣稟說」的基礎上，理學家認爲實有必要替道德建構出某種「能普遍施爲」、「具有共通性」、「崇高且超越」的理念與共識，程頤、朱熹把這樣的理念與共識定義爲「理」，理既有「分殊」之理，也有「理一」之理，「理一」之理就是「性理」，「性理」是「仁」、「義」、「禮」、「智」等儒家思想的核心德目，性理賦予吾人的宗旨是讓吾人健順五常之德。程朱學說所教人的修養進路是「格物窮理」，「性理／道德」在程朱學說中又屬於最爲重要的第一義，是以其優先性既勝過其餘的分殊之理，其本體性無疑又凌駕在氣化與形化等作用處之上，這就是所謂「道／形而上」在「器／形而下」先，「理／形而上」在「氣／形而下」先的思想體系。朱子的「理氣觀」是宋代理學論氣的重要指標，理氣觀的建構完成，一方面作爲代表儒家視域的宇宙論觀點，另一方面可藉由「理」的本體地位與超然性，進以駕馭形而下事物的個別性與偶然性。朱子理氣觀橫攝道家思想的宇宙創生論，肯定氣化的存在，卻也極其強調「氣」不能脫離「理」而獨存，以理在氣先的原則作爲條件限制，「理」才是第一義，於理氣關係中「理」方佔有主控權。

再進一步地說，朱子理氣觀所建構出的義理特質，蓋已將道家氣論之中談宇宙氣化的自然涵義，巧妙地滑轉成以道德仁義爲重心的人文涵義。例如朱子說道：「故說性，須兼氣質說方備」〔註119〕，「性非氣質，則無所寄；氣非天性，則無所成。」〔註120〕雖承認人的氣性材質相當程度地受到氣化的影響，引氣不齊的結果也使得人與人之間產生聖賢與愚劣的區分，「理」與「氣」二者間無法脫離彼此而獨存，然而朱子未嘗將「氣質／氣稟」視爲人生的命定與結局，他反倒是積極地肯定人文化成的重要性，以後天認知層次的「理」與先天自然因素的「氣」相互對應，教人以第一義的「理」作爲人們思維的嚮導，把第一義的「理」作爲人們行動前的優先考量。朱熹所論的「氣」，從宇宙論來講，「氣」僅是「理」的從屬與作用，藉以解釋自然範疇裡頭萬物創生之始終。另外，朱熹亦嘗專就人文範疇談論「浩然之氣」，其言云：「氣，只是一箇氣，但從義理中出來者，即浩然之氣。」「這只是箇有氣魄、無氣魄而已。人若有氣魄，方做得事成，於世間禍福得喪利害方敵得去，不被他恐動。若無氣魄，便做人衰颯儑怯，於

〔註119〕同注110，頁66。
〔註120〕同前注，頁67。

世間禍福利害易得恐動。」〔註121〕蒙培元先生稱：「文天祥雖然接受了朱熹『浩然之氣』的說法，卻否定了朱熹以理爲本體的思想。因此，他的『浩然之氣』以氣爲本而不是以理爲本。」〔註122〕朱熹與文天祥對浩然之氣的闡發進路並不一致，朱熹定義下的「浩然之氣」純粹以「理」闡述，是故指向人的精神氣魄，並無呈現出將自然義、人文義相互融通的思想底蘊。除此之外，朱熹對「理氣」的「氣」，「血氣」的「氣」、「浩然之氣」的「氣」，「氣稟」的「氣」，皆是分殊地看待，且大部份的「氣」都不涉及人文道德意義，這跟文天祥〈正氣歌〉中將自然義、人文義鎔鑄爲一體，以「氣」爲道德主體並加以擴充的闡述方式顯然有所區隔。

　　程朱思想裡頭「理」的本體地位已然確立，接著還必須指明吾人對「理」的獲取方法爲何？程朱學說於是提揭出「格物窮理」的進取路數，教人要認識此「理」一來必須透過讀聖賢的書，二來必須學聖賢的爲人。觀上述兩點皆無關乎己身先天氣稟之因素，它僅關係到人們的熟讀精思與否，以及勤勉好學與否等後天因素。換言之，先天氣稟的差異性與引氣不齊的問題，再不能是人們實踐仁義道德的阻力與障礙，也不再是人們離經叛道後的搪塞與藉口。朱子緊接著說道：「所覺者，心之理；能覺者，氣之靈也。心者，氣之精爽。」〔註123〕蓋以爲心知、知覺是人人擁有的天賦，氣之靈、氣之精爽亦是能知能覺的具體發揮。心知、知覺若率先對「性理／道德本體」進行充分的認識，接著再把充分認識後的仁義道德付諸實現，那麼人的言行施爲亦必端正無所偏邪，最終得以克服引氣不齊、氣之濁惡等等難題。朱子認爲人可藉由心知、知覺的能力來格物窮理與效法聖賢，格物窮理能透過讀書的方式進行，以多讀書的方式來作爲一種入門與過程，去認識聖賢所經歷過的道德經驗，其最終目標在於進德修業以及效法聖賢的爲人。此觀點如下所述：

> 讀書乃學者第二事。讀書已是第二義。蓋人生道理合下完具，所以要讀書者，蓋是未曾經歷見許多。聖人是經歷見得許多，所以寫在冊上與人看。而今讀書，只是要見得許多道理。及理會得了，又皆

〔註121〕宋·朱熹，〈孟子二·公孫丑上〉，見氏著，宋·黎靖德編，王星賢點校，《朱子語類》，卷52，頁1243。

〔註122〕蒙培元，《理學的演變——從朱熹到王夫之戴震》，頁162。

〔註123〕宋·朱熹，〈性理二·性情心意等名義〉，見氏著，宋·黎靖德編，王星賢點校，《朱子語類》，卷5，頁85。

是自家合下元有底，不是外面旋添得來。〔註124〕

學問，就自家身己上切要處理會方是，那讀書底已是第二義。自家
身上道理都具，不曾外面添得來。然聖人教人，須要讀這書時，蓋
為自家雖有這道理，須是經歷過，方得。聖人說底，是他曾經歷過
來。〔註125〕

大抵觀書先須熟讀，使其言皆若出於吾之口；繼以精思，使其意皆
若出於吾之心，然後可以有得爾。然熟讀精思既曉得後，又須疑不
止如此，庶幾有進。若以為止如此矣，則終不復有進。〔註126〕

凡人若讀十遍不會，則讀二十遍，又不會，則讀三十遍至五十遍，
必有見到處。五十遍暝然不曉，便是氣質不好。今人未嘗讀得十遍，
便道不可曉。〔註127〕

讀書，不可只專就紙上求理義，須反來就自家身上推究。秦漢以後無
人說到此，亦只是一向去書冊上求，不就自家身上理會。自家見未到，
聖人先說在那裏。自家只借他言語來就身上推究，始得。〔註128〕

綜上所述，以程頤、朱子為鼻祖的閩、洛之學，雖說極其倡言「格物窮理」
的必要性，然讀書與知識的攝取終究僅是學者的第二義，第一義必須坐落於
學做聖賢，必須坐落於吾人認識道德本體以後的徹底實現。〔註129〕因此，無
論是人文德性論裡頭的「性理」，或是自然宇宙論裡頭的「理氣觀」，「理」都
在其間佔據著無可替代的地位與價值。德性論範疇的「性理」也就是儒家思
想的核心德目「仁」、「義」、「禮」、「智」。〔註130〕仁、義、禮、智是儒家的道

〔註124〕宋・朱熹，〈讀書法上〉，見氏著，宋・黎靖德編，王星賢點校，《朱子語類》，
　　　　　卷10，頁161。

〔註125〕同前注。

〔註126〕同前注，頁168。

〔註127〕同前注。

〔註128〕宋・朱熹，〈讀書法下〉，見氏著，宋・黎靖德編，王星賢點校，《朱子語類》，
　　　　　卷10，頁181。

〔註129〕余英時先生稱：「在宋代道學家中，惟有朱熹十分強調讀書對於明道的重要
　　　　　性，並且建立起一整套成體系的方法。……我們必須首先指出，朱熹從未提
　　　　　倡學問至上，恰恰相反，他明確地教導說：『讀書乃學者第二事。』但是，他
　　　　　確信要成為一名儒者，就要致力於學習、理解儒家經典及傳統。」見氏著，
　　　　　程嫩生，羅群等譯，《人文與理性的中國》（臺北：聯經出版公司，2008年6
　　　　　月），頁84～85。

〔註130〕朱熹注釋《孟子・公孫丑上》「惻隱之心，仁之端也；羞惡之心，義之端也；

德綱目，朱子視爲一些箇道理，這些箇道理的重要性無與倫比，是人們所必識必行的道理，朱子教人先須識得此理以後方能履行此理。換言之，即是以「格物窮理／讀書」、「持敬涵養／修養」作爲一種方法與過程，其最終目標仍是學做聖賢以及對道德綱目的身體力行。至於宇宙論範疇的「理氣觀」，是朱熹解釋宇宙創生來源與氣化萬物的妙運作用，以人來講，人亦是稟受此「氣」進以形塑生成，蓋受這先天氣稟、引氣不齊所影響，彼此方有才性質地上的顯著差異。朱熹的「理氣觀」是理氣二元論、理在氣先的進展方式，首先將「理／形而上」視爲內在超越抽象的道德本體，接連以「氣／形而下」的活動性作爲外在具體的行爲發顯。「理的本體義」接榫於「氣的活動義」，彼此有先後次第上與體用層級上的差別。要之，理爲先、氣爲後，理爲未發、氣爲已發，理爲本體、氣爲作用。〔註131〕錢穆先生（1895～1990）對朱熹「理氣觀」的特徵稱述如下：

> 朱子思想，乃從孔孟之人文界，又融進了道、釋之宇宙自然界。若從理學言，則從二程又融進了周、張。此是朱子格物窮理之最爲博大宏通處。亦可謂朱子之所謂「理」，早已非孟子之所謂義理，孟子義理專指人文界一切人事言，朱子之所謂理，則牽涉到宇宙物理上面去。〔註132〕

在宋朝末年的學術環境裡頭，程朱之學蔚爲大宗，文天祥身處南宋末年，不難推知其思想底蘊深受程朱學說的影響〔註133〕，他博通經史詩文，卻僅視讀書爲第二義。文天祥臨刑時衣帶中有贊曰：「孔曰成仁，孟曰取義，惟其義盡，

辭讓之心，禮之端也：是非之心，智之端也。」此段時稱：「惻隱、羞惡、辭讓、是非，情也。仁、義、禮、智，性也。」詳見《孟子》卷3〈公孫丑上〉，宋・朱熹，《四書章句集注》，頁238。

〔註131〕錢穆稱：「宇宙與人生，其本體均不可知，但有現象可知。人只能由現象來推知其本體。『現象』之一觀念，後遂轉爲『作用』之一觀念。由其現象間之相互關係，及其先後遞變之中，即若有某種作用存在，則必有作用背後之本體。」見氏著，《中國學術通義》（臺北：素書樓文教基金會，2000年12月），頁43。

〔註132〕同前注，頁114。

〔註133〕錢穆稱：「元代蒙古政權統治中國八十年，朱子學說在當時社會上已有了廣徧深厚的基礎，政府亦把朱子《四書》定爲國家考試的新標準。明代承襲元制，從此到清末，沒有改變。」又稱：「朱子遂彙《學》、《庸》、《論》、《孟》成一系統，並以畢生精力爲《論》、《孟》作集注，爲《學》、《庸》作章句。元、明以下迄於清末七百年朝廷取士，大體以朱注《四書》爲圭臬，學者論學亦以朱注《四書》爲準繩。……朱注《四書》則其影響之大，無與倫比。」引書同前注，頁10、頁92。

所以仁至。讀聖賢書，所學何事？而今而後，庶幾無愧。」〔註134〕其〈正氣歌〉則稱:「風簷展書讀，古道照顏色。」〔註135〕如此的想法與作為，毅然把仁義道德視為第一義，把效法孔孟聖賢當作己身生命歷程中唯一的、必然的選項。這與朱子學說中把道德視為第一義的觀點相同，與周張二程這些理學家們的思想底蘊也絕無二致。至於文天祥談論「氣」的方向以及對「氣」的詮解與定義，卻與朱子的「理氣觀」有所殊異。

四、〈正氣歌〉中的「正氣」思想

　　文天祥闡述「氣」時傾向於直接以「氣的活動性」作為「道德本體處」，一方面既強調「氣」具備獨立不改、周行不殆的「存有義」與「活動義」，另一方面則是把原先屬於人文範疇的「道德之理」(「道德義」)，預先寄寓於自然範疇的「天地氣運」之中，此舉已巧妙地將「理」與「氣」合為一元，亦使得正氣活動的自身即是道德本體，道德本體的自身即是正氣活動，「理」、「氣」兩者渾為一處，二者間沒有所謂孰先孰後的分別。換言之，正氣須在道德處尋求，道德須在氣運中體現。天地宇宙中的「氣」原本僅是氣化、形化的自然現象，它並不具備任何正邪、善惡等人文道德的概念。那麼文天祥〈正氣歌〉裡頭所論述的「氣」是如何能成其「正」？如何能得其「剛大」、「浩然」？蓋在文天祥的認知當中，乃視道德與宇宙同存並生，宇宙自然的氣運呈現，早已同時預設了道德的立場，如其所謂「人之質已成，而健順五常之理，附而行焉。」〔註136〕這樣的觀點，顯然有別於以往「理氣二元」、「人文義、自然義二分」的學問取向，而轉為將人文道德義與自然運化義打做一處，促使自然義的「氣運」與人文義的「道德」合成一種渾然無所區別的完整體。錢穆先生稱:「儒、道兩家思想之會通，主要在把人文歷史和自然現象會通合一，思想的對象會通了，思想內容亦自然得會通。」〔註137〕蓋文天祥所談論的「氣」，已然含攝儒、道二家之學說特質。另外，觀文天祥〈正氣歌〉裡頭談論「氣」的方式，似乎沒有「形而上」與「形而下」的界線與劃分，這與朱子「理本論」、「理氣二元」、「道器二元」的思想體系著實有所差異。

〔註134〕宋・文天祥，〈自贊〉，《文集》，見氏著，《文文山全集》，卷10，頁251。
〔註135〕宋・文天祥，〈正氣歌〉，《指南後錄》，見氏著，《文文山全集》，卷14，頁376。
〔註136〕宋・文天祥，〈王通孫名說〉，《文集》，見氏著，《文文山全集》，卷10，頁257。
〔註137〕錢穆，《中國學術通義》，頁37。

文天祥〈正氣歌〉談論的「氣」實已同時含攝「宇宙論」的概念與「德性論」的概念，畢其功於一役地把「人倫／道德」與「天地／自然」兩大範疇寄寓於氣中，藉「氣」周行流動的特質充塞於現象界之中，作爲一種眞實無妄力量的徹底展示與發揮。蒙培元先生稱：「他的道氣論哲學，其中以『天地正氣』爲其核心，以『道不離器』爲其特點。」〔註138〕此說道出文天祥氣論「道器一元」的獨特性質。這性質正如文天祥於〈御試策〉當中所云：「道之在天下，猶水之在地中。地中無往而非水，天下無往而非道。」〔註139〕文氏氣論既以道器不離作爲前提，那麼氣的本質便能得到進一步地擴充。文天祥〈正氣歌〉開頭即稱道：「天地有正氣」，除卻開宗明義地篤信「氣」的「存有義」，同時經由「於人曰浩然」該句，可知文天祥已將「道德義」寄寓於氣間，由於攝入人倫道德等概念，這股「氣」始能得其「正」，這與孟子所說「集義所生」、「配義與道」的意味相去不遠。這股正氣並非寂然不動的死物，文天祥說它是「雜然賦流行」的存有狀態，此說明確指出它的「活動義」。正氣既是處於活動的狀態，那麼它的活動範圍爲何？據〈正氣歌〉云：「下則爲河岳，上則爲日星。於人曰浩然，沛乎塞蒼冥。」〔註140〕綜上所述，正氣的活動力量著實無法窮盡，而正氣活動的範疇及其迄達的境地，亦是無所限制，它既可遍佈於天地日月、川流山嶽當中，也能夠示現在人類的道德操守裡頭。文天祥甚至認爲「氣」是一種「凜烈萬古存」的狀態，這彰顯出「氣」永恆的不朽價值。職是之故，文天祥定義的「氣」，似乎存有著縝密完備的本體性，這與朱熹的「理氣論」單純把「氣」視爲作用處，二者已然有顯著的分殊。觀「天地有正氣，雜然賦流行。下則爲河岳，上則爲日星。於人曰浩然，沛乎塞蒼冥。」〔註141〕寥寥數語所含蘊的思想內容，其實已然相當地龐大精微。就文天祥此處所論的「氣」，至少包括兩層面向，第一層屬宇宙論的「氣」，第二層屬德性論的「正氣」。此二者在文氏的思維方向中，雖然偏重在德性論的「正氣」，但「道德正氣」與「自然氣化」卻又可視爲渾然的完整體。

此外，「天地之氣」與「人類之感」二者間乃具有相應與交流的可能性，

〔註138〕蒙培元，《理學的演變——從朱熹到王夫之戴震》，頁157。

〔註139〕宋・文天祥，〈御試策一道〉，《文集》，見氏著，《文文山全集》，卷3，頁43～44。

〔註140〕宋・文天祥，〈正氣歌〉，《指南後錄》，見氏著，《文文山全集》，卷14，頁375。

〔註141〕同前注。

這樣的概念，其形成的年代可謂非常地久遠。中國遠古的人們相信「天地自然之氣」與「人類生活的和諧性」具有某種程度的關聯性。據《國語・周語上》所記載：「伯陽父曰：『周將亡矣！夫天地之氣，不失其序；若過其序，民亂之也。陽伏而不能出，陰迫而不能烝，於是有地震。今三川實震，是陽失其所而鎮陰也。陽失而在陰，川源必塞；源塞，國必亡。』」〔註142〕天地之氣是宇宙秩序，國族興亡是人間秩序，兩者有其相應相感的關係，這樣的說法儼然具備天人感應的雛型。對此，楊儒賓先生說道：「天地之氣，顯然指的就是陰陽二氣，陰陽二氣瀰漫宇宙，自然形成一種有機的秩序。只有這種秩序和諧條暢，人間的活動才能有條不紊；反過來講，如果陰陽之氣不能宣通，則上自自然，下至人文，無一不會遭殃。」〔註143〕「氣」周遊於自然世界與人文世界的兩端，勿使這兩個世界成為相互對立或彼此隔絕的兩造，「氣」自有其流動性與相應性，而人亦必加以認識與感通，如此自然世界和人文世界之間才能是秩序和諧的融通式存在。自然與人文的兩個世界，以氣相通、以感相應，以自然宇宙下貫到人類萬物而言，「氣」所象徵的是一種創生造化之義，自有其感應規則與流動狀態。從人類行為思想上達到自然宇宙來論，「氣」所突顯的是一種精神價值對宇宙天地的參與性（導引性）和感通性，亦自有其規範條理與活動狀態。這從以下《左傳》、《國語》、《易傳》、《管子》的諸例中，可獲得進一步的證實：

> 天有六氣，降生五味，發為五色，徵為五聲，淫生六疾。六氣，曰：陰、陽、風、雨、晦、明也，分為四時，序為五節。〔註144〕

> 民有好惡、喜怒、哀樂，生于六氣，是故審則宜類，以制六志。哀有哭泣，樂有歌舞，喜有施舍，怒有戰鬥；喜生於好，怒生於惡，是故審行信令，禍福賞罰，以制死生。生，好物也；死，惡物也。好物，樂也；惡物，哀也。哀樂不失，乃能協于天地之性，是以長久。〔註145〕

〔註142〕先秦・左丘明撰，吳・韋昭注，《國語》〔上冊〕（上海：上海古籍出版社，1988年3月），卷1〈周語上〉，頁26～27。

〔註143〕楊儒賓，〈導論〉，《中國古代思想中的氣論及身體觀》（臺北：巨流圖書公司，1993年3月），頁5。

〔註144〕晉・杜預注，《春秋經傳集解》（臺北：七略出版社，1991年9月），卷20〈昭公・傳元年〉，頁288。

〔註145〕晉・杜預注，《春秋經傳集解》，卷25〈昭公・傳二十五年〉，頁354。

> 古者大寒降，土蟄發，水虞於是乎眾罶，取名魚，登川禽，而嘗之
> 寢廟，行諸國，助宣氣也。〔註146〕

> 公曰：「請問爲身？」對曰：「道血氣以求長年、長心、長德，此爲
> 身也。」〔註147〕

> 同聲相應，同氣相求，水流濕，火就燥，雲從龍，風從虎，聖人作
> 而萬物覩。本乎天者親上，本乎地者親下，則各從其類也。〔註148〕

> 咸，感也。柔上而剛下，二氣感應以相與，……天地感而萬物化生，
> 聖人感人心而天下和平，觀其所感，而天地萬物之情可見矣。〔註149〕

諸如上述，吾輩不難透徹「氣」的存在，乃是普遍地周行於自然、人文兩處境域，其本身已提供感通的可能性〔註150〕，再從「助宣氣」、「道血氣」諸語觀之，知悉人類對「氣」的存在，基本上是可以參與它的運作及活動，更積極而言，甚至還能夠導引「氣」的趨向。換言之，自然界與人文界因爲氣的流動與呼應，兩界便不是一種隔閡或平行的各自存在。從天至人，自然之氣和諧，則陰陽協調、四時合序，人類承受其造化的惠澤，五穀豐收、衣食無缺，生活便能獲得保障。由人至天，聖賢制作、正氣凜然，人倫秩序得以穩健，君臣、父子得以相安，人們皆知書達禮、志道據德，群眾邦國便能無所紛爭，自然可以與天地合其德，最終達成所謂「協于天地之性」的境界。換

〔註146〕先秦・左丘明撰，吳・韋昭注，《國語》〔上冊〕，卷4〈魯語上〉，頁178。蓋在道德義的天人關係中，人類發揚其仁義之道，而與天道相融通。在宗教義的天人關係中，人類藉由牲品祭祀，與天意相溝通。這段引文蓋偏向宗教義之天人相應，對此，楊儒賓先生云：「人處於天地的韻律交會中，爲保證人的秩序與宇宙的秩序不致脫節，或爲促成現實的人間秩序更符合宇宙的運行，人需要透過種種與天地溝通的手段，轉化成人世間的秩序，使天人兩界重趨和諧。在與天地溝通的諸種手段中，犧牲是頗常用的一種法門，魚與禽作爲一種聖俗兩境溝通的媒介，在古代中國尤爲常見。」見氏著〈導論〉，《中國古代思想中的氣論及身體觀》，頁8。

〔註147〕《管子》卷8〈中匡〉，引自《二十二子》（上海：上海古籍出版社，1986年3月），頁120。

〔註148〕魏・王弼，晉・韓康伯注，唐・孔穎達疏，《周易正義》，卷1〈乾卦・文言・九五〉，頁15。

〔註149〕魏・王弼，晉・韓康伯注，唐・孔穎達疏，《周易正義》，卷4〈咸卦・象辭〉，頁82。

〔註150〕據《白虎通・禮樂》所稱：「人無不含天地之氣，有五常之性者。」即顯示出天地與人之間，含有「氣」的存在與流通。引自清・陳立撰，吳則虞點校，《白虎通疏證》（北京：中華書局，1994年8月），卷3〈禮樂〉，頁94。

言之，惟道德綱常之永續不墜，人類方能逐步實現長治久安的最終理想。文天祥所闡論的「正氣」，充沛於天地（自然界），浩然於人心（人文界），便是融通自然、人文兩處境域的一元式「氣論」，而據上述《左傳》、《國語》、《易傳》諸條引文觀之，文天祥的氣論無論在創生義或感通義方面，皆可謂上有所承。至於他更進一步地把「正／人文道德」預設在「氣／自然造化」裡頭，其實是直接承傳自孟子「集義所生」的觀點，文天祥原初本於孟子的「浩然氣論」，最終幾乎將此「道德正氣」無限地延伸與擴張，此番思想進路，無異已是將以往偏重於「自然創生論」的氣化觀，巧妙地滑轉成一種「道德創生論」的氣化觀，文氏這樣的正氣思想，誠然是獨樹一幟，然其言之成理、持之有故，自可成為一家之言。

此外，「氣」的本體存有，既跨越自然與人文兩界，遂可分別言之，亦可合而論之。倘若分而言之，一者屬於宇宙論的氣，它是一種自然造化的運動，是由宇宙下貫於人類萬物，是難以被忖度的超然力量。二者屬於德性論的氣（正氣），它是一種人文道德的活動，是從人類上達於宇宙蒼冥，是必須被認識的卓越價值。倘若合而論之，如此卓越的道德價值，使「氣」得其「正」而為「浩然正氣」，原本歸屬於人文道德義的浩然正氣，便透過人類的崇尚與體現，進一步地與宇宙蒼冥融合為一個有機整體。不必諱言的是，這樣的整體誠然已被置入濃烈的道德成份，透露出極鮮明的人文色彩，亦無須諱言的是，這正為儒家氣論的獨特之處。總地來說，文天祥之所以把人文道德之「正」安置在自然造化的「氣」裡頭，其宗旨便在於藉由「正」與「氣」的融通與聯結，進以認定道德的無限性與活動性，希冀道德活動能永恆發展與歷久不衰。

正氣誠然可謂是充塞宇宙、浩然壯盛的活動與存有。確立起正氣不受侷限的活動範圍以後，文天祥進一步地陳述正氣的特質與重要性，〈正氣歌〉云：「是氣所磅礴，凜烈萬古存。當其貫日月，生死安足論。……地維賴以立，天柱賴以尊。」〔註151〕此段說明了正氣是一種浩瀚剛大、磅礴萬鈞、凜烈長存的恆久狀態，然而「生死安足論」、「地維賴以立」、「天柱賴以尊」等語卻是啓人疑竇，畢竟生命如此珍貴，正氣的重要性又何以能凌駕在生死之上？誠因「死生」、「夭壽」對吾人來講，是無從抵禦與改變的限制，作為同存於自然界的渺小個體，人類的壽命甚至遠遠短於山嶽川流、冥靈

───────────────

〔註151〕宋・文天祥，〈正氣歌〉，《指南後錄》，見氏著，《文文山全集》，卷14，頁375。

大椿〔註152〕。人類的存在擺放於蒼茫的宇宙之中顯得多麼地微不足道，所以人類唯一有資格與天地並存、與山河同壽的價值，絕對不是有限的生命歲壽，而是比生命來得尊貴崇高的恆久價值，這種不受限於時空的恆久價值換句話說就是「不朽」。根據《左傳》所記載：「太上有立德，其次有立功，其次有立言。雖久不廢，此之謂不朽。」〔註153〕三不朽觀念對中華文化的影響頗為深遠，中國傳統士儒如此標榜「進德修業」、「創業垂統」、「建功立業」、「撰述立說」、「成一家言」之源由，實與三不朽觀點存有密不可分的關聯性。立德、立功、立言三者間又以立德為首要，中國傳統士儒對道德的重視與依存的程度已然無須贅言，文天祥倡言吾人對浩然正氣之存養與發顯，其實也與立德、不朽等涵義大略等同。

另外，人類生存的世界既是天地自然的世界，同時也是人文社群的世界，道德文化作為維繫人倫關係、穩健社群和諧的規範與要領，對人文社群世界而言，著實具有最直接的影響力，試想人文社群的世界一旦喪失道德力量的扶持支撐，人類賴以為生的世界恐將成為混亂失序、禮崩樂壞、世道衰微、率獸食人的無間地獄。從這樣的角度對〈正氣歌〉「地維賴以立」、「天柱賴以尊」等文句進行理解，便知文天祥此番說法並非是天馬行空、荒誕無稽的誇大之論。已然瞭解到正氣的恆久狀態及其重要性，接下來仍須探究當此「正氣」與「個人生命」結合之後是以何種姿態體現？文天祥這麼說道：「三綱實係命，道義為之根」〔註154〕君臣、父子、夫婦的人倫關係是為三綱，三綱的觀念由來已久，例如《韓非子‧忠孝》嘗稱：「臣事君，子事父，妻事夫，三者順則天下治，三者逆則天下亂。此天下之常道也，明王賢臣而弗易也。」〔註155〕《春秋繁露‧深察名號》稱：「循三綱五紀，通八端之理」〔註156〕《春秋繁露‧基義》稱：「陽兼於陰，陰兼於陽，夫兼於妻，妻兼於夫，父兼於子，子兼於父，君兼於臣，臣兼於君。君臣、父子、夫婦之義，皆取諸陰陽之道。」〔註157〕「天為君而覆露之，地為臣而持載之；陽為夫而生之，

〔註152〕晉‧郭象稱：「冥靈，木名也，江南生。以葉生為春，葉落為秋，此木以二千歲為一年。……（椿）此木三萬二千歲為一年。」詳見氏註，《莊子》，卷 1〈逍遙遊〉，頁 15。

〔註153〕晉‧杜預注，《春秋經傳集解》，卷 17〈襄公‧傳二十四年〉，頁 248。

〔註154〕同注 151。

〔註155〕清‧王先慎撰，鍾哲點校，《韓非子集解》，卷 20〈忠孝〉，頁 466。

〔註156〕清‧蘇輿撰，鍾哲點校，《春秋繁露義證》，卷 10〈深察名號〉，頁 303～304。

〔註157〕清‧蘇輿撰，鍾哲點校，《春秋繁露義證》，卷 12〈基義〉，頁 350。

陰爲婦而助之；春爲父而生之，夏爲子而養之；秋爲死而棺之，冬爲痛而喪之。王道之三綱，可求於天。」〔註 158〕《白虎通·三綱六紀》稱：「三綱者，何謂也？謂君臣、父子、夫婦也。……故〈含文嘉〉（《禮緯·含文嘉》）曰：『君爲臣綱，父爲子綱，夫爲妻綱。』」〔註 159〕綜上所述，姑且先撇開漢儒董仲舒慣於以天體時序、陰陽五行附會人事與道德範疇此一學說特色不談，我們至少可以確認，所謂的三綱亦關係到「君臣」、「夫婦」、「父子」等人倫關係，君臣、夫婦、父子彼此的關係健順，彼此的互動方式適當得宜，即可穩固家庭與朝廷的安定與和諧，也因此三綱往往與五常並稱，同樣被歸納於道德範疇。

　　至於「道義爲之根」即點明了「道義／道德」是「正氣」所依據的根本。三綱、倫常、道義等概念盡皆歸屬於人文範疇，亦是人文化成的應然層面，至於純粹的「氣化」作用，在以往較被視爲宇宙天地的創生能力，它是現象界裡頭的物理作用，是以當屬於氣化形塑的實然層面。不過文天祥〈熙明殿進講敬天圖周易賁卦〉裡頭卻稱：「惟天一積氣耳。凡日月星辰、風雨霜露，皆氣之流行而發見者，流行發見處有光彩，便謂之文。然有順有逆，有休有咎，其爲證不一，莫不以人事爲主。」〔註 160〕此處所言「氣」之流行造化，最終應該在人事當中予以體驗及落實。對照文天祥〈正氣歌〉對「正氣」的描繪與闡述，擬推文氏論「氣」的方式，已是將理寓於氣之內，將應然寓於實然之內，將道德於寓於宇宙之內，將人文寓於自然之內，將理想性寓於現實面之內，這樣的「氣」顯然具備極鮮明的人文涵義，並且呼應上述「莫不以人事爲主」的思想論調。文天祥〈正氣歌〉有意無意地導出理氣一元、體用同源的學說進路，他把人文道德與自然天地渾成一個毫無區別的完整本體，這個完整本體得以運作不息的源頭，即是所謂的浩然正氣。〔註 161〕宋元

〔註 158〕同前注，頁 351。

〔註 159〕清·陳立撰，吳則虞點校，《白虎通疏證》，卷 8〈三綱六紀〉，頁 373～374。

〔註 160〕宋·文天祥，〈熙明殿進講敬天圖周易賁卦〉，《文集》，見氏著，《文文山全集》，卷 11，頁 265。

〔註 161〕張三夕先生稱：「有了這種充溢宇宙、萬古長存、激昂壯偉的磅礴之氣，人們就能淡化生死憂慮，自然而然地獲得一種永恆的道義力量和歷史價值。從這裡可以看到文天祥視死如歸的精神支柱之所在。」見氏著，《死亡之思》（臺北：洪葉文化事業公司，1996 年 3 月），頁 218。李丕洋先生稱：「文天祥的生命觀與張載一樣，屬於典型的氣化本體論。由於宇宙中有股『正氣』存在，所以稟賦在人類身上，就成爲浩然的『天地之性』（又稱『天命之性』），這是儒家所謂志士仁人的一腔正氣的物質本原。」見氏著，〈從臨終表現看心學家的生死智慧〉，《哲學與文化》第 38 卷第 1 期，2011 年 1 月，頁 135。

之際除了文天祥大舉闡發浩然正氣之外，另一位宋代遺民謝枋得（1226～1289）也曾經提及養氣之說，其言云：「今年六十三矣，學辟穀養氣已二十載，所欠惟一死耳。」〔註162〕無非也是一種對「氣」的涵養與示現。要之，儒家氣論教人平日集義養氣以得其正、驅其邪，養氣之目的乃爲實踐道德以及棄利就義，常人無不愛惜生命者，然因道德之故，以死明志又何足惋惜。

宋元以降，明清兩代思想家不乏受宋代義理學說啓迪甚深者，自從文天祥殉節與〈正氣歌〉的傳世以後，使得「氣」的層次與地位逐步躍升，例如薛瑄（1392～1464）、黃宗羲（1610～1695）等儒皆嘗談及理氣議題，彼等認爲在理氣關係裡頭，「氣」的效益幾近與「理」並駕齊驅，其重要性甚至不下於「理」。觀程朱思想的「理氣觀」是以理爲本體處，以氣爲作用處，而理氣二分、理在氣先是其學說特色，如此說來活動義之「氣」僅是本體義之「理」的具體發顯，其中「理」佔據第一義的優先位置。從程朱學說上溯至張載學說，張載「太虛即氣」的概念較傾向於直接以「氣」作爲本體，本體義兼取活動義。文天祥論氣的方式亦是採取理氣一元的進路，其間強調了「氣」不僅是自然義的運化流行，也不單是人們稟受氣化形塑而成的先天氣質與氣稟，此「氣」誠然應該是切於己身，進以作爲吾人實踐仁義的終極關懷，化爲具體呈現的道德操守，若能如此，那麼這股磅礴萬鈞、凜烈長存的「浩然正氣」便足以永垂不朽，如文氏所云：「夫浩然者，際天地而常存，不假外物而爲消長。」〔註163〕就是強調此浩然正氣具有超越時間與空間的永恆性及永續性。〔註164〕永恆、永續的概念與「無限」的概念大致雷同，趙師中偉如此說道：「所謂『無限』，是就萬物的生化而言，是指事物在時間上和空間上的普遍性、永恆性及絕對性。以時間來說，是說時間上的無限持續，……以空間來說，也是無限延伸擴展的，從宇宙中任何一點出發，向前後、左右、上

─────────────

〔註162〕宋・謝枋得，〈上丞相留忠齋書〉，《疊山集》，卷4，頁8。引自王雲五編，《四部叢刊續編集部》（臺北：臺灣商務印書館，1966年10月），522～523冊。

〔註163〕宋・文天祥，〈建昌軍青雲莊記〉，《文集》，見氏著，《文文山全集》，卷9，頁217。

〔註164〕蒙培元先生稱：「浩然，即大而永久的意思。……這種浩然之氣，一旦塞乎蒼冥，則成爲一種凜然『正氣』，變成一種正義感，一種精神情操，可以泣鬼神、貫日月、動山河、厲冰雪，可以萬古長存。因此，它不以生死爲界。他說：『當其貫日月，生死安足論？地維賴以立，天柱賴以尊。三綱實係命，道義爲之根。』這就是說，它又是精神性的，它以三綱爲命，以道義爲根。……這也是一種道德精神，它不同于形體。人的形體可以死亡，但這種精神永遠不滅。」見氏著，《理學的演變──從朱熹到王夫之戴震》〔第二版〕，頁160。

下延伸下去，都永遠不會到達盡頭。」〔註165〕總地來說，「浩然正氣」誠然是「道德義」、「活動義」、「存有義」、「永恆義」等各義兼備、自體具足的複合式體系概念。文天祥對「氣」的詳實闡述與竭力發揚，儼然成為從理本論至氣本論的過渡，理氣之間的關係不再如以往一般，以理為體、以氣為用，而是以氣為體，至於理的存在似乎得自氣的活動中探尋，這樣的思想建構使得「理」與「氣」在先後順序和體用關係上，似乎已有所滑轉。

五、明清氣論的建構與轉進

文天祥〈正氣歌〉抬高了氣的層次，一來強調「氣」具有生生不息的活動義，二來已將道德內涵預先置入氣中，使此氣成為一種「浩然正氣」，於是乎正氣的運轉與發顯，便順理成章地成為道德的運轉與發顯。這樣的正氣論一方面固然與朱子的理氣論有所差異，另一方面也與明清的氣本論有所區分。明清氣本論的建構是對理氣關係的重新界定，其與文天祥「正氣論」相同的是：一、對朱子「理在氣先」的順序加以變更，「氣」的層次在理氣關係中獲得大幅地提升，甚至呈現出「氣在理先」的走勢。二、「理」寓於「氣」，如此一來「理」的概念必須從「氣」的實際活動中加以領略。所不同的是：文天祥「正氣論」當中的「氣」，包含著鮮明的道德涵義，但是明清氣本論之中的「氣」，並無預先置入的道德立場。此外，明清儒者敘述理氣關係時，走的往往是理氣一元的路子，理氣一元的學術特質，如明儒薛瑄《讀書錄》所述：

> 天地間只有理氣而已，其可見者，氣也；其不可見者，理也。故曰：
> 「君子之道，費而隱。」〔註166〕

> 聖人論道，多兼理氣而言，如所謂一陰一陽之謂道，形而上下之語，
> 皆兼理氣而言也。〔註167〕

> 氣有形，理無迹；氣載理，理兼氣，二者渾渾乎無毫乎之間也。
> 〔註168〕

> 天地之初，總是氣化。……天地之初，人物無種，純是氣化。自人

〔註165〕趙中偉，《《周易》「變」的思想研究》，頁178。引自林慶彰主編，《中國學術思想研究輯刊》（臺北：花木蘭文化出版社，2009年3月），第4編第2冊。
〔註166〕明・薛瑄，《讀書錄》（臺北：廣文書局，1972年5月），卷1，頁14。
〔註167〕同前注，卷1，頁75。
〔註168〕同前注，卷3，頁185。

物有種之後，則形化雖盛而氣化亦未嘗息。〔註169〕

理如日光，氣如飛鳥，理乘氣機而動，如日光載鳥背而飛。〔註170〕

薛瑄積極地肯定「氣」的遍佈與存有，他這麼說道：「徧滿天下皆氣之充塞，而理寓其中」〔註171〕「天地萬物渾是一團理氣」〔註172〕「氣無窮，理亦無窮」〔註173〕「細看天地萬物皆氣聚而成形」〔註174〕，理氣二者渾爲一處本體，「氣」因化形而較爲顯著，「理」因無迹而較爲精微，是以理必須寄寓於氣中，伴隨氣的流動才能轉微爲顯，彼此也才得以相得益彰。把理氣二者打做同處這般「理氣一元」的學術姿態，無疑已與程朱思想中以理爲本體處，以氣爲作用處這種「理氣二分」的觀點產生歧異。薛瑄既申明「理氣相即」、「理氣一體」等觀點，另外也再三強調理氣二者之間，絲毫沒有先後次第上的區別。據《讀書錄》所述如下：

人之性與氣，有則一時俱有，非有先後。〔註175〕

理氣本不可分先後，但語其微顯，則若理在氣先，其實有則俱有，不可以先後論也。〔註176〕

理涵乎氣之中……理氣二者，蓋無須臾之相離也，又安可分孰先孰後哉！〔註177〕

理氣間不容髮，如何分孰爲先？孰爲後？〔註178〕

薛瑄強調理氣一體而無先後次第的分別，理是形上抽象的概念，氣是現象界具體的發顯，然而在理氣一體的前提下，形上與形下、道與器、微與顯、體與用之間，皆不可強分其先後次第，皆不可論斷其輕重緩急。理氣相互依存，無理則氣無從發顯，無氣則理無處徵驗。因此，薛氏論「理氣」關係的時候並無本體處與作用處上的區別，其思想特質誠然朝著本體即作用、作用即本體的「氣本論」方向挺進。

〔註169〕同前注，卷4，頁239。
〔註170〕同前注，卷5，頁274。
〔註171〕同前注，卷1，頁17。
〔註172〕同前注，卷3，頁145。
〔註173〕同前注，卷3，頁156。
〔註174〕同前注，卷4，頁223。
〔註175〕同前注，卷2，頁115。
〔註176〕同前注，卷2，頁125～126。
〔註177〕同前注，卷3，頁130。
〔註178〕同前注，卷3，頁181。

　　薛瑄以外，黃宗羲亦可作為「氣本論」思想的代言者。黃宗羲身為明季遺老，亦為當代碩儒，其學說思想對清初學術環境的影響力著實不容小覷，皮錫瑞稱：「王夫之、顧炎武、黃宗羲皆負絕人之姿，為舉世不為之學。」〔註179〕黃宗羲身為闡揚「氣本論」的一員，除卻同意薛瑄所論的理氣非是二分，氣未嘗落於理之後等觀點以外，甚至猶比薛氏更推崇「氣」的本體價值，其學說思想論及「理」的地方，往往僅把「理」視為「氣」的從屬。黃宗羲於《孟子師說》中這麼說道：「理不可見，見之於氣」〔註180〕，「天地間只有一氣充周，生人生物」〔註181〕，「天以氣化流行而生人物，純是一團和氣」〔註182〕，「人身雖一氣之流行，流行之中必有主宰，主宰不在流行之外，即流行之有條理者。」〔註183〕經由上述諸語便不難推想，黃宗羲非但消解「理」原先的本體涵義，更直接地以「氣」取而代之，把「氣」當成一種活躍能動的流行本體，憑藉「氣」的活動義含攝「理」的本體義，精妙地建構出作用即是本體的「氣本論」思想。此外，《明儒學案》裡頭亦有如下的記載：

> 不知天地間祇有一氣，其升降往來即理也。人得之以為心，亦氣也。氣若不能自主宰，何以春而必夏、必秋、必冬哉？草木之榮枯，寒暑之運行，地理之剛柔，象緯之順逆，人物之生化，夫孰使之哉？皆氣之自為主宰也。〔註184〕

> 氣未有不靈者，氣之行處皆心，不僅腔子內始是心也，即腔子內亦未始不是氣耳。〔註185〕

> 造化只有一氣流行，流行之不失其則者，即為主宰，非有一物以主宰夫流行。〔註186〕

〔註179〕清・皮錫瑞，《經學歷史》（臺北：藝文印書館，2004 年 3 月），頁 328。
〔註180〕清・黃宗羲，《孟子師說》卷 2〈浩然章〉，頁 1。引自嚴一萍編選，《原刻景印百部叢書集成續編・適園叢書》（臺北：藝文印書館，1970 年 6 月）。
〔註181〕同前注。
〔註182〕同前注，卷 4〈人之所以異章〉，頁 21。
〔註183〕同注 180。
〔註184〕清・黃宗羲，《明儒學案》（臺北：河洛圖書出版社，1974 年 12 月），卷 3〈崇仁學案三・恭簡魏莊渠先生校〉，頁 25。
〔註185〕同前注，卷 7〈河東學案一・同知薛思庵先生敬之〉，頁 17。
〔註186〕同前注，卷 19〈江右王門學案四・郡丞劉師泉先生邦采〉，頁 43。

> 夫所謂理者，氣之流行而不失其則者，太虛中無處非氣，則亦無處
> 非理。〔註187〕

黃宗羲以「氣」作為一種活躍能動的流行本體，因此在界定理氣關係上無疑已把氣的層級抬舉至最高。除卻黃宗羲對「氣」的費心建構與發揚光大，清儒戴震（1723～1777）對「氣」的能動與運化亦是極其推崇，戴震說道：「道，猶行也；氣化流行，生生不息，是故謂之道。」〔註188〕「在天地，則氣化流行，生生不息，是謂道；在人物，則凡生生所有事，亦如氣化之不可已，是謂道。」〔註189〕戴氏把「氣」的氣化流行、生生不息稱之為「道」，其學說思想無疑也是「氣本論」的取徑，如此論點與朱熹的「理氣觀」實然是兩種南轅北轍的義理層面。〔註190〕朱熹說道：「性是形而上者，氣是形而下者。形而上者學是天理，形而下者只是那查滓。」〔註191〕細觀「氣」的概念在宋代最初被朱子視為「形而下的查滓」，至文天祥時倡言「天地有正氣」、「於人曰浩然」、「是氣所磅礴」、「凜烈萬古存」等觀點，到了薛瑄與黃宗羲的時候，「氣」的地位更進一步躍升為活躍能動的流行本體，以本體義的姿態從「理」的附庸當中獨立出來。行至最終，「氣化流行」竟然被戴震推尊為「道」。然而與文天祥「正氣論」有所不同者在於：明清氣本論裡頭氣化流行的「氣」或是「道」，其間沒有預設「正」、「浩然」、「集義」等道德立場，明清儒者論氣的方式，似乎有回歸自然義的走勢。

但這裡我們猶須探究，為何宋元以降的思想家會把探索「理」的興致，如此積極迫切地轉往對「氣」的闡揚上頭？這正是梁啓超（1873～1929）所說的「時代思潮」，梁氏說道：「凡『思』非皆能成『潮』，能成『潮』者，則

〔註187〕同前注，卷 22〈江右王門學案七・臬長胡廬山先生直〉，頁 1。

〔註188〕清・戴震，〈天道〉，《孟子字義疏證》（北京：中華書局，2008 年 9 月），卷中，頁 21。

〔註189〕清・戴震，〈道〉，《孟子字義疏證》，卷下，頁 43。

〔註190〕張麗珠稱：「（戴震）他鎖定理學從形而上出發以論的道、性、理等本體論，做為首要批判對象，必欲破其『視有形、有跡為粗』的道德形上學而後已。他要另建以生生不息的『天地之氣化，流行不已』為基礎，以現實人事之『出於身者，無非道也』、『曰性曰道，指其實體實事之名』為強調的氣化本體論。」詳見氏著：〈從「漢宋之爭」看清代的義理學轉型〉，引自劉述先，楊貞德主編，《理解、詮釋與儒家傳統・理論篇》（臺北：中央研究院中國文哲研究所，2007 年 12 月），頁 199。

〔註191〕宋・朱熹，〈性理二・性情心意等名義〉，見氏著，宋・黎靖德編，王星賢點校，《朱子語類》，卷 5，頁 97。

其『思』必有相當之價值；而又適合於其時代之要求者也。」〔註192〕明清以來，尤其到了清代，儒者逐漸對形上思維取向的「理氣觀」產生疑慮〔註193〕。清代思想家受考據學、訓詁學興盛之影響，凡事奉經驗實證為圭臬，較喜好形而下具體層面的學說路數，甚者對以形而上抽象概念為主流的宋代理學多所詆毀，最終演變成黨同伐異的「漢宋之爭」〔註194〕，清代思想愈到後期愈以擅長考據、訓詁的漢學為主流派，漢學家的治學方式多從具體、實證、可徵驗的層面入手，彼輩對具有先驗傾向的「理本論」思想頗難接受〔註195〕，是以漸次地朝著「捨理取氣」、「捨道取器」、「捨形上取形下」、「捨未發取已發」等學術方向前進。據此，觀「氣本論」學說的特質既然講究以「形下具體流動」的「氣化」作為活躍能動的本體，其可徵驗性自然較「形上寂然不動」的「理」來得強烈，也因此比較容易為清代學者信服與採納。學術轉移、俯同時尚，往昔以「理」作為本體的「理本論」宇宙觀，在以「氣本論」為主流的學術環境裡頭，「理」的第一義也無可厚非地被「氣」所替代。朱熹界定的理氣關係之中，「氣」相對於「理」，已經是屬於形而下的具體發顯，被視為一種活動作用。然有如薛瑄、黃宗羲、戴震等人，則提揭出「氣」的本體價值，「理」演變成「氣」的從屬。

「氣」的另一個釋義，亦可解釋作人物的「氣魄」。不過清儒王夫之（1619～1692）對這樣的「氣」（氣魄）卻頗有微言與責難，王夫之撰《宋論》說道：「先王之造士也，賓之於飲，序之於射，節之以禮，和之以樂。其尊之也，乞之而後言；其觀之也，旅而後語。……其立國體也，即以敦士行也。馴其氣而使安也，即以專其氣而使昌也。」〔註196〕「戰國之士氣張，而來嬴政之坑；東漢之士氣競，而致奄人之害；南宋之士氣囂，而召蒙古之辱。……氣

〔註192〕梁啓超，《清代學術概論》（臺北：臺灣商務印書館，1994 年 1 月），頁 1。

〔註193〕梁啓超稱：「這個時代的學術主潮是：厭倦主觀的冥想，而傾向於客觀的考察。無論何方面之學術，都有這樣的趨勢。」引自氏著，《中國近三百年學術史》（臺北：里仁書局，1995 年 2 月），頁 1。

〔註194〕張麗珠稱：「其實『漢宋之爭』的真正關鍵：價值之形上取向與經驗取向不同，以及由此開展出來的兩種義理類型，本是價值型態之殊異。」詳見氏著：〈從「漢宋之爭」看清代的義理學轉型〉，引自劉述先，楊貞德主編，《理解、詮釋與儒家傳統‧理論篇》，頁 180。

〔註195〕梁啓超稱：「道學派別，雖然不少，但有一共同之點：是想把儒家言建設在形而上學——即玄學的基礎之上。」引自氏著，《中國近三百年學術史》，頁 2。

〔註196〕清‧王夫之著，舒士彥點校，《宋論》（北京：中華書局，1964 年 4 月），卷 14〈理宗〉，頁 252～253。

機之發，無中止之勢，何輕言氣哉！」〔註197〕。王夫之的說法暫先擱置一旁，觀唐代張巡（709～757）於安史亂中怒斥賊兵曰：「吾欲氣吞逆賊」〔註198〕，此語是何其地雄渾豪壯。倘若不是憑仗著這股力拔山河的蓋世之氣，忠肝義膽的殉死之節，張巡怎敢以區區殘寡之兵卒，迎戰敵賊的上萬大軍，置個人死生於度外地死守睢陽。總地來說，從宋代到清代這期間，儒者對「氣」的看法，往往會因人而異，因時代環境而異。從朱熹的視域看來，理氣關係中的「理」才是形而上的「道」，氣只是形而下的「查滓」。薛瑄抬平「理」、「氣」地位，黃宗羲認爲「氣」方爲主體，「理」寓「氣」中，是其間有條理者、不失其則者。王夫之對「氣」（人物氣魄）頗有責難，甚至懷有貶抑的意味，他提出「馴其氣而使安」、「專其氣而使昌」的論點，彷彿再次強調著「志至焉，氣次焉」的思維方式。戴震的時候，則將形而下的「氣化流行」，當成第一義的「道」。據此觀察宋、明、清三代之中「氣」的本體轉換及其升降趨勢，著實是一項饒富趣味的學術議題。

　　總地來說，中國傳統思想界定「氣」的方向概略有以下幾點，就「宇宙論」範疇而論，指的是超然獨立的創生與造化作用，而造化的產出可粗分爲「人類」與「物類」。就「物類」而言，「氣」指的是肉眼無法辨識的流動物質。就「人類」而言，「氣」指的是肢體耳目所無法觸及的精神實存。至於人之「浩然正氣」，乃是一種因恪遵道德原則而生成的大無畏精神，這條進路同時也是最能夠代表儒家德性式氣論的學說思想。另外，經由上述諸項所開展出儒家人物對「氣」的詮解，亦可梳理出以下四線：一者、自然物質義。如文天祥〈正氣歌〉所記載「彼氣有七」的「水氣」、「土氣」、「日氣」、「火氣」、「米氣」、「人氣」、「穢氣」〔註199〕等物質狀態之氣。二者、人物氣稟義。如魏晉時期所談論的「氣稟觀」、「才性觀」。三者、自然造化義。如張載「太虛即氣」的「氣本體論」，朱熹「理氣觀」的「氣作用論」，以及薛瑄、黃宗羲以降明清儒者所闡論的「氣之作用即本體論」。四者、道德創生義（正氣、氣節、氣魄）。如孟子「配義與道」、「集義所生」，以及文天祥所謂「三綱實係命，道義爲之根」「是氣所磅礴，凜烈萬古存。……地維賴以立，天柱賴以尊。」

〔註197〕同前注，頁253。
〔註198〕宋・歐陽修，宋・宋祁等撰，《新唐書》（臺北：鼎文書局，1976年10月），卷192〈忠義中・張巡傳〉，頁5539。
〔註199〕宋・文天祥，〈正氣歌〉，《指南後錄》，見氏著，《文文山全集》，卷14，頁375。

〔註200〕的浩然正氣。文天祥的正氣思想，著實是前承自孟子而再加以擴充，更可貴的是文氏舉出許多為道德原則而鞠躬盡瘁，甚至是不惜犧牲性命的歷史人物做為援例，殫精竭慮地試圖證明正氣之於人眞實存在的可能，文氏〈正氣歌〉所發揚的正氣思想，在中國傳統學說各種氣論思想當中，亦可謂獨樹一幟、不遑多讓。

第三節　以人爲本的事理思想

　　歷史是由時間、人物、事件所架構完成的整體面貌，它是一種深刻眞實的人事經驗，這些人事經驗從生成到結果，爾後被目睹過、聽聞過的人用言語傳誦，或者被史官用文字撰著記載，最終成為一部部成文的歷史典籍。任一部史籍，其間經歷過多少炎涼事態，體現了多少冷暖人情，褒揚過多少仁人義士，貶抑了多少奸佞小人，描繪出多少神武英勇，諸如上述，皆非三言兩語所能盡訴。況且又關係到歷代國族的興廢與存亡，敘述著一朝一代從輝煌步至傾頹，由欣悅走往哀慟，便不難猜測此間所埋藏的血淚與辛酸，也不難推想後代人讀前代史時的惴慄及警惕。歷史一方面記錄人物所展現出的行為，另一方面亦可藉由其行為探究其背後的動機與思想。換言之，「思想」與「行為」其實是唇齒相依、缺一不可的共同體，先人憑藉思想率領其行為，後人又能依據其行為探究其思想。正如同錢穆先生所描述的中國歷史的特質如下：

> 中國史中的人物列傳，對每一人之生平一線記載下，……因此易使讀者瞭解歷史上各人物的個性與人格，才智與德行。又易想見由於各色各樣的人來共同參預一事件，乃是人決定了事，而非事決定了人。雖此等人物亦受有當時歷史的影響，但當時的歷史究由此等人物所創出。〔註201〕

無論是在哪一段歷史典故裡頭，其實「人物」、「思想」、「行為」這三者，皆是密不可分的關聯性存在，史書雖說是負責承載歷史的事蹟內容，因此看似以「人物」、「行為」作為主軸，實則「思想」在其間亦佔據著極重的份量。首先單就人物而言，「人」已是一種相當複雜的生命個體，人類具有思想、意

〔註200〕同前注。
〔註201〕錢穆，《中國學術通義》，頁 26。

識、情緒、價值觀、信仰，關於這些人們所具有的特質，部份是決諸先天本
能上的稟賦，部份則是後天的環境與教養所塑造而出。歷史人物的思想、意
識、情緒、價值觀、信仰等特質，深深地影響或是左右著他的言行舉止，甚
至是深深地引導著他的判斷方式與抉擇取向。一旦涉及到人類「生命型態」、
「精神生活」等類議題，我們就很難不正襟危坐地去看待與面對此議題的細
膩度與複雜性。然而歷史典故既承載起「人物」，便也須把人物的生命與精神
一併地承載起來，否則「人物」即無法與其「行爲」相互榫接。（英）柯靈烏
（R. G. Collingwood，1889～1943）說道：「人的生命之所以有歷史性，是因爲
那是一種心智的精神的生命」〔註202〕我們可以如此設想，每當不同人物面臨
同樣歷史事件的時候，往往會有南轅北轍的處理方式。其間原因便導向於不
同的人物，往往會存有相異的「動機」、「信仰」、「價值觀」，而這些隱藏在外
顯行爲背後的動機、信仰、價值觀等等，即是我們意欲分析與探究的「思想」。
錢穆先生有如下的敘述：

> 中國歷史記載，自始即涵有一種褒貶意義。即價值批判與人格評論
> 之存在。……孟子曾說：「《詩》亡而後《春秋》作。」因《詩》有
> 「頌刺」，《春秋》有「褒貶」，其義相同。只是在《詩》中所表現的
> 史事，不如《春秋》更具體更明白而更有系統。孟子又說：「孔子作
> 《春秋》而亂臣賊子懼」，便是這道理。〔註203〕

史官的職責是必須把重要的史事與人物記錄起來，記錄的同時便不能無褒
貶，部份史官會直接在史書裡頭給予歷史人物一定程度的評價，對仁德忠義
之士給予讚揚與歌頌，對狡詐奸佞之人給予口誅筆伐。即便史官再如何力求
客觀地記載歷史，刻意地迴避個人之臧否與好惡，也極難完成一部毫無褒貶
寓意的歷史典籍。換言之，史官儘管客觀地記載某件史事，卻不對構成該史

〔註202〕（英）柯靈烏（R.G.Collingwood）著，黃宣範譯，《歷史的理念》（臺北：聯
經出版公司，1981年3月），頁98。此外，余英時先生稱：「強調歷史上的思
想因素自以柯靈烏（R. G. Collingwood）爲現代最重要的代表。柯氏曾有「一
切歷史都是思想的歷史」（"All history is the history of thought"）的名言。他把
歷史事件分爲「內在」與「外在」兩面；「外在」的是史事的物質狀態，「內
在」的是史事中人物的思想狀態。史家祇有深入史事的「內在」面（即思想
狀態）始能把握到歷史的眞相。因此柯氏認爲史家最重要的本領是能夠「設
身處地重演古人的思想」；眞正地懂得了史事中火蘊藏的思想，則該史事何以
發生也就豁然呈露，無所遁形了。」引自氏著，〈自序〉，《歷史與思想》（臺
北：聯經出版公司，1976年9月），頁7。

〔註203〕錢穆，《中國學術通義》，頁14～15。

事的人物做出任何褒揚或貶損的評價，史書的閱讀者仍會特別尊敬某幾位歷史人物，相對地也會特別地厭惡或嫌棄某些歷史人物。除卻撰者刻意操作的穢史，否則任一部史書裡頭褒善貶惡的情況幾乎是隨處可見。文天祥〈正氣歌〉雖然不是一部完整的史書而僅是篇文章，但是其間卻有條不紊地提出事發於先秦、兩漢、三國、西晉、東晉、唐代之間的十二樁歷史典故，以及該史事所連帶的十二位歷史人物，這樣子一氣呵成的行文方式頗具慷慨激昂之氣魄。

一、即事明理的思維方式

　　中國傳統學說當中存有所謂的「義理思想」與「事理思想」，這兩類思想本不該是交惡對立的兩造，它們僅是肇端於思維與建構方向上的不同而已。清代時期，卻因漢宋兩派的學術立場分歧，使得「義理」與「事理」彼此間漸行漸遠。「義理思想」傾向於概念式與理論式的思維與建構方向，是以展現出「形而上」、「抽象」、「邏輯思辨」等學說特色，《大學》、《中庸》、《易傳》以及「宋明理學」等等，皆足以作為此類學說之代表。「事理思想」則傾向於經驗式與情境式的思維與建構方向，是以具備「形而下」、「具體」、「訓詁考證」等學說特色，例如歷代史書、方志、箚記等等，詳實地記錄著歷史人物的言行、舉措、施為，這些記載皆是坐落於具體的經驗層次，是以能夠作為「事理思想」的實際呈現。清代史學家章學誠嘗稱：「古人未嘗離事而言理」〔註204〕「天人性命之學，不可以空言講也」〔註205〕「善言天人性命，未有不切於人事者」〔註206〕「舍人事而言性天，則吾不得而知之矣」〔註207〕。這些論點申明了浙東學術的治學態度與撰述立場，按照章氏的視域看來，蓋認為天人性命之學必須以人事範疇作為立基，未可捨棄人道而高唱天道，未可脫離人事而直言義理，所謂的人道範疇，便是從實際發生過的事件當中探求真理。章氏倡言「即事明理」的重要性，教人在闡論天道性命等形上抽象概念的時候，仍須藉由具體的行為事蹟加以對照與印證。從章學誠的觀點看來，治學者若能以「具體的人物事蹟」對應於「抽象的理論概念」，方能讓彼此呼

〔註204〕清・章學誠，〈易教上〉，見氏著，葉瑛校注，《文史通義校注》，卷1，頁3。
〔註205〕清・章學誠，〈浙東學術〉，見氏著，葉瑛校注，《文史通義校注》，卷5，頁523。
〔註206〕同前注。
〔註207〕同前注，頁524。

應，以收相輔相成之功效，反之則容易空蹈玄虛，更甚者將流於狂禪的弊病。
此外，黃俊傑先生有如下的敘述：

「具體性思維方式」是中國文化所顯現的諸多思維方式之中，最為
悠久而且具有中國特色的思維方式。所謂「具體性思維方式」是指
從具體情境出發進行思考活動，而不訴諸純理論或抽象的推論。……
「具體性思維方式」的一種表現形式就是歷史思維方式。〔註208〕

誠如黃俊傑先生所說，「事理思想」的起源甚早，根據司馬遷（145BC～？）
《史記》的記載，孔子嘗稱：「我欲載之空言，不如見之於行事之深切著明也。」
〔註209〕孟子亦稱《春秋》為「其事則齊桓、晉文，其文則史。孔子曰：『其義
則丘竊取之矣。』」〔註210〕程頤嘗稱：「至顯莫如事，至微莫如理，而事理一
致也，微顯一源也。」〔註211〕薛瑄稱：「理無影，就事可默識」〔註212〕錢穆
先生稱：「不講事，人即無存在；不講人，事即無來歷。」〔註213〕吳光明先生
稱：「中國思想並不是抽象地玩弄邏輯，乃是屢屢藉由講述故事，或以格式式
的短句概括故事，而進行思考、開展論證。」〔註214〕歷史的詳實記載、事蹟
的完整陳述，大抵必須依據客觀具體的經驗或者明確發生過的現實情節，因
而具有客觀、明顯、實證、徵驗等特點，這些特點正好與清代主流學術的取
徑相互謀合。清代是考據學、訓詁學等學問蓬勃發展的時期，漢學家擅長考
證工夫，治學必強調實事求是、無徵不信的客觀精神，部分漢學家對宋代理
學家以形而上概念建構道德本體的學說姿態，甚至是抱持著排斥與否定的立
場，這樣的立場殊異，終究造成黨同伐異的「漢宋之爭」。宋學家的學問路數
是根據形上概念建構成「天人性命」之學，也稱為「道學」、「理學」，章學誠

〔註208〕黃俊傑，〈中國古代儒家歷史思維的方法及其運用〉，《中國文哲研究集刊》第
3期，1993年3月，頁361～362。

〔註209〕漢・司馬遷撰，（日本）瀧川龜太郎考證，《史記會注考證》（臺北：大安出版
社，1998年9月），卷130〈太史公自序〉，頁1337。

〔註210〕《孟子》卷8〈離婁下〉，宋・朱熹，《四書章句集注》，頁295。

〔註211〕詳見《河南程氏粹言》卷1〈論事篇〉，引自宋・程顥，宋・程頤著，王孝魚
點校，《二程集》，頁1222。

〔註212〕明・薛瑄，《讀書錄》，卷5，頁281。

〔註213〕錢穆，《從中國歷史來看中國民族性及中國文化》（臺北：聯經出版公司，1979
年8月），頁47。

〔註214〕吳光明，〈古代儒家思維方式試論——中國文化詮釋學的觀點〉，引自楊儒賓，
黃俊傑編，《中國古代思維方式探索》（臺北：正中書局，1996年11月），頁
36。

揭櫫出「天人性命」之學不可脫離「事理」而談「義理」，實是一條以漢學調合宋學的進路，也是一種以「事理」補強「義理」的方式。〔註215〕倘使按照黃俊傑先生所提出的分判方向來論，宋學家的思維方式即是所謂「純理論或抽象的推論」，漢學家的思維方式就是採取「具體性思維方式」。宋學家殫精竭慮所建構出「性理」、「本體」，之所以被清代漢學家批評為空蹈玄虛、憑空臆斷。其中原委如張麗珠先生所說的——漢學家「必須落在方法論之實證而非思辨言」〔註216〕，宋學家卻是在在強調以「學術之切近人身言，即知識道德化之以道德主體做為學術對象。」〔註217〕因此，漢學家最忌憚單憑一點虛靈之氣玩弄光景；宋學家則殫精竭慮於道德義理，視書本上的工夫為第二義。漢學派與宋學派的治學路徑殊異，終成勢如水火的對立兩造，彼此頗難在學術立場上跟對方取得調合與共識。

　　立足於理論思辨以及憑藉抽象概念來建構學說的宋學派，相對於凡事訴諸經驗實證以及善用訓詁考據等方法去探求古義的漢學派，彼等殊異的源由或可從下列幾組模式進行理解：「宋學重視之方向」相對於「漢學重視之方向」，便是「形上道的範疇」相對於「形下器的範疇」，「先驗層次的理想」相對於「經驗層次的現實」。又如致中和修養工夫裡頭的「未發」相對於「已發」，宇宙論理氣關係之中的「理」相對於「氣」。張麗珠先生對此有更完備的闡述，如下所述：

　　　　從文化發展的整體觀來說，學術也應該是「道」、「器」兼備的圓滿。如果我們從「形上謂道，形下謂器」的角度，對儒學長時期的義理發展進行宏觀觀察，將也可以發現其中所蘊藏著的兩種不同價值取向——形上強調與經驗強調。當義理學著眼於形上、超越的善惡價值時，義理重心自然落在先驗的道德判斷、是非意義上，此朱熹（1130～1200）之言：「不必求之於古今王伯之跡，但反之於吾心義利邪正之間。」當以現實精神、客觀價值為強調時，則義理重心自然落在

〔註215〕張麗珠稱：「宋明理學是儒學義理的高度成就，其所致力的形上思辨以及道德形上學建構，將儒學義理中屬於理性思維一面的發展推向高點；但是道德形上學獲得滿足之後所留下的缺乏現實經驗的缺口，就必須由清儒來補足了。」見氏著，〈從「漢宋之爭」看清代的義理學轉型〉，引自劉述先，楊貞德主編，《理解、詮釋與儒家傳統・理論篇》，頁209。
〔註216〕同前注，頁177。
〔註217〕同前注。

講求經驗基礎的歷史判斷、成敗意義上，此陳亮（1143～1194）之言：「功到成處，便是有德；事到濟處，便是有理。」其中所展現的不同趨向，明顯可見儒學義理的兩種價值。〔註218〕

無論是經由「道」或「器」；義理，或是事理；強調形上的價值取向，或是強調經驗的價值取向，皆須透過語言文字的傳遞或者記錄。文字、文章作爲人類文明不可或缺的重要元素，其功能效益及不朽的地位於是乎確立。人類文明之所以能高度拓展，先賢的智慧與經驗之所以能留存至現當代，是何緣故？舉凡人類所有的文化、思想、學術、制度，若非以文字語言作爲傳遞的媒介，那麼吾人便苦無門路去從事任何理解與探究的工作。在中國傳統文化之中，早已存在「立德」、「立功」、「立言」這般三不朽的觀念，立言的價值遠在先秦時期就已被提及與正視。另外，許慎（約58～約147）〈說文解字序〉嘗稱：「蓋文字者，經藝之本，王政之始。前人所以垂後，後人所以識古。故曰：『本立而道生』，『知天下之至賾而不可亂也』。」〔註219〕曹丕（186～226）〈典論論文〉亦嘗說道：「蓋文章經國之大業，不朽之盛事。年壽有時而盡，榮樂止乎其身。二者必至之常期，未若文章之無窮。」〔註220〕清代章學誠稱：「文章之用，或以述事，或以明理」〔註221〕「古人何嘗不治文乎，所惡於學文者，謂其但知捶章鍊句，形貌以求古人，識者所不取耳。若志持而氣必求其毋暴，旨遠而辭必要於有文，聖賢猶不外此。」〔註222〕是故文字語言、翰墨文章在吾人所熟悉的文化圈裡頭，作爲一項客觀的文化承載體，舉凡是先儒思辨與創發的學說宗旨，前人經驗的累積與承傳，概念體系的建構及成型，歷史流傳的借鏡與省思，學術規模的趨勢與流變，諸如此類，無一不是透過文字文章的記錄方能流傳於後世，語言文字的運用，無疑是替人類文明提供了莫大的裨益，其永恆的價值與不朽的地位已然不容置喙。（日本）早川先生（S.I.Hayakawa）《語言與人生》此書對於文字、語言、符號有下列的敘述：

〔註218〕同前注，頁164～165。
〔註219〕東漢‧許慎著，清‧段玉裁注，《說文解字注》（臺北：萬卷樓圖書公司，2000年9月），卷15〈說文解字序〉，頁771。
〔註220〕魏‧曹丕，〈典論論文〉，引自南朝梁‧蕭統編，唐‧李善注，《文選》（臺北：五南圖書出版公司，1991年10月），卷52，頁1278。
〔註221〕清‧章學誠，〈原道下〉，見氏著，葉瑛校注，《文史通義校注》，卷2，頁139。
〔註222〕清‧章學誠，〈與朱少白文〉，《章氏遺書》（臺北：漢聲出版社，1973年1月），卷29，頁752。

人世間的一切協定或認可……都經過語言的程序而獲得，否則根本
無法成立。——Benjamin Lee Whorf〔註223〕

利用符號來作象徵的需要，確實只有在人類間才能明顯地表現出
來。……它也是人類心靈裡一個永不停歇的基本過程。——Susanne
K. Langer〔註224〕

人類的行為與想法透過文字的解說方可讓他人明瞭，人類的思維意志聚集成
某些共識，久而久之演變為禮節或規範，彼此間遵循著這些規範共同生存。
若要鞏固人類的生活圈，讓人類的互動方式有所憑藉，文字便是不可或缺的
一環。〔註225〕人類彼此間有許多的協調與約定很難不透過文字予以執行，思
想、語言的成文記錄便是文辭或文章，是以中國有所謂的「詞章」之學，文
章作為一種專門的領域，它含攝了藝術、思想、教育等諸項特質，吾人起初
藉由文章記錄生活、分享經驗、傳遞思想、雕琢藝術，終至累積豐碩的成果
以及建構出燦爛的人類文明。換句話說，人類的文明是思想情感與文字語言
的互相搭配，才得以交流與拓展。人類擅於使用語言文字，而這個特性也是
人類與其他物種的一大差異。對此，張鼎國先生說道：

人是擁有並使用語言的生物，人的生活世界中，語言才是真正被給
予之中的最優位者，並且透過言語上的溝通交換，傳達這種種給予
方式當中的一切內涵，分別進行相應的理解與詮釋活動，這其實已
遠超過任何個別主體之單獨的可能成就。〔註226〕

每一個別的人都生活在一個語言共同體當中，歸屬於其間，實際上
也不時受其左右。如此，個別的人都屬於一語言共同體，或歸屬於
一群體、承受著一特定文化背景和知識信念。〔註227〕

文天祥〈正氣歌〉除卻善用文字、文辭，對自己身處獄中的情境有著極深

〔註223〕（日本）早川（S.I.Hayakawa）著，鄧海珠譯，《語言與人生》（臺北：遠流
　　　　出版公司，2000年3月），頁11。
〔註224〕同前注，頁25。
〔註225〕（美）亞倫・強森著（Allan G. Johnson）稱：「語言文字就足夠建構出我們視
　　　　為的真實，……在這意義下，符號的力量遠遠超過它標示的東西。」見氏著，
　　　　成令方等譯，《見樹又見林：社會學作為一種生活、實踐與承諾》（臺北：群
　　　　學出版公司，2006年10月），頁51。
〔註226〕張鼎國，〈生活世界與理解溝通〉，引自劉述先，楊貞德主編，《理解、詮釋與
　　　　儒家傳統・理論篇》，頁89。
〔註227〕同前注。

刻的描寫以外,〈正氣歌〉的撰著完畢同時展現出兩種迥異的敘述手法:一者、「哲理式敘述」──對浩然正氣的描述與闡揚;二者、「歷史式敘述」──對十二件史事的提舉與陳述。〔註228〕以哲理式的敘述方式而言,文天祥憑藉孟子的養氣思想作為基礎,透過對「氣」概念式地摹寫與建構,進以說明「正氣」即是一種活躍能動的道德本體,當吾人對此「正氣」進行存養與持守的同時,那便能對道德原則有所把握,對道德意志也能夠徹底地體現。關於第一點「哲理式敘述」可參見前節之陳述,於此不再多加贅言,本節意欲探討的是第二點「歷史式敘述」,歷史是經由時代、環境、人物、事件等諸多因素共構而成,它既是一門縝密完備的學問〔註229〕,又存有鑑往知來的現實效益,清代章學誠說道:「史所貴者義也,而所具者事也,所憑者文也。」〔註230〕歷史敘述以「文」作為媒介,爬梳出許多確切發生過的真人實事,而即事可以明理,深蘊在字裡行間的意義亦得於事理中求取。是以李紀祥先生稱:「發聲的口語與書寫的文字,均涉及到歷史敘述中的語言問題。……尤其『文』是『歷史敘述』過程中的最後載體。」〔註231〕文章的形式美、結構性、敘事手法等等,直接影響到文本的可讀性或是藝術價值,歷史記載必透過文字的梳理,逐漸構成一些史事、史料、史書,因此歷史文本裡頭的形式美、結構性、敘事手法等部件實為不可或缺之要素,然而從事「思想」領域的研究者看待這些「歷史文本」時的觀點與視域,與其說是關注史書文本的本身,還不如說是關注歷史文本裡頭所記載的歷史人物,與其說關注這些名垂不朽的歷史人物,還不如說是關注歷史人物的所作所為,吾人倘若探問歷史人物為何會這麼說?又為何要這麼做?則不得不探究其言語行為背後所隱藏的動機思想,正視歷史人物的動機思想與彼等言語行為的交互作用,以及與整個學術環境、文化背景的關聯性,然後析論這些動機思想的意義內涵與價值地位,諸如上述,即是從事「思想」領域研究者所欲努力的方向。換言之,文學視域較留意歷史文

〔註228〕宋・文天祥,〈正氣歌〉,《指南後錄》,見氏著,《文文山全集》,卷14,頁375。

〔註229〕(英)柯靈烏(R.G.Collingwood)稱:「根據真理即事實的原則,歷史絕對是人所創造的,也是特別適合作為人知識的對象。」引自氏著,黃宣範譯,《歷史的理念》,頁70。

〔註230〕清・章學誠,〈史德〉,見氏著,葉瑛校注,《文史通義校注》,卷3,頁219。

〔註231〕李紀祥,《時間・歷史・敘事》(蘭州:蘭州大學出版社,2003年1月),頁53。

本的藝術與形式，而思想視域較留意歷史文本裡面的意義與內容。〔註232〕
是故，錢穆、余英時二位先生有以下陳述：

中國傳統文化，是注重「歷史精神」的。既是看重了一切人文社會
的實際措施，自然必會看重歷史經驗。因社會人文是在歷史演變中
完成，又須歷史經驗來作指導。〔註233〕

在歷史的進程中，思想的積極的作用是不能輕輕抹殺的。而且祇要
我們肯睜開眼睛看看人類的歷史，則思想的能動性是非常明顯的事
實，根本無置疑的餘地。〔註234〕

文天祥〈正氣歌〉雖說僅是一篇文章，而不是一部史書，但行文之中卻舉出
十二樁歷史事件，以及經歷這些事件的十二位歷史人物〔註235〕，是以本文運
用「歷史敘述」、「歷史精神」等視域，期望藉此理解文天祥〈正氣歌〉之中
的歷史書寫。此外，我們得以想見，生卒於文天祥之前的歷史事件與歷史人
物是何其眾多，何其不勝枚舉，文天祥特意選擇這十二項史事作為陳述的對
象，料想該有其自身主觀的偏好與推崇。文天祥〈正氣歌〉稱：「哲人日已遠，
典刑在夙昔。」〔註236〕何謂哲人？據《尚書·皋陶謨》記載：「知人則哲，能
官人。」〔註237〕據《說文解字》記載：「哲，知也」段玉裁（1735～1815）注
曰：「《釋言》曰：『哲，智也』《方言》曰：『哲，知也』古智知通用。」〔註238〕
「哲人」的涵義與「智者」相去不遠，文天祥從歷史當中揀選出這幾位人物，
賦予彼輩「哲人」、「智者」的美稱，文天祥對彼等的崇敬與景仰可見一斑。
哲人已逝於夙昔，意味著生命的殞落終止，雖說生命已然步至盡頭，但無窮
無盡的精神力量卻能夠挺立為風骨與典範，或者感動人心，成為後人欽慕的
對象，或者名留青史，成為後世標榜的楷模。文天祥把這些歷史人物標舉成

〔註232〕龔鵬程稱：「文學作品必然是一堆語言文字的構成，而且，是有組織的語言，
　　　　並且，這組語言也表達或蘊含了某一意義。這其中，有組織的語言，當然會
　　　　構成一種形式；而意義，就是一般我們所說的內容。」見氏著，《文學散步》
　　　　（臺北：學生書局，2003 年 9 月），頁 65。
〔註233〕錢穆，《中國學術通義》，頁 4。
〔註234〕余英時，〈自序〉，《歷史與思想》，頁 4。
〔註235〕宋·文天祥，〈正氣歌〉，《指南後錄》，見氏著，《文文山全集》，卷 14，頁
　　　　375。
〔註236〕同前注，頁 376。
〔註237〕漢·孔安國傳，唐·孔穎達疏，《尚書正義》〔清·阮元校勘，《十三經注疏》
　　　　第 1 冊〕（臺北：藝文印書館，2007 年 8 月），卷 4〈皋陶謨〉，頁 60。
〔註238〕東漢·許慎著，清·段玉裁注，《說文解字注》，頁 56。

「典刑」，意味著他或多或少已將彼輩的思想言行，當成自己安身立命的參照
或指標。另外，吾人猶須探問，這十二件史事何以能讓文天祥這般念茲在茲，
這十二位歷史人物爲何能深深地感召著文天祥，這些史蹟的背後，蓋藏有厚
實的文化內涵以及思想因素。

二、〈正氣歌〉中的人物標榜與事理內涵

（一）人物標榜

其一、「在齊太史簡」，此事見於《春秋經》記載：「二十有五年春，齊崔
杼帥師伐我北鄙。夏五月，乙亥，齊崔杼弒其君光。」〔註239〕《左傳》注云：
「大史書曰：『崔杼弒其君』，崔子殺之，其弟嗣書，而死者二人。其弟又書，
乃舍之。南史氏聞大史盡死，執簡以往，聞既書矣，乃還。」〔註240〕《史記·
齊太公世家》亦嘗稱：「齊太史書曰：『崔杼弒莊公』，崔杼殺之，其弟復書，
崔杼復殺之，少弟復書，崔杼乃舍之。」〔註241〕齊國太史是官職頭銜，未知
其名姓，太史職掌管史事之記載，齊國當時的太史官恰逢崔杼犯上弒君的實
事，竟無畏殺身之禍地秉筆直書，慘遭崔杼殺害滅口。太史官職世襲，其弟
繼任後仍然無懼生死地據實記載，亦慘遭崔杼殺害滅口。下一個接任的弟弟
依舊堅持將崔杼弒君之事如實地記錄下來，崔杼於是乎作罷。他國的史官聞
訊以後，恐怕此弒君大罪遭崔杼抹煞，便攜帶簡冊前往齊國，意欲記載崔杼
弒君之事，到達齊國以後，得知此事已被記錄流傳，方才安心離去。由這段
史事我們得以知曉，記錄真實的史事雖是史官的職責，然而人大抵畏懼死亡，
齊國太史卻寧可犧牲性命也要把真相訴諸史書，寓以褒貶之意，充分展現出
撰史者的「史德」，如此胸襟舉止誠爲可貴。

其二、「在晉董狐筆」，此事見於《左傳》記載：「趙穿攻靈公於桃園，宣
子未出山而復。大史書曰：『趙盾弒其君』以示於朝。宣子曰：『不然』對曰：
『子爲正卿，亡不越境，反不討賊，非子而誰？』宣子曰：『烏呼！我之懷矣，
自詒伊慼。其我之謂矣！』孔子曰：『董狐，古之良史也，書法不隱。』」〔註242〕
《史記·晉世家》稱：「盾昆弟將軍趙穿，襲殺靈公於桃園，而迎趙盾。……

〔註239〕晉·杜預注，《春秋經傳集解》，卷17〈襄公·經二十五年〉，頁250。
〔註240〕晉·杜預注，《春秋經傳集解》，卷17〈襄公·傳二十五年〉，頁251。
〔註241〕漢·司馬遷撰，（日本）瀧川龜太郎考證，《史記會注考證》，卷32〈齊太公世家〉，頁546。
〔註242〕晉·杜預注，《春秋經傳集解》，卷10〈宣公·傳二年〉，頁152。

盾復位。晉太史董狐書曰：『趙盾殺其君』以視於朝。盾曰：『殺者趙穿，我無罪』太史曰：『子爲正卿，而亡不出境，反不討國亂，非子而誰？』孔子聞之曰：『董狐，古之良史也，書法不隱。』」〔註243〕關於這樁史事，其實趙盾之昆弟趙穿才是弒君原兇，然趙盾既已回國復位，卻無明確的討賊舉措以端正風俗綱紀，因此不合乎君臣大義。除此之外，弒君者雖爲趙盾之昆弟趙穿，董狐或認爲趙盾對趙穿有疏於管束的嫌疑，應該負起連帶的責任，是故書曰「趙盾弒君」，以彰顯其過失。孔子對董狐的評價是「書法不隱」，「書法不隱」和「秉筆直書」的涵義一致。史官處於險惡的政治環境當中，若非具備極其崇高的「史德」，又怎麼能夠剛正不阿地書法不隱，無懼生死地秉筆直書。何況這般地直書不諱，已無異於開罪當權，將禍患招惹於自身。對齊太史、晉董狐這兩樁史事，錢穆先生這麼說道：「這兩件事都出在孔子之前，這是中國歷史上遠有端緒的一種史官精神。亦可謂是中國文化傳統下一種重視歷史的精神。」〔註244〕齊太史、晉董狐擔任史官一職，堅決地固守住身爲史官的職責，爲了記錄歷史眞相，並且將善惡褒貶寄寓於史書之中，他們甚至不惜犧牲自身的寶貴生命。這些史官「秉筆直書、書法不隱」的治史態度，著實已替後世史家樹立起優越的史德模範。

其三、「在秦張良椎」，指漢初開國功臣張良（？～186BC）嘗得死客持椎刺殺秦皇一事，此事詳見《史記·留侯世家》之記載：「留侯張良者，其先韓人也。……秦滅韓。良年少，未宦事韓。韓破，良家僮三百人，弟死不葬，悉以家財求客刺秦王，爲韓報仇，以大父、父五世相韓故。良嘗學禮淮陽，東見倉海君，得力士，爲鐵椎重百二十斤。秦皇帝東遊，良與客狙擊秦皇帝博浪沙中，誤中副車。秦皇帝大怒，大索天下，求賊甚急，爲張良故也。良乃更名姓，亡匿下邳。」〔註245〕張良以先人相韓之故，懷思故國恩澤，散盡家財廣求死客以刺殺秦皇，得力士以巨椎狙擊秦皇未果，秦皇怒而搜索天下以緝捕張良，張良於是改名換姓流亡於下邳。張良未及任宦事韓，韓國即已被秦國消滅，韓國雖已滅亡，張良卻依舊感念故國對自家的恩澤，他不惜耗盡家產並且冒著生命危險，也定要誅殺秦皇以報故國之恩，張良耿耿之忠心

〔註243〕漢·司馬遷撰，（日本）瀧川龜太郎考證，《史記會注考證》，卷39〈晉世家〉，頁623。

〔註244〕錢穆，《中國學術通義》，頁15。

〔註245〕漢·司馬遷撰，（日本）瀧川龜太郎考證，《史記會注考證》，卷55〈留侯世家〉，頁784。

由是可見。文天祥嘗對元朝明確地說道：「天祥受宋恩，為宰相，安事二姓？願賜之一死足矣。」〔註246〕文天祥既信服於古賢人之忠義，則必當傾心效法古賢人之姿態，竭誠地去追隨古賢人的足跡，濡染日久，其舉止常不免與彼輩相類似，而其情志常不自覺地與彼輩相雷同。

其四、「在漢蘇武節」，蘇武（？～60BC）字子卿，於漢武帝天漢元年時（100BC）出使匈奴，遭單于扣留，單于命令衛律向蘇武召降，蘇武說道：「屈節辱命，雖生，何面目以歸漢！」〔註247〕單于欽佩蘇武不屈的節操，愈加逼迫他向匈奴投降，據《漢書‧蘇武傳》記載：「單于愈益降之，乃幽武置大窖中，絕不飲食。天雨雪，武臥齧雪與旃毛並咽之，數日不死。匈奴以為神，乃徙武北海上無人處，使牧羝，羝乳乃得歸。……武既至海上，廩食不至，掘野鼠去草實而食之。杖漢節牧羊，臥起操持，節旄盡落。」〔註248〕蘇武牧羊北海期間，李陵也嘗前往召降，蘇武曰：「武父子亡功德，皆為陛下所成就，位列將，爵通侯，兄弟親近，常願肝腦塗地。今得殺身自效，雖蒙斧鉞湯鑊，誠甘樂之。臣事君，猶子事父也。子為父死亡所恨，願勿再言。」〔註249〕蘇武在漢昭帝始元六年時（81BC）返回京師，《漢書‧蘇武傳》記載：「武留匈奴凡十九歲，始以強壯出，及還，鬚髮盡白。」〔註250〕蘇武身處冰天雪地裡猶能持節自守，他懷思故國社稷，寧願茹毛飲血，也矢志不投降匈奴。文天祥將蘇武「持節牧羊」的典故載入〈正氣歌〉裡頭，料想是被蘇武高尚的節操所感動。蘇武不屈的意志在在扣人心弦，生前已使匈奴外族為之瞠目，死後則是名留青史、典範長存，深受千秋萬世的欽慕與景仰。

其五、「為嚴將軍頭」，指的是東漢末年的巴郡太守嚴顏，據《三國志‧蜀志‧張飛傳》所記載：「先主入益州，還攻劉璋，飛與諸葛亮等溯流而上，分定郡縣。至江州，破璋將巴郡太守嚴顏，生獲顏。飛呵顏曰：『大軍至，何以不降而敢拒戰？』顏答曰：『卿等無狀，侵奪我州，我州但有斷頭將軍，無有降將軍也。』飛怒，令左右牽去斫頭，顏色不變，曰：『斫頭便斫頭，何為

〔註246〕元‧脫脫等撰，《宋史》，卷418〈文天祥傳〉，頁12540。
〔註247〕東漢‧班固撰，唐‧顏師古注，《漢書》〔百衲本二十四史〕（臺北：臺灣商務印書館，1996年12月），卷54〈李廣蘇建傳〉（附蘇武傳），頁688。
〔註248〕同前注。
〔註249〕同前注，頁689。
〔註250〕同前注，頁690。

怒邪！』飛壯而釋之，引為賓客。」〔註251〕宋元人士對這樁史事頗有感觸。《三國演義‧第六十三回》對此有詩讚曰：「白髮居西蜀，清名震大邦。忠心如皎月，浩氣捲長江。寧可斷頭死，安能屈膝降。巴州年老將，天下更無雙。」〔註252〕此事發生在東漢末年群雄割據，爭奪天下的歷史背景底下。方時劉備（161～223）、諸葛亮（181～234）等人出兵攻打劉璋，劉璋麾下巴郡太守嚴顏敗給張飛（？～221），為張飛生擒，然其無懼生死，猶能口出豪語，雖臨斧鉞而面不改色，張飛敬其氣魄，故予以釋放，復以賓客之禮待之。張飛與嚴顏二人，頗有英雄惜英雄的豪情及胸懷。這樁史事遂為後世傳為美談，文天祥〈正氣歌〉亦將此事載入其中。

其六、「為嵇侍中血」，事關西晉八王之亂，寫的是嵇紹（254～304）為保衛晉惠帝（259～307）而身亡的歷史典故。據《晉書‧忠義傳》所載：「嵇紹字延祖，魏中散大夫康之子也。十歲而孤，事母孝謹。……紹始入洛，或謂王戎曰：『昨於稠人中始見嵇紹，昂昂然如野鶴之在雞羣。』……紹以天子蒙塵，承詔馳詣行在所。值王師敗績于蕩陰，百官及侍衛莫不散潰，唯紹儼然端冕，以身捍衛，兵交御輦，飛箭雨集，紹遂被害于帝側，血濺御服，天子深哀歎之。及事定，左右欲浣衣，帝曰：『此嵇侍中血，勿去。』」〔註253〕《世說新語》記載：「有人語王戎曰：『嵇延祖卓卓如野鶴之在雞群。』」〔註254〕此外，《資治通鑑‧晉紀》詳載此事云：「（司馬）越奉帝北征。……（司馬）穎不從，遣石超帥眾五萬拒戰。……石超軍奄至，乘輿敗績於蕩陰，帝傷頰，中三矢，百官侍御皆散。嵇紹朝服，下馬登輦，以身衛帝，兵人引紹於轅中斫之。帝曰：『忠臣也，勿殺！』對曰：『奉太弟令，惟不犯陛下一人耳。』遂殺紹，血濺帝衣。……大赦，改元曰建武。左右欲浣帝衣，帝曰：『嵇侍中血，勿浣也！』」〔註255〕嵇紹姿態行止卓然不群，嘗為時人所讚揚，其挺身犧牲自我，以捍衛君主性命，視生死夭壽為輕，而視君臣綱紀為重。

〔註251〕晉‧陳壽撰，晉‧裴松之注，《三國志》〔百衲本二十四史〕（臺北：臺灣商務印書館，2005年5月），《蜀志》卷6〈張飛傳〉，頁466。

〔註252〕元‧羅貫中，《三國演義》（臺北：聯經出版公司，1980年12月），頁513。

〔註253〕唐‧房玄齡，《晉書》（臺北：鼎文書局，1976年10月），卷89〈忠義‧嵇紹傳〉，頁2298～2300。

〔註254〕南朝宋‧劉義慶撰，南朝梁‧劉孝標注，《世說新語》（北京：中華書局，1999年2月），下卷〈容止〉，頁386。

〔註255〕宋‧司馬光，元‧胡三省音注，《資治通鑑》（北京：中華書局，1956年6月），卷85〈晉紀〉，頁2695～2696。

　　嵇紹護君濺血此番事蹟，深得唐宋兩代名臣的傳誦與欽佩，房玄齡（578～648）載入《晉書・忠義傳》中以褒揚其忠義，司馬光（1019～1086）載入《資治通鑑》內以表彰該事蹟，文天祥寫進〈正氣歌〉裡以讚頌此氣節。然而明季遺民顧炎武（1613～1682）卻這麼說道：「夫紹之于晉，非其君也，忘其父而事其君，當其未死，三十餘年之間，爲無父之人亦已久矣，而蕩陰之死，何足以贖其罪乎？」〔註256〕嵇紹之父嵇康（224～263）遭鍾會（225～264）構陷，最終死於司馬昭（221～265）之手，顧炎武認爲嵇紹不當忘卻父仇而委身事晉，故對嵇紹頗有非議。嵇紹的殺父之仇其最直接的罪責，應該歸咎於鍾會與司馬昭，於晉惠帝而言，頂多是間接關係，嵇紹效忠惠帝，取決於他個人的自由意志。況且王綱不振將使天下動盪，百姓亦將無有寧日，嵇紹此舉或由於心繫天下蒼生，而無慮及一己之榮辱。總地來說，忠孝倘若無法兩全其美，利弊得失姑且不論，施爲者做出抉擇之後的歷史評價如何？蓋也是見仁見智的議題。

　　其七、「爲張睢陽齒」，事關唐代安史之亂，張巡死守睢陽，怒極嚼齒、痛罵賊兵之史事。《新唐書・忠義傳》記載其人梗概云：「張巡字巡，鄧州南陽人。博通羣書，曉戰陣法。氣志高邁，略細節，所交必大人長者，不與庸俗合，時人巨知也。」〔註257〕「巡長七尺，須髯每怒盡張。讀書不過三復，終身不忘。爲文章不立稿。守睢陽，士卒居人，一見問姓名，其後無不識。」〔註258〕張巡博學廣聞，才智亦有過人處，愼交友而忌庸俗者，巡素有志向氣節。觀其人以察乎其行，彼盡忠職守之舉蓋非偶然。張巡在安史之亂當中以死守睢陽一役名聞遐邇，該役始末見載於《新唐書・忠義傳》：「安祿山反，……巡率吏哭玄元皇帝祠，遂起兵討賊，從者千餘。……至德二載，祿山死，慶緒遣其下尹子琦將同羅、突厥、奚勁兵與朝宗合，凡十餘萬，攻睢陽。……城遂陷，與（許）遠俱執。巡眾見之，起且哭，巡曰：『安之，勿怖，死乃命也。』眾不能仰視。子琦謂巡曰：『聞公督戰，大呼輒皆裂血面，嚼齒皆碎，何至是？』答曰：『吾欲氣吞逆賊，顧力屈耳。』子琦怒，以刀抉其口，齒存者三四。巡罵曰：『我爲君父死，爾附賊，乃犬彘也，安得久！』……乃與姚

〔註256〕清・顧炎武，〈正始條〉，《日知錄》（蘭州：甘肅民族出版社，1997 年 11 月），卷 13，頁 593。

〔註257〕宋・歐陽修，宋・宋祁等撰，《新唐書》，卷 192〈忠義中・張巡傳〉，頁 5534。

〔註258〕同前注，頁 5540。

闓、雷萬春等三十六人遇害。」〔註259〕安史之亂，張巡、許遠（709～757）死守睢陽一役血流成河、慘烈萬分，足堪使人聽之哀慟、聞之動容。

張巡拼死抗敵的意念果敢堅決，由始至終皆未嘗有一絲動搖，據《新唐書・忠義傳》所述：「當此時，王命不復通，大將六人白巡以勢不敵，且上存亡莫知，不如降。……巡陽許諾，明日堂上設天子畫像，率軍事朝，人人盡泣。巡引六將至，責以大誼，斬之。士心益勸。」〔註260〕此外，殺妾以饗兵士這樁慘劇，更可謂驚天地、泣鬼神、攝人心魂。《新唐書・忠義傳》稱：「食盡，士日賦米一勺，齕木皮、煑紙而食，才千餘人，皆癯劣不能殼，救兵不至。……巡士多餓死，存者皆痍傷氣乏。巡出愛妾曰：『諸君經年乏食，而忠義不少衰，吾恨不割肌以啖眾，寧惜一妾而坐視士飢？』乃殺以大饗，坐者皆泣。巡彊令食之，遠亦殺奴僮以哺卒，至羅雀掘鼠，煑鎧弩以食。」〔註261〕張巡、許遠、南霽雲（？～757）等，皆以死戰之姿立蓋世功勳，是以唐皇帝於安史亂後下詔，封贈巡爲揚州大都督，遠爲荊州大都督，霽雲爲開府儀同三司，巡妻爲申國夫人。唐宣宗朝（810～859），繪製巡、遠、霽雲等人圖像於凌煙閣。另外，睢陽城有「雙廟」以奉祀張巡、許遠二人。〔註262〕唐代韓愈（768～824）著〈張中丞傳後敘〉〔註263〕載錄巡、遠、霽雲等人的相關逸事，文天祥筆下亦有「爲張睢陽齒」該句，由此觀來，張巡嚼齒怒罵賊兵、殺愛妾以饗士；許遠、南霽雲等人拋頭灑血的忠義形象，蓋皆已深深地植入世人的心目當中。

其八、「爲顏常山舌」，事關唐代安史之亂，顏杲卿（692～756）與史思明（703～761）等反賊戰於常山，兵敗被俘。事後至洛陽，杲卿破口大罵安祿山（703～757）等反賊，賊鉤斷其舌，杲卿含糊而死。據《新唐書・忠義傳》記載：「顏杲卿字昕，與眞卿同五世祖，以文儒世家。……史思明等率平盧兵度河攻常山，……杲卿晝夜戰，井竭，糧、矢盡，六日而陷，與履謙同執。賊脅使降，不應。取少子季明加刃頸上曰：『降我，當活而子。』杲卿不答。遂幷盧逖殺之。杲卿至洛陽，祿山怒曰：『吾擢爾太守，何所負而反？』

〔註259〕同前注，頁 5535～5540。

〔註260〕同前注，頁 5536。

〔註261〕同前注，頁 5538。

〔註262〕同前注，頁 5541。

〔註263〕唐・韓愈，〈張中丞傳後敘〉，見氏著，清・馬其昶校注，馬茂元編次，《韓昌黎文集校注》（臺北：頂淵文化，2005 年 11 月），卷 2，頁 42～45。

杲卿瞋目罵曰：『汝營州牧羊羯奴耳，竊荷恩寵，天子負汝何事，而乃反乎？我世唐臣，守忠義，恨不斬汝以謝上，乃從爾反耶？』祿山不勝忿，縛之天津橋柱，節解以肉噉之，罵不絕，賊鉤斷其舌，曰：『復能罵否？』杲卿含胡而絕。」〔註264〕顏杲卿堅決不願降於賊而以力拒之，力不足以屈賊而以口罵之，及至慘遭割舌，其忠義之心仍未稍減於前。其自云世代為唐臣，必篤守忠義，必欲討賊以報國恩，由是觀之，杲卿非啻是忠義之輩，亦是直率敢言之人、知恩圖報之士矣。

其九、「或為遼東帽，清操厲冰雪」，指的是東漢末年管寧（158～241）雖遭逢亂世，猶能清高自處，先是徙至遼東築廬以居，及歸中原，既不涉足朝廷政務，對於魏君的召見及任命又屢屢違抗，管寧不屑祿利與顯達，崇高之氣節可見一斑。據《三國志‧魏志‧管寧傳》記載，魏明帝（204～239）時下詔於管寧曰：「黃初以來，徵命屢下，每輒辭疾，拒違不至。豈朝廷之政，與生殊趣，將安樂山林，往而不能反乎！……今以寧為光祿勳，禮有大倫，君臣之道，不可廢也。望必速至，稱朕意焉。」〔註265〕又詔曰：「寧抱道懷貞，潛翳海隅，比下徵書，違命不至，盤桓利居，高尚其事。雖有素履幽人之貞，而失考父茲恭之義，使朕虛心引領歷年，其何謂邪？」〔註266〕管寧卻以草莽的身份上疏曰：「望慕閶闔，徘徊闕庭，謹拜章陳情，乞蒙哀省，抑恩聽放，無令骸骨填於衢路。」〔註267〕管寧的品格與事蹟，魏晉人士多有推崇，《三國志‧魏志‧管寧傳》載云：「管寧，應二儀之中和，總九德之純懿，含章素質，冰潔淵清，玄虛淡泊，與道逍遙，娛心黃老，游志六藝，升堂入室，究其閫奧，韜古今於胸懷，包道德之機要。」〔註268〕又云：「寧清高恬泊，擬跡前軌，德行卓絕，海內無偶。歷觀前世玉帛所命，申公、枚乘、周黨、樊英之儔，測其淵源，覽其清濁，未有屬俗獨行若寧者也。」〔註269〕管寧超然獨立於世，退隱之意堅決，他毅然決然地迴避仕途，不為官職祿利所誘惑，不為朝廷威勢所屈服，甚至還不惜違抗魏文帝（187～226）、魏明帝的詔令。東漢末年至三國鼎立，天下文武英雄大抵投身於魏、蜀、吳三大陣營，武將以馳騁沙場

〔註264〕宋‧歐陽修，宋‧宋祁等撰，《新唐書》，卷192〈忠義中‧顏杲卿傳〉，頁5529～5531。

〔註265〕晉‧陳壽撰，晉‧裴松之注，《三國志》，《魏志》卷11〈管寧傳〉，頁170。

〔註266〕同前注。

〔註267〕同前注。

〔註268〕同前注，頁171。

〔註269〕同前注。

立下彪炳戰功，文臣則意欲獻策籌謀以決勝於千里之外，一時之間英雄叢聚、好漢如林。反觀管寧竟全然無意於開啓自身的官宦生涯，兩相對照，更加突顯出其卓爾不群的特立之姿。

　　厓山戰後，宋朝終究爲蒙古所滅，文天祥隨即被送往京師，元世祖（1215～1294）意欲對文天祥召降。據《宋史・文天祥傳》記載：「時世祖皇帝多求才南官，王積翁言：『南人無如天祥者。』遂遣積翁諭旨，天祥曰：『國亡，吾分一死矣。儻緣寬假，得以黃冠歸故鄉，他日以方外備顧問，可也。若遽官之，非直亡國之大夫不可與圖存，舉其平生而盡棄之，將焉用我？』」〔註 270〕文天祥表明自己絕對不擔任元朝官職的原則，倘若朝廷執意逼他就範，他寧可求得一死。「義不仕敵」蓋是文天祥的想法，滅亡故國之敵，文天祥不屑與之共處，更何況是卑躬屈膝地伏首稱臣，實乃極大的恥辱。再者，忘卻亡國之痛而改事外族朝廷，這從來就不是仁人志士所考慮的選項。由此可見，文天祥於〈正氣歌〉之中特舉出管寧高風亮節，不仕朝廷的事蹟，蓋欽慕其含章之素質、厲俗之獨行，而意欲效尤其冰清玉潔的卓越品德。

　　其十、「或爲〈出師表〉，鬼神泣壯烈」，講的是蜀漢丞相諸葛亮出師北伐曹魏的前夕，對後主劉禪（207～271）所呈之疏表，此表字字血淚、句句忠貞。宋代安子順（1158～1227）評曰：「讀諸葛孔明〈出師表〉而不墮淚者，其人必不忠。」〔註 271〕由此評語，足見宋人對諸葛亮〈出師表〉的肯定與讚賞。據〈出師表〉云：「侍衛之臣不懈於內，忠志之士忘身於外者，蓋追先帝之殊遇，欲報之於陛下也。」〔註 272〕陳述了蜀漢文臣武將大抵皆爲忠義之士，彼輩感念劉備的知遇之恩，不欲苟且偏安，率皆以光復漢室爲己志。諸葛亮亦藉此表告誡後主劉禪曰：「親賢臣，遠小人，此先漢所以興隆也；親小人，遠賢臣，此後漢所以傾頹也。先帝在時，每與臣論此事，未嘗不歎息痛恨於桓、靈也。……陛下亦宜自謀，以諮諏善道，察納雅言，深追先帝遺詔。」〔註 273〕此見諸葛亮知悉吏治清明對國家政治的重要性，是故臨行前猶不忘警惕劉禪親賢遠佞，方可爲朝廷社稷謀福。此外，諸葛亮於〈出師表〉中三番兩次感懷先帝劉備對他的知遇之恩，其言云：「臣本布衣，躬耕於南陽，苟全性命於

〔註 270〕元・脫脫等撰：《宋史》，卷 418〈文天祥傳〉，頁 12539。
〔註 271〕引自宋・謝枋得撰《文章軌範》〔水野氏藏版〕（臺北：廣文書局，1970 年 12月），卷 6，頁 243～244。
〔註 272〕晉・陳壽撰，晉・裴松之注，《三國志》，《蜀志》卷 5〈諸葛亮傳〉，頁 455。
〔註 273〕同前註，頁 456。

亂世，不求聞達於諸侯。先帝不以臣卑鄙，猥自枉屈，三顧臣於草廬之中，咨臣以當世之事，由是感激，遂許先帝以驅馳。……受命以來，夙夜憂歎，恐托付不效，以傷先帝之明。」〔註274〕劉備的禮賢下士建立起君臣之間的珍貴情誼，諸葛亮「竭股肱之力、效忠貞之節」〔註275〕，幾乎竭盡畢生心力爲遵循先帝遺詔而奔波馳騁，劉禪愚庸，諸葛亮仍謹守君臣分寸而無僭越不敬之舉，其北伐途中兵敗街亭，便淚斬馬謖（190～228）以彰明軍紀，並上疏請求自貶三等，以擔當授任無方的罪責，由此可見諸葛亮治軍的秉公嚴謹。

　　觀文天祥爲宋末丞相，諸葛亮爲蜀漢丞相，就時代而言，雖同屬臨危受命、危急存亡的時刻，但是此二人所處的政治環境卻存有極大的落差。蜀漢雖有後主之憨庸，卻無誤國之奸臣，朝野猶能上下一心，大抵皆以光復漢室爲職志，而諸葛亮出師征討之時仍有趙雲（？～229）、姜維（202～264）等良將相佐。宋朝末年卻是君主昏闇、誤信小人，竟讓無才無德的姦臣賈似道掌握軍政大權，其人尸位素餐、貪圖享樂、結黨營私、謊報軍情、喪權辱國，將國族陷溺於無法挽回的情勢。蜀漢朝國力雖不及曹魏，仍一度化被動爲主動，不畏艱難地誓師北伐，積極地對曹魏採取攻勢。文天祥之時，宋朝雖不乏忠貞死節之輩，然奸佞誤國與朝政敗壞的影響所致，剩餘的殘兵孤臣又怎能力挽狂瀾，彼輩雖能拼死抗敵，卻終歸是回天乏術。諸葛亮上疏呈表時云：「臣不勝受恩感激，今當遠離，臨表涕零，不知所言。」〔註276〕料想文天祥撰寫〈正氣歌〉回顧史事的同時，或許亦是不勝歔欷地泫然流淚！

　　其十一、「或爲渡江楫，慷慨吞胡羯」，指東晉初期的名將祖逖（266～321），其於渡江北伐時「中流擊楫」的歷史典故。其事梗概，《晉書》記載曰：「逖以社稷傾覆，常懷振復之志。……帝乃以逖爲奮威將軍、豫州刺史，……渡江，中流擊楫而誓曰：『祖逖不能清中原而復濟者，有如大江！』辭色壯烈，眾皆慨歎。」〔註277〕其生平梗概，亦據《晉書》載曰：「逖性豁蕩，不修儀檢，年十四五猶未知書，諸兄每憂之。然輕財好俠，慷慨有節尚，每至田舍，輒稱兄意，散穀帛以賙貧乏，鄉黨宗族以是重之。後乃博覽書記，該涉古今，往來京師，見者謂逖有贊世才具。……與司空劉琨俱爲司州主簿，情好綢繆，共被同寢。中夜聞荒雞鳴，蹴琨覺曰：『此非惡聲也。』因起舞。……

〔註274〕同前注。
〔註275〕同注272。
〔註276〕同前注273。
〔註277〕唐・房玄齡，《晉書》，卷62〈組逖傳〉，頁1694～1695。

逖愛人下士，雖疏交賤隸，皆恩禮遇之，由是黃河以南盡爲晉土。……躬自儉約，勸督農桑，克己務施，不蓄資產，子弟耕耘，負擔樵薪，又收葬枯骨，爲之祭醊，百姓感悅。」〔註278〕史贊曰：「祖生烈烈，夙懷奇節。扣楫中流，誓清凶孽。鄰醜景附，遺萌載悅。天妖是徵，國恥奚雪！」〔註279〕祖逖素有雄心壯志，其意圖北伐以恢復晉土，並常與劉琨（270～317）綢繆戰略，聞雞起舞，二人砥礪若此，又豈患胡賊之兇悍，而祖逖「聞雞起舞」、「中流擊楫」等典故，亦頗受後世之傳頌與景羨。文天祥把祖逖北伐胡族的史事載入〈正氣歌〉之中，蓋有其深意，茲探究蒙古政權跟五胡亂華的關聯性，則知此二者皆是以外族身份奪取中國山河。另外，〈正氣歌〉中「慷慨吞胡羯」一語亦透露出強烈的民族意識，由此觀之，文天祥指桑罵槐的寓意已然呼之欲出。

其十二、「或爲擊賊笏，逆豎頭破裂」，事發唐德宗朝（742～805）朱泚（742～784）叛亂之時，段秀實（719～783）嘗以象笏擊打朱泚。依據《新唐書・段秀實傳》所記載：「朱泚反，以秀實失兵，必恨憤，且素有人望，使騎往迎。……泚召秀實計事，源休、姚令言、李忠臣、李子平皆在坐，秀實戎服與休並。語至僭位，勃然起，執休腕，奪其象笏，奮而前，唾泚面大罵曰：『狂賊！可磔萬段，我豈從汝反邪！』遂擊之。泚舉臂捍笏，中顙，流血歠面，匍匐走。……秀實大呼曰：『我不同反，胡不殺我！』遂遇害。……帝在奉天，恨用秀實不極才，垂涕悔悵。……興元元年，詔贈太尉，諡曰忠烈。……帝還都，又詔致祭，旌其門閭，親銘其碑云。」〔註280〕柳宗元（773～819）〈段太尉逸事狀〉說道：「今之稱太尉大節者出入，以爲武人一時奮不慮死，以取名天下。……竊好問老校退卒，能言其事，太尉爲人姁姁，常低首拱手行步，言氣卑弱，未嘗以色待物，人視之儒者也。遇不可，必達其志，決非偶然者。」〔註281〕中唐以降，藩鎮割據的情況相當嚴重，安史之亂、朱泚叛亂，皆顯示出中央禁軍的守備勢力，已遠不及藩鎮邊兵的龐大武力，外鎮強過內廷，節度使一旦叛變，皇帝動輒倉皇遷都出走，唐朝所以走向滅絕，與各路節度使的坐大絕難脫離關係。古往今來，善惡忠奸時常是縱橫交錯，然

〔註278〕同前注，頁1693～1696。
〔註279〕同前注，頁1700。
〔註280〕宋・歐陽修，宋・宋祁等撰，《新唐書》，卷153〈段秀實傳〉，頁4851～4852。
〔註281〕唐・柳宗元，〈段太尉逸事狀〉，《柳河東集》（臺北：河洛圖書出版社，1974年12月），卷8，頁113。

而「疾風知勁草，板蕩識誠臣」〔註282〕之言絕無虛假。觀唐代雖有如安祿山、史思明、朱泚等犯上叛亂的奸人，亦不乏有張巡、許遠、段秀實這般忠君護國的賢臣。段秀實以笏擊賊的舉止，柳宗元以爲並非是未經思索下的一時衝動，而是他深思熟慮過後的決定。文天祥立身處世擇其善者而從之，遂與彼忠義貞亮之輩無所殊異矣。

（二）事理內涵

一部史書的完成，或者一樁史事的記載，其間不免透露出撰著者或閱讀者的主觀色彩與個人好尚，文天祥特意挑選這十二位歷史人物納入〈正氣歌〉當中，想當然耳也跟他個人的好尚息息相關。其實，在中國傳統文學觀，或是歷史觀裡頭，道德價值幾乎是如影隨形地伴隨著，由是我們不免疑惑那些指向道德判斷的主觀色彩，其在史書或文章之中是否具備合理性。觀〈正氣歌〉論及的十二位歷史人物，大抵有幾項共通點。一、意志堅定，決不輕言屈服。二、知恩圖報，篤守忠義之原則。三、氣節高尚，利祿難以撼動其心志。據是可知文天祥的取材方向，顯然是把人物的道德人品當成最重要的考量。蓋惟獨這些忠義之士的舉措施爲，方能讓文天祥有所共鳴。〈正氣歌〉云：「時窮節乃見，一一垂丹青」〔註283〕正暗示著文天祥意欲把這些忠義之士當成自己居處進退時的榜樣與模範，文天祥與這些歷史人物同樣面臨到極其困頓的時代變局，他便毅然地效法這些歷史人物的道義與節操。如此進路無疑是一種主觀的道德判斷，連同〈正氣歌〉也是一種泛道德的書寫方式。關於這項特點，唐君毅先生（1909～1978）有以下的陳述：

> 人所關心之事務，乃爲人所記憶，或爲之定時空之位而紀載之，以形成史地知識。人有所關心，則亦有所不關心；有所記憶，則亦有所不記憶。於所記憶者，或紀載或不紀載，即爲一選擇。此選擇，必依於一不自覺或自覺之價值標準。〔註284〕

先儒往往把綱常倫理奉爲畢生的圭臬與終極的價值，並將它當成評斷一切是非對錯的準則。無論是泛道德式的載道文學觀也好，或者是講究史德的載道

〔註282〕引自唐太宗〈贈蕭瑀〉：「疾風知勁草，板蕩識誠臣。勇夫安識義，智者必懷仁。」引自清·彭定求等編，《全唐詩》（延邊：人民出版者，1999 年 4 月），卷 1，頁 10。

〔註283〕宋·文天祥，〈正氣歌〉，《指南後錄》，見氏著，《文文山全集》，卷 14，頁 375。

〔註284〕唐君毅，《生命存在與心靈境界》〔上冊〕（臺北：臺灣學生書局，1978 年 5 月），頁 57～58。

史學觀也好，甚至是充滿道德底蘊與忠義色彩的〈正氣歌〉也好，擺在現代或許會被質疑太過泛道德化，但倘若擺在古時候來看，卻是一件再合情合理、天經地義不過的事情。倘若以今視古，我們蠻難不認爲古人崇尙道義的程度似乎太超過了些，乃至不惜犧牲自身的寶貴性命，然究其主因卻不完全在於古人崇尙道義的程度如何？而在於我們通常是以現代人的視域來臆斷古時候的議題，不自覺地犯下「以今律古」的謬誤。且不提〈正氣歌〉中所充斥的氣節與道義，先來回顧中國傳統幾部經史典籍中的文句，《詩經・烝民》稱：「天生烝民，有物有則，民之秉彝，好是懿德。」〔註285〕《詩經・維天之命》稱：「維天之命，於穆不已。於乎不顯，文王之德純。」〔註286〕《尙書・召誥》稱：「我不敢知曰，有殷受天命，惟有歷年；我不敢知曰，不其延；惟不敬厥德，乃早墜厥命。」〔註287〕《左傳》記載：「太上有立德，其次有立功，其次有立言。雖久不廢，此之謂不朽。」〔註288〕《論語・述而》稱：「志於道，據於德，依於仁，游於藝。」〔註289〕透過這些典籍的詳實記載，古代人重視道德的情況已是昭然若揭，是故，文天祥〈正氣歌〉以如此積極的態度標榜道義亦不足爲怪。〈正氣歌〉所記載的歷史人物之中，齊太史、晉董狐「書法不隱」、「秉筆直書」，藉史書以彰明君臣大義，讓亂臣賊子難以遁形。張良懷思故國恩澤，難忘亡國之痛遂有爲故國復仇之作爲。蘇武忠君愛國、誓不降敵，於冰天雪地中牧羊十九載，其忍辱負重可見一斑。嚴顏氣魄雄健，無懼於喪命斷頭。嵇紹以性命捍衛國君之周全，忠義之血四濺。張巡、顏杲卿等人於安史之亂中豁命搏賊。管寧抱道不仕、頤養全眞。諸葛亮、祖逖以忠君愛國之故，意圖中興復國，是以不辭勞苦地誓師北伐。段秀實遭逢朱泚之亂，以笏怒擊作亂犯上的叛臣。

　　這十二位歷史人物忠君愛國的操守、無懼死亡的勇氣，正是浩然之氣的具體示現，是故在在讓文天祥深感欽慕與景仰。〈正氣歌〉所云：「典刑在夙昔」「古道照顏色」〔註290〕，正楬櫫出文天祥有意追隨前賢的節操與忠心，進

〔註285〕漢・毛亨傳，東漢・鄭玄箋，唐・孔穎達疏，《毛詩正義》，卷 18 之 3〈大雅・烝民〉，頁 674。

〔註286〕漢・毛亨傳，東漢・鄭玄箋，唐・孔穎達疏，《毛詩正義》，卷 19 之 1〈周頌・維天之命〉，頁 708。

〔註287〕漢・孔安國傳，唐・孔穎達疏，《尙書正義》，卷 15〈召誥〉，頁 222。

〔註288〕晉・杜預注，《春秋經傳集解》，卷 17〈襄公・傳二十四年〉，頁 248。

〔註289〕《論語》卷 4〈述而〉，宋・朱熹，《四書章句集注》，頁 94。

〔註290〕宋・文天祥，〈正氣歌〉，《指南後錄》，見氏著，《文文山全集》，卷 14，頁 376。

以能與前賢如出一轍地「顧此耿耿在」、「時窮節乃見」、「生死安足論」。〔註291〕歷史經由「時間」的推演,逐漸地被建構與堆疊。有鑑於人們對小範圍時間的感受能力未必敏銳,或者我們改以大範圍的時間來闡述會更爲適宜,大範圍的時間所指的就是「時代」。時代與人物緊密地連結,時代考驗著人物,人物創造出嶄新的時代。錢穆先生稱:「凡屬一時代的人物,都帶有時代性,人物與時代該凝結而成一體。但理想的人物,還有超時代性的存在。」〔註292〕文天祥在〈正氣歌〉中提及的十二位歷史人物,甚至包括文天祥本人,都是備受時代考驗與煎熬的歷史人物,他們無從顛覆整個大時代、大環境的既定事實,大抵只能在非常侷限與支絀的情勢裡做出抉擇。例如:張巡、顏杲卿等人處在安史之亂的大時代中,他們能決定的不是以壓倒性的姿態殲滅敵軍與弭平戰亂,反倒是處在兵敗如山倒的事實遭遇之中,非得從「降賊叛亂」、「拼死盡忠」兩者間選出一項讓自己問心無愧的抉擇。換言之,大環境、大時代的「時窮」終究是歷史人物躲避不掉的困窘與逆境,至於那些在「時窮」之中甘願隨波逐流、苟且偷安的歷史人物,通常都不太有機會受到後代的尊敬與重視,最終是默默無聞地被大時代吞沒。反倒是另一些歷史人物,處在時代的逆境之中,明知情勢不利於己,卻猶然執著於自身的原則,猶然剛毅果敢地逆勢施爲,更積極者甚至不吝於犧牲自己的性命。對此歷史現象,吾人或可參考下列的論述:

> 歷史上,有時走上了一段黑暗或衰微的時期。……社會一切像都停滯了,或毀滅了。但每一時代中,必有幾個人物,有人物便有事業。羣體歷史可以無光輝,但各別個人的歷史,其中卻仍然有光輝。……在整個時代之失敗中,依然可以完成不少的人物。此不少的人物,依然可以完成不少事業。……而且正因其時代之黑暗,更易見出此等人物之突出。正因時代之衰微,更易見出此等人物之偉大。〔註293〕
>
> 在世紀的轉換之中,那好像是人類精神某種永恆的巔峰閃現於短暫的歷史片刻,顯示出那構成偉大的特質,不論是高貴、尊嚴、堅定,或某種談笑風生的勇氣,基本上在任何時代都是一樣的。〔註294〕

〔註291〕同前注,頁 375、頁 376。

〔註292〕錢穆,《從中國歷史來看中國民族性及中國文化》,頁 29。

〔註293〕同前注,頁 26。

〔註294〕(美)漢娜・鄂蘭(Hannah Arendt, 1906～1975)著,蔡佩君譯,《責任與判斷》(臺北:左岸文化,2008 年 4 月),頁 100。

大體而言，人物並無法決定歷史該往哪個方向走，而歷史也常不從人願地朝著更糟更壞的方向前進，人們惟一能替自己做主的，便是選擇用何種態度去面對眼前的處境，亦即人們該用什麼方式因應所謂的「既定現實」。文天祥以及〈正氣歌〉中的十二位人物，即是憑藉著「道德」來因應眼前「時窮」的歷史困境，而所謂的「氣節」便會在這段發顯道德的過程中，自然而然地呈現出來，正如同文天祥所說的「時窮節乃見」。對此，我們不妨回歸到儒家思想的場域中加以領略。孔子曰：「君子喻於義，小人喻於利」〔註295〕「君子懷德，小人懷土；君子懷刑，小人懷惠」〔註296〕孟子曰：「仁之於父子也，義之於君臣也，禮之於賓主也，智之於賢者也，聖人之於天道也，命也，有性焉，君子不謂命也。」〔註297〕「生，亦我所欲也；義，亦我所欲也，二者不可得兼，舍生而取義者也。」〔註298〕儒家思想闡論「君子」與「小人」的區別，以及「義」與「利」的殊異。「義」是天理公道與道德規範，凡是符合道義者，君子將予以認同與實踐。「利」是私心利慾，放縱利慾之薰心惟恐將損害群體，是以君子戒慎恐惕而有所不為。〔註299〕聖賢憑藉傳世的經典這麼教人，教人「君子」該當如何？「小人」是何種面貌？南宋理學家朱熹亦時常教人多讀聖賢書，多讀聖賢書的最終目標則是吸取聖賢的經驗，遵循聖賢的意向。在宋儒的視域之中，讀聖賢書卻不做聖賢事，縱然是一目十行、學富五車，書籍與文獻積案盈箱，亦未必能窺透其究竟。是故，儒者研讀聖經賢傳的最終目標，在於一旦遭遇與先賢相似的歷史情境之時，就得要義無反顧地做出與先賢相仿的行跡。只有這麼做，「先賢」與「後人」方可產生關聯，「書本」跟「人生」也才能緊密無間。〔註300〕文天祥之所以能殉節赴死，〈正氣歌〉中的十二位歷史人物之所以能「守死

〔註295〕《論語》卷2〈里仁〉，宋・朱熹，《四書章句集注》，頁73。
〔註296〕同前注，頁71。
〔註297〕《孟子》卷14〈盡心下〉，宋・朱熹，《四書章句集注》，頁369。
〔註298〕《孟子》卷11〈告子上〉，宋・朱熹：《四書章句集注》，頁332。
〔註299〕朱子注曰：「義者，天理之所宜。利者，人情之所欲。」引自氏著：《四書章句集注》，頁73。
〔註300〕林維杰〈朱子「讀書法」中的詮釋學意涵〉一文指出：「聖書經典的重要性與權威性並不在於聖人本身，而是因為他通過文字的記錄而說出他曾經先經歷過的道理。……從儒家的角度看來，服從聖人的權威並不是一種簡單的盲目，而是尊崇聖人經歷過而表現出來的某種權威性的判斷與陳述，因而值得後代人不斷地反芻省思並將之連結到自身。」引自劉述先，楊貞德主編，《理解、詮釋與儒家傳統・理論篇》頁133～134。

善道」〔註301〕，蓋皆起因於讀古聖先賢的書本，受道德仁義的感召與教化，進以效法聖賢的爲人，最終竟做出了只有聖賢才做得出來的特殊事例。

〔註301〕《論語》卷4〈泰伯〉，宋・朱熹：《四書章句集注》，頁106。

第六章　宋季殉節現象之生死觀
　　　　及群我內涵

　　殉節現象是殉節者主動由生入死的行為，內部原因始於彼輩所堅信的某些義理觀念，殉節之目的在於證成某種精神力量，或遺留下一些想法與期盼。殉節者藉由赴死這種壯烈犧牲的行為，激勵後人對殉節者的理想予以繼承與延續。人類「稟氣而生，含氣而長」〔註1〕，因此是一血氣形貌所構成的物質體，必會伴隨著歲月損耗與退化，最終難免將衰老、病痛、死亡。《韓非子·解老》云：「人始於生而卒於死。始之謂出，卒之謂入。故曰：『出生入死。』……生者固動，動盡則損也；而動不止，是損而不止也。損而不止則生盡，生盡之謂死。」〔註2〕王充曰：「儒家之議，以為人死有命。言有命者，見子夏言『死生有命，富貴在天』。」〔註3〕因此「死」是所有物種必然面臨到的現實命運，「死」亦是人類無法迴避的命限，誠如文天祥所謂「人生自古誰無死」。〔註4〕螻蟻尚且偷生，人類最終雖須面對邁向死亡的事實，但積極地求死仍是違反常態的作法，殉節者的殉節行為，卻是不折不扣的「積極」求死。儒家體系不多談死後的世界，也沒有具體地肯定所謂的靈魂輪迴之說，所以士儒在決定殉節時，大抵不是抱持著死後仍有一不滅靈魂的想法。饒富意義的是，

〔註1〕東漢·王充著，黃暉校釋，《論衡校釋》（北京：中華書局，1990年2月），卷2〈命義篇〉，頁48。
〔註2〕清·王先慎撰，鍾哲點校，《韓非子集解》（北京：中華書局，1998年7月），卷6〈解老〉，頁149。
〔註3〕同注1，頁44。
〔註4〕宋·文天祥，〈過零丁洋〉，《指南後錄》，見氏著，《文文山全集》（臺北：河洛圖書出版社，1975年9月），卷14，頁349。

人死後若眞是徹底地無影無蹤，沒有一絲一毫的遺留，那麼殉節者的積極尋死豈不成爲一椿憾事。殉節、殉道是主動步入死亡的行動，就結果而論與自殺無異，但弔詭的是，殉節或殉道這種行爲，至少就中國傳統的視域觀之，是極被人們讚揚與稱頌的舉動。除了宋遺民時常提及的伯夷、叔齊之外，先秦與漢代皆可見其援例，如下所述：

> （豫讓）事智伯，智伯甚尊寵之。及智伯伐趙襄子，趙襄子與韓、魏合謀滅智伯，滅智伯之後而三分其地。……豫讓遁逃山中，曰：「嗟乎！士爲知己者死，女爲說己者容。今智伯知我，我必爲報讎而死，以報智伯，則吾魂魄不愧矣。」乃變名姓爲刑人，入宮塗廁中，挾匕首，欲以刺襄子。……居頃之，豫讓又漆身爲厲，吞炭爲啞，使形狀不可知，行乞於市。其妻不識也。行見其友，其友識之，曰：「汝非豫讓邪？」曰：「我是也。」其友爲泣曰：「以子之才，委質而臣事襄子，襄子必近幸子。近幸子，乃爲所欲，顧不易邪？何乃殘身苦形，欲以求報襄子，不亦難乎！」豫讓曰：「既已委質臣事人，而求殺之，是懷二心以事其君也。且吾所爲者極難耳！然所以爲此者，將以愧天下後世之爲人臣懷二心以事其君者也。」〔註5〕

> 漢滅項籍，漢王立爲皇帝，以彭越爲梁王。田橫懼誅，而與其徒屬五百餘人入海，居島中。……高皇帝迺詔衛尉酈商曰：「齊王田橫即至，人馬從者敢動搖者致族夷！」迺復使使持節具告以詔商狀，曰：「田橫來，大者王，小者乃侯耳；不來，且舉兵加誅焉。」田橫乃與其客二人，乘傳詣雒陽。未至三十里，至尸鄉廄置，橫謝使者曰：「人臣見天子當洗沐。」止留。謂其客曰：「橫始與漢王俱南面稱孤，今漢王爲天子，而橫乃爲亡虜而北面事之，其恥固已甚矣。……且陛下所以欲見我者，不過欲一見吾面貌耳。今陛下在洛陽，今斬吾頭，馳三十里閒，形容尚未能敗，猶可觀也。」遂自剄，令客奉其頭，從使者馳奏之高帝。……（高帝）爲之流涕，而拜其二客爲都尉，發卒二千人，以王者禮葬田橫。既葬，二客穿其冢旁孔，皆自剄，下從之。高帝聞之，迺大驚，以田橫之客皆賢。吾聞其餘尚五百人在海中，使使召之。至則聞田橫死，亦皆自殺。於是迺知田橫

〔註 5〕漢・司馬遷撰，（日本）瀧川龜太郎考證，《史記會注考證》（臺北：大安出版社，1998 年 9 月），卷 86〈刺客列傳〉，頁 998～999。

兄弟能得士也。〔註6〕

（龔勝）謂（高）暉等：『吾受漢家厚恩，無以報，今年老矣，旦暮入地，誼豈以一身事二姓，下見故主哉？』勝因敕以棺斂喪事：『衣周於身，棺周於衣。勿隨俗動吾塚，種柏，作祠堂。』語畢，遂不復開口飲食，積十四日死。〔註7〕

以上三例，第一例是豫讓爲智伯報仇的典故摘錄，豫讓受智伯知遇尊寵之恩，智伯爲趙襄子所害，豫讓不惜一切代價意欲替趙襄子報仇，甚至是漆身爲厲，吞炭爲啞，其友建議豫讓何不假意臣事趙襄子而伺機報仇，豫讓回應說「事人」必須眞誠坦率而不當懷存二心，假意事人卻欲有其他圖謀，蓋將無法問心無愧。豫讓最終雖無法成功地誅殺趙襄子，然其「伏劍自殺。死之日，趙國志士聞之，皆爲涕泣。」〔註8〕豫讓心態及行爲的崇高可貴之處在於知恩圖報，亦在於忠誠坦蕩，是以其人雖死，其事雖難功成，其情操卻使時人涕泣動容，其美名亦能永垂不朽。第二例是發生在楚漢相爭之後的田橫與五百壯士之典故，田橫自殺的原因是不爲亡虜以事人，故其寧死也不願屈居人下，寧死也不願吞忍恥辱。田橫麾下的門客與隨從聞知田橫自殺之後亦皆自殺，彼輩效忠田橫的決心以及以死相隨的勇氣著實令人瞠目。司馬遷對田橫與五百壯士的死事有如下的評價，其言云：「田橫之高節，賓客慕義而從橫死，豈非至賢。」〔註9〕史遷既以「高節」二字稱頌田橫，那麼對田橫自殺的行爲蓋不具備貶抑的意味，甚至反倒是多有景仰，對那些義無反顧、以死相隨的賓客亦不吝推崇，稱之爲「慕義」、「至賢」。第三例是本在漢哀帝朝擔任諫大夫，光祿大夫的龔勝，及王莽篡漢後，屢遣使者詔徵入朝，龔勝則寧死亦不願更事二姓，最終是以絕食的方式殉節而死。由是擬推「殉節」、「殉道」，「士爲知己者死」、「鞠躬盡瘁、至死方休」這類犧牲生命的自殺行爲，雖說是不折不扣的自殺舉動，卻未被時人與後人所譴責或否定，反倒是能留名青史與受人歌頌，擬推其中原因，蓋肇始於殉節者行爲背後的思想動機，而這些思想動機中又著實存有知恩圖報、不甘屈辱、不事非人等價值觀念與心理因素。

〔註6〕漢・司馬遷撰，（日本）瀧川龜太郎考證，《史記會注考證》，卷94〈田儋列傳〉（附〈田橫傳〉），頁1055。

〔註7〕東漢・班固撰，唐・顏師古注，《漢書》〔百衲本二十四史〕（臺北：臺灣商務印書館，1996年12月），卷72〈龔勝傳〉，頁899。

〔註8〕同注5，頁999。

〔註9〕同注6。

殉節赴死者之死若眞是輕如鴻毛，恐怕沒資格受到時人與後世的如此尊崇，是以殉節赴死者在其死後蓋非一無所有，反倒是遺留下某些讓人深刻省思的特殊價值，這些價值觀念既含蘊在人們生命歷程的生死之中，換個角度而言，亦是凌駕在百年轉瞬的生死之上。螻蟻尙且偷生，是以殉節者一往無悔的犧牲舉動，確實是耐人尋味的獨特現象，然而此獨特現象背後所示現出的生死觀，也誠然是不容忽視的重要議題。

殉節者生命殞滅之後看似歸回塵土而一無所有，事實上則不然，殉節者死後雖未成爲不滅的魂體，但卻非絕無遺留。其遺留者仍存在於人世之間。儒家思想講究的道德、教育、政治、文化，諸如此類，無非都是人世間具體需要的觀念或體系，同時更是人類生存與活動的憑藉，殉節者赴死以後倘若僅證明了一片虛無，這與儒家思想的訴求其實並不吻合。朱熹說道：「異端虛無寂滅之教，其高過於大學而無實。」〔註10〕「異端之說日新月盛，以至於老佛之徒出，則彌近理而大亂眞矣。」〔註11〕宋代理學以程朱義理蔚爲大宗，而朱熹排抵佛老尤甚，宋季殉節者與宋遺民的思想受程朱義理影響所及，道家明哲保身之論、佛家靈魂不滅之說，較難讓士儒遵循與推崇。惟獨不眷戀自己的生命與形軀，故能捨棄明哲保身的觀念而終至願意殉節犧牲。勇於赴死就義而罹難於刑戮者，亦絕非信奉靈魂不滅之說。士儒殉節舉措無涉佛老，也不牽涉靈魂不滅，那麼他們究竟是憑藉何種觀念去看待死亡？他們犧牲生命後所能遺留下來的是什麼？他們又是如何定義死後的世界？要探討這些問題的同時，亦須把中國傳統的「生死觀」〔註12〕以脈絡性的方式加以論述與理解。

〔註10〕 宋·朱熹，〈大學章句序〉，見氏著，《四書章句集注》（北京：中華書局，1983年10月），頁2。

〔註11〕 宋·朱熹，〈中庸章句序〉，見氏著，《四書章句集注》，頁15。

〔註12〕 中國傳統思想裡頭已足夠發掘許多涉及生死議題的概念，這些概念代表著古人對生死議題的思想觀點，然而其生成淵源，並不是把林林總總關乎生死的思想觀點，有意識地去建構出一門學科，而大抵只散見於思想家的文本之中，如此似乎尙不足以「學門」、「學科」式的取向加以定義。蓋中國傳統對死亡議題的組織方式與西方所謂的「死亡學」（Thanatology）其實是大有逕庭的，是以此處僅稱作「生死觀」而不稱作「生死學」。對「生死學」的概介，呂應鐘先生稱：「生死學於1997年在臺灣開展，其意涵尙無定論，……我國習用的『生死學』（Life and Death Studies）源自於西方的『死亡學』（Thanatology），其出現乃是因爲當時美國的行爲科學家發現多數的美國人無法正視死亡，無法平和地善終，便起而提倡死亡覺醒運動，又適時地與興起於英國的臨終關懷運動相互呼應，於是開展出死亡學的主要內涵。……探索生死學的課題相當重要。傅偉勳教授以西方的死亡學爲基礎建構出中國心性體認本位的生命

第一節　傳統儒家生死觀之梗概

　　由生存步入死亡的過程是人類必然面臨的一大關卡，在這番過程中，每個人所體悟與領略的內容不盡相同，有些人思維縝密而精神充實地邁進死亡的路途，有些人懵懂無知地黯然逝去。生死問題畢竟是人生大事，人們總有一天會行至生命路途的終點，人們對死亡的想法為何？人們對死後的存在與價值又是如何看待？這些問題是大多數人類所共同遭遇的疑難。唐君毅先生說道：「人死了，究竟其精神是否即莫有，如有，到何處去？此是古往今來，無論野蠻民族文明民族，無論智、愚、賢、不肖，同有之一疑問。此疑問，不只是理智的，兼是情感的，不能只向現實世界求解答，且當向超現實世界求解答。」〔註 13〕誠如唐氏所云，只要一涉及生死大事，人們蓋不能不正襟危坐地嚴謹看待。大抵說來，愈接近死亡的人，便更會試圖去瞭解生死的真諦，對人生的意義、死亡的歸宿、生命的價值等嚴肅議題，也將有愈加深刻的探問與省思。是故，若欲知曉宋季殉節烈士是憑藉何種觀感來看待生死問題，吾人不單只是從現實的物質世界中尋求解答，亦須由超現實的精神世界裡透徹其本真。

　　觀宋季殉節者與叛國者兩方在面臨生死關卡時，其所呈現的姿態，著實大相逕庭，有些人果敢慷慨、一往無悔地殺身成仁與捨生取義，有些人為了求生存，不惜漠視所謂的倫常規範、道德原則，乃至於泯滅良知地背叛邦國。人們從生存步入死亡的這段過程裡，往往會透露出最為深層的人格本質，當生命被逼至極端，正如同孟子所謂的「生，亦我所欲也；義，亦我所欲也。」〔註 14〕每當人們於「二者不可得兼」〔註 15〕的兩難情況下，應該做出何種選擇，這時候的抉擇，遂成為人們畢生價值的定位所在，同時也是後人對前人

　　　學，而成為具本土特色的生死學。」見氏著，《生死學導論》〔二版〕（臺北：新文京開發出版公司，2007 年 3 月），頁 10～11。李杜先生稱：「『生死觀』一詞是一連合詞。分別地說即為『人生觀』與『人死觀』，亦即對人生的看法與對人死的看法。依現代的了解，人對此可有五種不同的看法：（1）、自然義的看法；（2）、道德義的看法；（3）、藝術義的看法；（4）、玄學義的看法；（5）、宗教義的看法。」見氏著，〈孔子對傳統生死觀的繼承與發展及對後代的影響〉，《哲學年刊》第 10 期，1994 年 6 月，頁 67。

〔註 13〕唐君毅，〈死生之說與幽明之際〉，詳見《人生之體驗續編》〔《唐君毅全集》卷 3 之 1〕（臺北：臺灣學生書局，1993 年 9 月），頁 98。

〔註 14〕《孟子》卷 11〈告子上〉，宋・朱熹，《四書章句集注》，頁 332。

〔註 15〕同前注。

蓋棺論定的憑據標準。人類在面臨生死關頭的時候所考量的會是什麼？對死後的世界是給予何種定義？諸如上述問題，恐怕都是嚴肅而沉重的疑難，然而卻又是人們所不能不正視的生命議題。是故錢穆先生這麼說道：「天人之際，死生之理，最爲難言。宇宙萬有，冥冥中是否有一創造主？人之生前死後，是否有一輪迴流轉之靈魂離此而投彼？此等皆非目前人類智力所能確切指證以明定其無疑義。惟有中國古人對於神靈魂魄之見解，較近常識，適合人道。」〔註16〕鬼神與人道誠然是相對的概念，一者是屬於「經驗」範疇，另一者則屬於「非經驗」範疇。中國傳統儒家生死觀之主流，乃是屬於「經驗」範疇，至於爲何沒流於「非經驗」範疇？這首先必須考究從殷商至周代人們思維方向上的轉變，其次則必須概略地闡論從先秦迄宋代儒家看待鬼神的觀感，以及面對生死的態度。

一、殷周兩代鬼神觀之轉變

以中國歷史文化的淵源而論，鬼神觀爲殷商所崇尚，人道觀爲周孔所講究。自武王伐紂功成以來，以鬼神崇拜爲特徵的殷商文化，漸次被以人事與道德爲主體的周文化與儒家思想所質疑與顛覆。殷鑑不遠，周人遂把世間的禍福得失寄託於人事作爲，而不訴諸較難徵驗的鬼神之說。武王伐紂的凱旋，促使周人回顧這段新舊政權交替的歷史事實，省思殷人雖崇尚鬼神，猶不足以力保朝代的綿延不絕。殷民居處進退間夾帶著鬼神信仰的神秘色彩，《禮記·表記》稱：「殷人尊神，率民以事神，先鬼而後禮。」〔註17〕據此周人對殷人崇拜鬼神、不問人事的行爲遂有所借鑒，是故轉而將朝代興衰存亡的關鍵扣緊「人」自身的所作所爲，知悉天下治亂的肇端誠然取決於人，而無涉乎鬼神或占筮。《禮記·表記》稱：「周人尊禮尚施，事鬼神而遠之，近人而忠焉。」〔註18〕周代立朝之初，目睹殷族雖然敬神尚鬼，最終卻因爲商紂的無道缺德而使得朝代覆亡，周人見證了這段殷商難挽其頹勢的歷史經驗，知所警惕與憂患，影響所及也使得周代的人文意識與人本精神皆較商代提升許多。由殷到周的歷史推演，正示現著人們從崇拜鬼神、信仰超自然力量的神

〔註16〕錢穆，〈儒釋耶回各家關於神靈魂魄之見解〉，見氏著，《靈魂與心》（臺北：聯經出版公司，1990年9月），頁117。

〔註17〕東漢·鄭玄注，宋·岳珂校，《禮記鄭注》〔相臺岳氏本〕（臺北：新興書局，1975年10月），卷17〈表記〉，頁193。

〔註18〕同前注，頁194。

秘領域，轉向思索人的本位價值，醒覺事在人為的道理，領略出道德之於人的重要性。逐如《詩經·烝民》所稱：「天生烝民，有物有則，民之秉彝，好是懿德。」〔註19〕《詩經·維天之命》稱：「維天之命，於穆不已。於乎不顯，文王之德純。」〔註20〕《尚書·泰誓》所謂：「天視自我民視，天聽自我民聽。」〔註21〕《尚書·召誥》所謂：「我不敢知曰，有殷受天命，惟有歷年；我不敢知曰，不其延；惟不敬厥德，乃早墜厥命。」〔註22〕文王愛民之德、武王伐惡之義，周公制禮作樂，皆使得西周禮樂燦爛、宗法穩健。在文德廣被與禮樂制度的教養施化下，周人的思維方向相較於殷人來講，已然更懂得把絕大多數的吉凶禍福、成敗得失，扣緊人類自身的行為與心態，而人類最完善的心態，最可貴的行為的代名詞，其實便是「道德」二字。「道德」與「傳統中國文化」存有密不可分的關係〔註23〕，它既是周代立朝之初的憑藉，亦是孔孟學說所讚頌及闡述的內容，更無外乎是宋代理學所承傳與發揚的對象。

　　中國傳統生死觀自有其脈絡可尋，從遠古而論，可以把繼商而起的周代作為一種指標，周人移易殷商風俗，彼輩對鬼神的說法逐漸顯露出嶄新的觀點，大步地脫離了殷商的窠臼，傾向直接從經驗層次觀察人事問題，於非經驗層次的死後的世界或是鬼神的世界，或者提出質疑，或者存而不論。因為人們更關心的是生前的實際問題，對神靈鬼魅則是敬而遠之，這也使得人文精神大幅地提升與開展。《左傳》裡頭的兩則記載，便與信奉鬼神、靈魂不朽的觀點大異其趣，詳情如下所述：

> 穆叔如晉，范宣子逆之，問焉，曰：「古人有言曰：『死而不朽』，何謂也？」穆叔未對。宣子曰：「昔匄之祖，自虞以上為陶唐氏，在夏為御龍氏，在商為豕韋氏，在周為唐杜氏，晉主夏盟為范氏，其是

〔註19〕漢·毛亨傳，東漢·鄭玄箋，唐·孔穎達疏，《毛詩正義》〔清·阮元校勘，《十三經注疏》第2冊〕（臺北：藝文印書館，2007年8月），卷18之3，頁674。

〔註20〕漢·毛亨傳，東漢·鄭玄箋，唐·孔穎達疏，《毛詩正義》，卷19之1，頁708。

〔註21〕漢·孔安國傳，唐·孔穎達疏，《尚書正義》〔清·阮元校勘，《十三經注疏》第1冊〕（臺北：藝文印書館，2007年8月），卷11，頁155。

〔註22〕漢·孔安國傳，唐·孔穎達疏，《尚書正義》，卷15，頁222。

〔註23〕錢穆〈中國人的文化結構〉一文稱：「講到中國文化，我提出兩點。一是道德的，一是藝術的。道德與藝術，都是人生內部自發的，而這兩個亦是內在相通的。……最高的道德，就是最高的藝術。最高的藝術，亦即是最高的道德。」「中國的藝術與道德，論其主要精神是應同屬於自然的生命性的，故中國藝術的真境界，亦絕不落於物質的功利的方面。」見氏著，《從中國歷史來看中國民族性及中國文化》（臺北：聯經出版公司，1979年8月），頁102、121。

之謂乎！」穆叔曰：「以豹所聞，此之爲世祿，非不朽也。魯有先大
夫曰臧文仲，既沒，其言立，其是之謂乎。豹聞之，太上有立德，
其次有立功，其次有立言。雖久不廢，此之謂不朽。若夫保姓受氏，
以守宗祊，世不絕祠，無國無之，祿之大者，不可謂不朽。」〔註24〕

鄭人相驚以伯有，曰：「伯有至矣！」則皆走，不知所往。鑄刑書之
歲二月，或夢伯有介而行，曰：「壬子，余將殺帶也。明年，壬寅，
余又將殺段也。」及壬子，駟帶卒，國人益懼。齊、燕平之月，壬寅，
公孫段卒，國人益懼。……子產適晉，趙景子問焉，曰：「伯有猶能
爲鬼乎？」子產曰：「能。人生始化爲魄，既生魄，陽曰魂。用物精
多，則魂魄強。是以有精爽，至於神明。匹夫匹婦強死，其魂魄猶能
憑依於人，以爲淫厲。況良霄──我先君穆公之冑，子良之孫，子耳
之子，敝邑之卿，從政三世矣。……其用物也宏矣，其取精也多矣，
其族又大，所憑厚矣，而強死，能爲鬼，不亦宜乎。」〔註25〕

范宣子談不朽，以世襲祿位爲是，穆叔所言則非，蓋認爲世襲承傳的祿位必
將被政權歸屬所左右，有國則有之，國亡則無之，政權一旦轉移，朝代一旦
覆滅，世襲的特權就不復存在，恐怕仍難以稱之爲不朽。從穆叔的觀點看來，
德性、功績、文章這三者方足以突破時空上的限制，歷久不廢地綿延不絕，
較之世襲祿位而論，更有資格稱作不朽。此處所論及的範疇，無論是世襲底
下的祖宗福蔭，或者是德性、功績、文章等三不朽，所指涉的其實都是人類
生前的具體表現與貢獻，在彼輩死後得以遺惠於後人，或是仍足以爲後人所
惦記與傳誦。錢穆先生稱：「三不朽說，所謂立德立功立言，推其用意，只
是人死之後，他的道德事功言論依然留在世上，便是不朽。……明白言之，
則是依然留在後世人的心裏。……一人的生命，若反映不到別人的心裏，則
其人早已雖生如死。一人的生命而常是反映在別人的心裏，則不啻雖死如
生。立德立功立言之所以稱爲不朽，正因其常由生前之道德功業言論而常常
反映到別一時代人的心裏去。」〔註26〕據是可知，不朽之說絕非意味著人類
死後另有一種靈魂樣貌，或是人死之後能變化成神靈、鬼魂等形態，飄渺遊
蕩於人世之間。也非如佛家所闡揚，人的生命之中存有一靈魂體，這靈魂體

〔註24〕晉‧杜預注，《春秋經傳集解》（臺北：七略出版社，1991年9月），卷17〈襄公‧傳二十四年〉，頁248。
〔註25〕晉‧杜預注，《春秋經傳集解》，卷21〈昭公‧傳七年〉，頁307～308。
〔註26〕錢穆，《靈魂與心》，頁9～10。

在人死以後，或者涅槃寂靜地從輪迴當中解脫，或者將墮入輪迴轉世的無盡循環。

關於《左傳》的記載，子產認爲「伯有猶能爲鬼」，錢穆先生這麼說道：「子產觀念中之所謂鬼，僅是指人死後，猶能有某種活動之表出，而此種活動，則僅是其人生時種種活動之餘勁未息，餘勢未已。……子產解釋伯有爲鬼，乃推原於其生時之魂魄之強。故子產此處所用魂魄字，乃不指人死後之鬼的一方面言，而移指人生前之形體與其種種作用。」〔註27〕關於伯有爲鬼之說，綜上所述，我們不難擬出幾個論點。其一、神靈鬼魅之說在整本《左傳》裡面其實不算多見，「伯有猶能爲鬼」此段已屬特殊。其二、伯有爲鬼之說，論者託爲夢中所見聞，既是夢中之語則恐有嫌疑，誠不宜冒然地引以爲鐵證。其三、帶與段的死亡是伯有鬼魂所造成，這也很難找到直接的證據或是具體的關聯性。其四、子產縱使相信伯有死後「猶能爲鬼」這番說法，不過根據他字裡行間所描述的內容，幾乎仍舊從伯有生前的林林總總加以析論，而關於「伯有之鬼」的具體描述反倒是微乎其微，這已然揭露出「伯有之鬼」並非實體，無法以親眼驗證，至於其活動作用能達到何種程度也實難忖度。其五、子產雖然承認伯有死後「猶能爲鬼」，卻點出伯有此人生前「用物宏」、「取精多」、「族大」、「憑厚」、「強死」等附加條件，在在標示出「人死爲鬼」的說法並不具備普遍性，是故僅能聊備一說。換言之，吾人極不適宜把這種說法視爲一種常態或者常理。

二、儒家思想的鬼神觀與神形論

欲探論宋季士儒殉節行爲背後，殉節者看待生死的態度，不免得追溯傳統儒家思想的生死觀，欲知傳統儒家思想的生死觀，亦將無可迴避地觸及到其鬼神觀或是神形論。（美）杜維明先生稱：「儒家的出發點集中於此時此地的人的生存，不過，這一出發點是以一種普遍承認的關於生活和人的觀念爲依據的。在這個觀點中，死和鬼神作爲構成要素占有顯著地位。換言之，要對儒家關於活生生的人的觀念作出正確評價，就必須要有對死和鬼神的感受。」〔註28〕透過儒家看待「人死」，及「人死之後」的態度，正可幫助我們理解儒家思想眞正有意建構的其實是一個「人生」的理想境域。換句話說，

〔註27〕同前注，頁61。
〔註28〕（美）杜維明，《儒家思想新論——創造性轉換的自我》（南京：江蘇人民出版社，1995年1月），頁48。

與殷商尙鬼的習俗相較，儒家可視爲是周文化人本精神的發揚者。早在儒家
思想創建以前，周文化已然紮實地確立了以人爲本位的思想基礎，而孔子本
身即是周文化的仰慕者，其學說乃更進一步地延續了周文化以人爲本位的思
維特質，先秦儒家不好談鬼神之說，遂成爲既定的思想傳統，這般思想取徑
之於後代士儒的啓迪著實顯著。儒家思想所關注的範疇，向來在於可聞、可
見、可推論的眞實世界，絕不在於現象界以外的超自然領域，是故孔子曰：
「務民之義，敬鬼神而遠之，可謂知矣。」〔註 29〕又稱：「未能事人、焉能
事鬼？」「未知生，焉知死？」〔註 30〕都展現出儒家思想不語怪力亂神，凡
事訴諸「人」自身作爲的基本特質。儒家學說既關注無涉乎鬼神靈怪的現實
世界，對鬼神之說大抵是採取存而不論的態度，畢竟以儒家的視域看來，人
生前的人事議題，確實比人死後是否仍具有靈魂這樣的問題，顯得重要許
多。〔註 31〕《論語・八佾》稱：「祭如在，祭神如神在。」〔註 32〕明白地提
出神的存在，主要是源自於人們祭祀當時的心理反應，祭祀的時候，人們對
所祭祀的對象，必當虔敬地追思其生前的形象，及其種種的行誼風範，這時
候遂容易設想出一栩栩如生的祭祀客體，宛如眞實的存在。換言之，孔子認
知中鬼神的存在，大抵只會在祭祀過程裡「出現」，而如此方式的「出現」
也僅僅是「彷彿出現」，卻不是一種眼見爲憑的具體存在物。夷考其實，這
樣的「鬼神／祭祀客體」僅是祭祀者的意識裡所產生的投射與反映罷了，而

〔註 29〕《論語》卷 3〈雍也〉，宋・朱熹，《四書章句集注》，頁 89。

〔註 30〕《論語》卷 6〈先進〉，宋・朱熹，《四書章句集注》，頁 125。

〔註 31〕傅偉勳先生（1933～1996）稱：「儒家與道家對於傳統中國人的思維模式與生
死態度，各別所留下的影響都一樣深遠。儒家倡導世俗世間的人倫道德，道
家強調世界一切的自然無爲，兩者對於有關（創世、天啓、彼岸、鬼神、死
後生命或靈魂之類）超自然或超越性的宗教問題無甚興趣，頂多存而不論而
已。」「儒家的終極目標既在天命或正命的貫徹，而天命的貫徹即不外是在仁
道或內聖外王之道（個體人格與政治社會的雙層圓善化）的實現，個人死後
不朽與否，根本不在儒家考慮之列，所考慮的只是具有歷史文化意義的所謂
『社會三不朽』而已，亦即『立言、立功、立德』。」見氏著，《死亡的尊嚴
與生命的尊嚴——從臨終精神醫學到現代生死學》（臺北：正中書局，2010
年 6 月），頁 175，頁 180～181。李丕洋先生稱：「孔子把『道』的重要性置
於肉體生命之上，而生命純粹看成是一個覺道、弘道的載體；同時，孔子沒
有像某些宗教哲學一樣貶低生命的價值和現實意義，主張在『知生』的前提
下才能『知死』，充分肯定了生的價值，顯示出理性主義的人文精神。」見氏
著，〈從臨終表現看心學家的生死智慧〉，《哲學與文化》第 38 卷第 1 期，2011
年 1 月，頁 133。

〔註 32〕《論語》卷 2〈八佾〉，宋・朱熹，《四書章句集注》，頁 64。

不是眞有一確切的神靈鬼魂與吾人相接觸。再者，就算眞有神靈鬼魂的實體，也絕難獲得徵驗與實證，是以知悉孔子看待鬼神的態度，其間的宗教義已有明顯淡化的趨勢。儒家向來不好談怪力亂神，這是因爲怪力亂神的相關事物，一來缺乏實證而難以徵驗，二來並不屬於人世間的常態常理。儒家思想講究的通常是經驗務實的淑世效益，蓋認爲對那些非經驗層面的事物，誠然沒有探索與窮究的必要性。

　　周文化與儒家創建了近人事、疏鬼神的思想傳統，後代士儒的生死觀或是鬼神觀也是順此脈絡加以開展，要不就是不太談魂魄鬼神之說，縱使提及魂魄鬼神的辭彙，所指涉的也大多不是宗教式的神靈鬼魂的概念。例如《禮記・郊特牲》記載：「鬼神，陰陽也。」〔註33〕便是從「陰陽」二者來理解鬼神的意義。陰陽二者側重的是宇宙造化的自然力量，這力量雖同爲肉眼所難以目睹，但指的卻不是人死後所生成的靈魂體，宗教式的魂魄之說指的是人類死後仍有一與其相對應的靈體延續，然而以「陰陽」爲「鬼神」的論點，強調的卻是宇宙生化的自然本體，非關人類死後的靈體形成或者延續，這與宗教式的神靈鬼魂之說，誠可謂涇渭分明。儒家所承認的鬼神之論蓋從兩個方向進展，一線是孔子所闡發的「如神在」之祭祀心理，這種詮釋是以人道爲主導，是倫理學的走勢。另一線是如《禮記・郊特牲》這般把「神」指稱爲「陰陽」造化之神妙，這便是屬於形上學與宇宙論的走勢。根據《周易》〈繫詞上・第五章〉所云：「一陰一陽之謂道」、「陰陽不測之謂神」〔註34〕以及〈說卦・第二章〉所謂「立天之道，曰陰與陽」〔註35〕等等，也都是從陰陽造化與天道本體等方向展開論述，諸如此類的闡發，和《禮記・郊特牲》把「鬼神」解釋爲「陰陽」的說法，著實具有異曲同工之妙處。

　　鬼神之論純粹屬於天道範疇，子產曰：「天道遠，人道邇」〔註36〕，人道、天道之旨趣定然有所殊異，《荀子・天論》嘗云：「列星隨旋，日月遞炤，四時代御，陰陽大化，風雨博施，萬物各得其和以生，各得其養以成，不見其事而見其功，夫是之謂神。皆知其所以成，莫知其無形，夫是之謂天。」

〔註33〕東漢・鄭玄注，宋・岳珂校，《禮記鄭注》，卷8〈郊特牲〉，頁92。

〔註34〕魏・王弼，晉・韓康伯注，唐・孔穎達疏，《周易正義》〔清・阮元校勘，《十三經注疏》第1冊〕（臺北：藝文印書館，2007年8月），卷7〈繫詞上・第五章〉，頁148～149。

〔註35〕魏・王弼，晉・韓康伯注，唐・孔穎達疏，《周易正義》，卷9〈說卦・第二章〉，頁183。

〔註36〕晉・杜預注，《春秋經傳集解》，卷24〈昭公・傳十八年〉，頁335。

〔註37〕該處所闡發的是宇宙裡頭冥冥之中,確實存在著某種造物本體與造化系統,造物本體被稱爲「天」,「天」的造物過程幽微不顯,僅能觀望其功成,卻難以窺知其原貌,是故贊之爲「神」。天道陰陽既是作育宇宙萬物的造化體系,人類的存在也是天道體系的一員,從屬於陰陽造化的一環。人類對該天道體系既無從干涉,甚至是無法予以透析及忖度,人類對天道體系的本眞,陰陽造物的過程,完全不具備主導性,因此人類的首要任務應坐落於善盡人道,而非皓首費心地窮究天道,正所謂「明於天人之分,則可謂至人矣」「唯聖人爲不求知天」〔註38〕。此外,儒家的生死觀有所謂的「神形」之論,據《荀子・天論》所云:「天職既立,天功既成,形具而神生,好惡、喜怒、哀樂臧焉,夫是謂天情。」〔註39〕無非意味著人類的「形」與「神」同時爲天道塑成,人類任何內蘊的意識、認知、情感等等,必然與外顯的血肉形體相互呼應,「形」、「神」處於一種「相即」則「同存」,「相離」則「共滅」的依存狀態與體用關係。據是當能明瞭荀子所論的「神」,從天道觀之,指的是幽微難顯、無形造化的功效。以人類來講,「神」必須對應於「形」方能成立,這樣的「神」指的是與有形肉體相應共存的種種狀態,這些狀態大抵是隱而不顯的,諸如人類的潛藏意識,認知能力,意志情感等等。荀子神形論作爲儒家生死觀的一項標幟,遂成爲後代士儒援用來批評佛教靈魂不滅之說的論點,尤其以范縝(約450~約515)〈神滅論〉作爲代表。范縝所云如下:

> 神即形也,形即神也,是以形存則神存,形謝則神滅也。……形者神之質,神者形之用,是則形稱其質,神言其用,形之與神,不得相異也。……神之於質,猶利之於刀,形之於用,猶刀之於利,利之名非刀也,刀之名非利也。然而捨利無刀,捨刀無利,未聞刀沒而利存,豈容形亡而神在。〔註40〕

范縝〈神滅論〉之中的神形論與荀子所云如出一轍,皆徹底主張形神一元的論調,形是本體,神是發用,形是人類的身體與各式感官,神是內蘊的種種

〔註37〕清・王先謙注,沈嘯寰,王星賢點校,《荀子集解》(北京:中華書局,1988年9月),卷11〈天論〉,頁308~309。

〔註38〕同前注。

〔註39〕同前注,頁309。

〔註40〕唐・姚思廉,《梁書》(臺北:鼎文書局,1975年1月),卷48〈儒林・范縝傳〉,頁665~666。

狀態，如意識、認知等等，這些狀態必須依傍在形體之中方能呈現。好比內蘊的動機思想，必須經由外顯的行動付諸實現，內蘊的喜怒好惡等情緒波動，也必須藉由外顯的表情舉措予以呈現，是故外顯可直接見聞者之謂「形」，內蘊而無法直接見聞者之謂「神」，「神」的存在是種種發用狀態而非本體，所以勢必透過「形」的本體方能具體地表現出來。換言之，神形一元論實然揭櫫出形與神之間的體用關係，在這般「形／體」與「神／用」同生共存的前提底下，形體一旦腐朽，神用也會伴隨著形體一同消逝，形體消失以後並不會另有一獨立於形體之外的「神／靈體」突然冒出，人之神形同生而共滅的神形論既爲儒家所倡言，那麼儒家對人類生死議題的觀感與定義，必然與宗教式的靈魂不滅之說大異其趣，也對人類死後猶能存留靈體，或是猶能投入另一神秘領域等論調大打折扣。

　　先秦儒家思想的生死觀，通常是直接把人死後的情況忽略不談，人死後就算仍舊存在，那也只會是後人祭祀先人的時候，心理種種的投射與映照罷了。從孔子「朝聞道，夕死可矣」〔註41〕的觀點看來，無非認爲人們對生前關乎進德修業的身體力行，著實遠比人們對死後世界的探索來得重要許多。孔子的「殺身成仁」〔註42〕之說，孟子的「舍生取義」〔註43〕之說，皆明顯地揭櫫出性命較之道德爲輕的思想觀點，儒家的人生觀屬於道德取向，認爲人的生命理應以實現道德爲目標，在這前提底下，生、死根本就不是重點，道德實現才是核心所在〔註44〕，所以人們完全不必懼怕死亡，看待「死」其實就該像看待「生」一般持平與自然，人生在世只須爲是否能「踐仁成德」而夕惕憂患。就儒家的視域觀之，生死夭壽本非衡量人類價值的指標，惟獨仁義道德才是維繫人類世界最不可或缺的要素，因此儒家的生死觀誠然是一種爲道德而服務的思想論調。若從荀子的觀點論之，「神」有兩種定義，一者

〔註41〕《論語》卷2〈里仁〉，宋·朱熹，《四書章句集注》，頁71。
〔註42〕《論語》卷8〈衛靈公〉，宋·朱熹，《四書章句集注》，頁163。
〔註43〕《孟子》卷11〈告子上〉，宋·朱熹，《四書章句集注》，頁332。
〔註44〕何冠彪先生稱：「祇要合乎道，生與死的意義是相等的。」見氏著，《生與死：明季士大夫的抉擇》（臺北：聯經出版公司，1997年10月），頁116。鄭小江先生稱：「孔子又有『殺身成仁』之說，孟子有『舍生取義』之論，鼓勵人們爲道德的實現而從容就死。……這種『死』法實質上與『生』是相通的。在儒者眼中，一個人若能爲道義而捐軀，就可獲得永生。此『死』正好是通往『生』的環節，以己之一『死』而成就萬古之『生』。」見氏著，〈論文山先生之生死觀與民族精神〉，《孔孟月刊》39卷11期，2001年7月，頁31。

指的是天體造物的神化妙運，另一者指的是內藏於人類「形體」當中的「神用」狀態，相關析論已在先前提及，此處便不再贅言。

　　漢儒王充延續著「不語怪力亂神」〔註45〕的思想脈絡，憑藉著常態經驗與實證的態度，以《論衡》之中〈論死〉、〈訂鬼〉等篇，力駁世俗鬼神靈異之說。其言云：「人，物也；物，亦物也。物死不爲鬼，人死何故獨能爲鬼？……人之所以生者，精氣也，死而精氣滅。能爲精氣者，血脉也。人死血脉竭，竭而精氣滅，滅而形體朽，朽而成灰土，何用爲鬼？」〔註46〕王充此處提出兩點疑難，其一、舉凡物種皆經歷過生死，物種死後未曾成爲鬼魂，人類既是物種之一，爲何偏偏異於其他物種而獨自成爲鬼魂？其二、人類的形與神必須同生共存，當人類死亡以後，生命本體已然滅絕，血脉、精氣、形體全都枯竭腐朽，爲何偏偏另有一靈體能在毫無憑恃的情況下獨立生存？王充又說道：「世能別人物不能爲鬼，則爲鬼不爲鬼尚難分明。如不能別，則亦無以知其能爲鬼也。」〔註47〕表明了人死爲鬼的說法，並無法憑藉具體的經驗加以證實。王充就具體的經驗論之，進而提出「人死不爲鬼」的結論，如下所述：

　　世謂人死爲鬼，有知，能害人。試以物類驗之，人死不爲鬼，無知，
　　不能害人。〔註48〕

　　夫死人不能爲鬼，則亦無所知矣。何以驗之？以未生之時無所知也。
　　人未生，在元氣之中；既死，復歸元氣。〔註49〕

王充認爲人死爲鬼而有知，人死爲鬼而害人等說法，缺乏實證的依據，難以成爲常理。再者，人類與物種乃是稟受天體造化所生成，死亡以後則再度回歸到天體造化的體系之中，這是一種自然義的鬼神之論，而不是宗教義的鬼神之說。是故，王充對「鬼神」二字提出了與世俗觀點相異的理解及定義，其言云：「朽則消亡，荒忽不見，故謂之鬼神。……鬼神，荒忽不見之名也。人死精神升天，骸骨歸土，故謂之鬼神。鬼者，歸也；神者，荒忽無形者也。鬼神，陰陽之名也，陰氣逆物而歸，故謂之鬼；陽氣導物而生，故謂之神。神者，伸也，申復無已，終而復始。人用神氣生，其死復歸神氣。陰陽稱鬼

〔註45〕《論語》卷4〈述而〉，宋・朱熹，《四書章句集注》，頁98。
〔註46〕東漢・王充著，黃暉校釋，《論衡校釋》，卷20〈論死篇〉，頁871。
〔註47〕同前注。
〔註48〕同前注。
〔註49〕同前注，頁875。

神，人死亦稱鬼神。」〔註50〕諸如其言，誠然是從「自然層面」替鬼神二字賦予意義，蓋宇宙天體裡頭自有某種奧妙的造物體系，稱之爲陰陽，包含人類在內的一切物種，皆由天體陰陽所塑造形化，人類無法窺知陰陽造化的奧妙與過程，是以謂之爲鬼神。如《周易・繫辭上・第四章》所稱：「精氣爲物，遊魂爲變，是故知鬼神之情狀。」〔註51〕即是把鬼神理解爲自然層面的天體造化。王充的生死觀和鬼神觀與《荀子・天論》神形一元的觀點如出一轍，同時亦主張陰陽元氣的論調，這樣的生死觀乃強化鬼神的自然義，進以削弱鬼神的宗教義，其言云：「故凡世間所謂妖祥，所謂鬼神者，皆太陽之氣爲之也。……夫人之所以生者，陰、陽氣也。陰氣主爲骨肉，陽氣主爲精神。人之生也，陰、陽氣具，故骨肉堅，精神盛。精氣爲知，骨肉爲強，故精神言談，形體固守。骨肉精神，合錯相持，故能常見而不滅亡也。太陽之氣，盛而無陰，故徒能爲象，不能爲形。無骨肉，有精氣，故一見恍惚，輒復滅亡也。」〔註52〕蓋人類與萬物一般，稟受陰陽造化的無形狀態所出生，同理可知應當在死亡以後，如同萬物這般，再度回歸到陰陽造化的無形狀態之中。人類死後之所以存在，其實也僅是存在於宇宙天體的造物體系裡頭，並非另有一留存完整意識的鬼魂或靈體作爲生前生命之延續。

此外，王充又從「心理層面」闡釋「鬼神」的意義，據《論衡・訂鬼篇》云：「凡天地之間有鬼，非人死精神爲之也，皆人思念存想之所致也。」〔註53〕這種論調與「祭神如神在」〔註54〕的祭祀心理頗爲一致，皆是把鬼神的存在，當成人們懷念與追想死者之時所產生的一種特殊意識，人們之所以覺得死者仍彷彿存在，其實是人們心理對死者生平的投射與設想，而非死者在死亡以後，猶能以靈體的形態延續生命。〔註55〕錢穆先生說道：「思念存想之著重點，

〔註50〕同前注，頁 871～873。
〔註51〕魏・王弼，晉・韓康伯注，唐・孔穎達疏，《周易正義》，卷 7〈繫辭上・第四章〉，頁 147。
〔註52〕東漢・王充著，黃暉校釋，《論衡校釋》，卷 22〈訂鬼篇〉，頁 946。
〔註53〕同前注，頁 931。
〔註54〕《論語》卷 2〈八佾〉，宋・朱熹，《四書章句集注》，頁 64。
〔註55〕林安梧先生稱：「由於精神是超越於軀體之上的，因此可以上而通極於道，下而入於幽冥之際，前而溯及於祖宗聖賢，後而延續於子孫來者。死者於其將死之一刻，知其精神之將由明以入於幽，然而卻深情款款對生者有其顧念祈盼之誠，則其精神便離於幽而入於明，生者受其感動，則亦可出於明而入於幽以感受死者之精神，進而參贊之，繼起創造之。」見氏著，《中國宗教與意義治療》〔再版〕（臺北：文海學術思想研究發展文教基金會，2001 年 7 月），頁 130。

決非思念存想於所祭者生前之形體,而更當著重在思念存想於所祭者生前之精神。」〔註56〕錢穆先生之論述,語中癥結地點出死者精神的延續方式,僅能根據後人的思念存想,人們之所以願意把先人當成思念存想的對象,其源由必關乎死者生前的所作所爲,死者生前所展現的道德行誼,所開創的蓋世功績,所建構的思想理路,及其所捍衛的精神價值,諸如此類,方能成爲不朽不滅的精神體,而此精神體全然肇因於後人的思念存想,是故能歷久彌新地綿延不絕。換言之,這樣的精神體乃是一種思想性的「精神本體」,主要必須在死者臨死以前予以建構,或是在臨死之時予以證成。後人對先人崇拜及懷念的部分,無非是側重其生前的品德風範、事業功績、學問文章等等的不朽價值,這般概念和「靈魂本體」之說亦可謂毫無牽連,與宗教式的思想路數也儼然是涇渭分明。

總地來說,傳統儒家的生死觀,以死論之,是一種自然義的死亡觀,人類的死亡與物類的死亡歸處一致,皆回歸至自然造化的循環體系中,而不若宗教義所強調的人類死後仍存在著帶有意志、具有活動力的魂魄靈體。傳統儒家的生死觀,以生論之,則是一種人文義的生命觀,人的生命乍看雖是極爲有限、渺小、卑微之生命,人類卻能在畢生的生命歷程中,開創價值,實現意義。依儒家思想的訴求而論,人之生命尤其可貴者,乃是作爲道德的承載體,因爲能夠實現道德,犧牲小我、造福大群,人的生命即可產生超越性的崇高境界(聖賢、仁人、君子、節士),朝著這種境界前進,人的生命便得以永垂不朽、偉大、崇高。因此,儒家思想看待生死的態度,側重在生命過程中「人生」的道德活動與施爲,對「人死」後的世界的探問與建構,蓋非儒家學說之進路。

三、宋代理學的鬼神觀與魂魄論

宋代理學對宋季殉節者的思想啓迪頗爲鮮明,南宋朝的學術環境以理學爲主流,尤其如張載、程頤、朱熹等儒的學說,皆極爲當代士儒所重視,彼等對鬼神、魂魄的闡釋,想必相當程度地影響著宋季殉節者的生死觀點。探討宋季士儒殉節行爲背後的動機,亦須一併析論其看待生死議題之觀點,至於彼輩看待生死的觀點,亦難以與宋代的學說思想斷然切割,南宋朝的學術環境裡頭誠然以程朱義理爲重心,是故此處尤其不宜忽略程朱理學中的生死

〔註56〕錢穆,〈中國思想史中之鬼神觀〉,《靈魂與心》,頁79。

觀點。欲知宋代理學家的生死觀，仍須從彼輩看待鬼神魂魄的觀感著手。

（一）張載

張載對「鬼神」、「魂魄」等議題頗有涉足，張載稱：「鬼神者，二氣之良能也。聖者，至誠得天之謂；神者，太虛妙應之目。凡天地法象，皆神化之糟粕爾。天道不窮，寒暑也；眾動不窮，屈伸也；鬼神之實，不越二端而已矣。」〔註 57〕張載以良能闡釋鬼神之意義，關於「良能」，孟子嘗謂：「人之所不學而能者，其良能也。」朱熹注曰：「良者，本然之善也。程子曰：『良知良能，皆無所由；乃出於天，不繫於人。』」〔註 58〕蓋二氣之良能，乃天體陰陽本然之妙化，一來不知其所由，二來非人力所能及，是以明瞭張載之於鬼神的釋義，仍然屬於自然義而非宗教義。張載又說道：「鬼神，往來、屈伸之義，故天曰神，地曰示，人曰鬼。」「氣有陰陽，推行有漸爲化，合一不測爲神。」〔註 59〕「物之初生，氣日至而滋息；物生既盈，氣日反而游散。至之謂神，以其伸也；反之爲鬼，以其歸也。」〔註 60〕依此概念論之，鬼神是一種天體造化的力量，天體以陰陽二氣離合聚散的狀態建構萬物的始終存滅，萬物稟氣而生之時是謂神，萬物氣散而滅之時是謂鬼，萬物初始之時生機蓬勃，故「神」的造化狀態是謂「伸」，萬物滅絕以後寂靜虛無，故「鬼」的呈現狀態是謂「屈」，這便是張載以「往來」、「屈伸」等概念闡發鬼神涵義之崖略。

關於「魂魄」，張載這麼說道：「氣於人，生而不離、死而游散者謂魂；聚成形質，雖死而不散者謂魄。」〔註 61〕「凡可狀，皆有也；凡有，皆象也；凡象，皆氣也。」〔註 62〕人類與萬物一般稟氣生成，人存則氣存，人死則氣散，如此的生命形態完全屬於自然義的物質體，物質體必定難以在時空之中長久不滅。〔註 63〕故「始生而終滅」者是謂「魂」，魂是人類無異於萬物之處。

〔註 57〕　宋・張載，《正蒙・太和》，見氏著，章錫琛點校，《張載集》（北京：中華書局，1978 年 8 月），頁 9。

〔註 58〕　《孟子》卷 136〈盡心上〉，宋・朱熹，《四書章句集注》，頁 353。

〔註 59〕　宋・張載，《正蒙・神化》，見氏著，章錫琛點校，《張載集》，頁 16。

〔註 60〕　宋・張載，《正蒙・動物》，見氏著，章錫琛點校，《張載集》，頁 19。

〔註 61〕　同前注。

〔註 62〕　宋・張載，《正蒙・乾稱》，見氏著，章錫琛點校，《張載集》，頁 63。

〔註 63〕　儒家以人類生死爲自然之理，這與道家莊子說明人類生死源由的概念相似，皆採取自然義的理解方向。《莊子・至樂》曰：「察其始而本無生，非徒無生也而本無形，非徒無形也而本無氣。雜乎芒芴之間，變而有氣，氣變而有形，

人類生命歷程當中，具備意識、認知等天賦，能懷抱理想與顯揚價值，能憑藉此生性命開創出人文義的精神體，諸如「三不朽」，或者「道」、「仁義」、「氣節」等概念，這些精神體是凌駕於物質體的超越性存在，得以突破壽命的侷限性而樹立典範，不因物質生命的毀壞而隨之消逝。故「生成而不滅」者是謂「魄」，魄是人類迥異於萬物的獨特之處。循此思想脈絡進行理解，「魂」所象徵的僅是人死以後的稟氣離散，「魄」所代表的方爲人死以後的精神不滅。張載又稱：「浮屠明鬼，謂有識之死受生循環，遂厭苦求免，可謂知鬼乎？以人生爲妄見，可謂知人乎？天人一物，輒生取舍，可謂知天乎？孔孟所謂天，彼所謂道。惑者指游魂爲變爲輪迴，未之思也。大學當先知天德，知天德則知聖人，知鬼神。今浮屠極論要歸，必謂死生轉流，非得道不免，謂之悟道可乎？」〔註 64〕蓋儒家義理最關注人事議題，所側重的場域坐落在人類此生之現世，至於佛家觀點乃主張人類此生之前已有前世，人類死亡以後有一來世，人類死後仍然存著具備意識之靈魂體，此靈魂體能穿梭於輪迴轉世的循環系統當中。儒家觀點正視人間實際情況，把現世視爲實體，以安頓人類此生處境爲目標，希冀的是人類存活之時的長治久安。佛家觀點以人間爲妄見，把現世視爲夢幻泡影，以從此生當中解脫作爲導向，企盼的是人類死亡以後的寂靜涅槃。要之，儒佛兩家的世界觀實有一定程度的差異性，佛家所認爲的人死以後仍存著意識性與活動性的靈魂本體，這樣的生死觀從來就無法被儒家視域所接受與包容。

（二）程顥、程頤

關於二程子的鬼神觀，程顥這麼說道：「蓋上天之載，無聲無臭，其體則謂之易，其理則謂之道，其用則謂之神。」〔註 65〕即是視「神」爲天體造化之妙用。程頤稱：「乾，天也。天者，乾之形體，乾者，天之性情。乾，健也。健而無息之謂乾。夫天，專言之則道也，天且弗違是也。分而言之，則以形體謂之天，以主宰謂之帝，以功用謂之鬼神，以妙用謂之神，以性情謂之乾。」

形變而有生，今又變而之死，是相與爲春秋冬夏四時行也。」《莊子·知北遊》曰：「人之生，氣之聚也；聚則爲生，散則爲死。若死生爲徒，吾又何患！」引自晉·郭象註，《莊子》（臺北：藝文印書館，2000 年 12 月），頁 345。同書，頁 403～404。

〔註64〕 宋·張載，《正蒙·乾稱》，見氏著，章錫琛點校，《張載集》，頁 64。

〔註65〕 宋·朱熹編，清·張伯行集解，《近思錄》（臺北：臺灣商務印書館，1967 年 5 月），卷 1，頁 11。

〔註66〕程頤又稱：「鬼神者，造化之迹也。」〔註67〕天體造物的過程並無形貌可尋，無聲無臭，只知其具有某種活動能量，此造化之功便被稱爲神、鬼神。程顥與程頤對鬼神所闡釋的方向，皆坐落於宇宙天體的自然義範疇，專指一股無形神妙的造化能量，是故這樣的鬼神之說，幾乎與人死以後靈魂不滅這般宗教式的理解毫無關係。據《河南程氏遺書》記載：「問：『世言鬼神之事，雖知其無，然不能無疑懼，何也？』曰：『此只是自疑爾。』曰：『如何可以曉悟其理？』曰：『理會得精氣爲物、遊魂爲變、與原始要終之說，便能知也。』」〔註68〕程頤之語點出人們之所以對鬼神存著疑慮與懼怕，主要是出於自身的心理因素，如果能領略鬼神誠然是天體造化的常軌，便可免除疑惑與恐懼。

　　對「魂魄」的理解，據《河南程氏遺書》記載：「問：『魂魄何也？』曰：『魂只是陽，魄只是陰。魂氣歸於天，體魄歸於地是也。如道家三魂七魄之說，妄爾。』」〔註69〕由此可知，程頤所認爲的魂魄，便是人初生之時受陰陽造化的力量，稟氣成形，人死以後無形的「魂氣」回歸於天體，有形的「體魄」回歸塵土，這顯然仍是屬於自然義的理解方向，與宗教式的靈魂不滅或是三魂七魄等說法截然不同。程頤稱：「人多敬鬼神者，只是惑，遠者又不能敬，能敬能遠，可謂知矣。」〔註70〕程氏認爲敬鬼神之所以惑，乃是因爲人們崇敬的鬼神，大多屬於宗教式的神靈鬼魂，如此雖能敬之而不能遠之。至於目無鬼神者，雖能遠之，卻又不能敬之，實乃過猶不及。惟獨視「鬼神」爲天體造化的妙用，讚嘆其超然卓越之大功，如此既能敬之，又能遠之。孔子所謂「未能事人，焉能事鬼？」「未知生，焉知死？」〔註71〕便是教吾人知曉生前的事情遠比死後的世界更加重要，讓吾人懂得儘量把心力投注於人事範疇，因爲能遵循道德的眞理而不覺疑惑，因爲能實踐人生的理想而免除憂慮，因爲能彰顯生命的價值而無所畏懼。

（三）朱熹

　　朱熹認爲人死之後的領域僅是「第二著」，絕非要緊之事，是故毫無探究

〔註66〕同前注，頁5。
〔註67〕同前注，頁6。
〔註68〕詳見《河南程氏遺書》卷18〈伊川先生語四〉，引自宋・程顥，宋・程頤著，王孝魚點校，《二程集》（北京：中華書局，1981年7月），頁190。
〔註69〕同前注，頁198。
〔註70〕同前注，頁216。
〔註71〕《論語》卷6〈先進〉，宋・朱熹，《四書章句集注》，頁125。

與理會的必要。其言云:「鬼神事自是第二著。那箇無形影,是難理會底,未消去理會,且就日用緊切處做工夫。子曰:『未能事人,焉能事鬼!未知生,焉知死!』此說盡了。此便是合理會底理會得,將間鬼神自有見處。若合理會底不理會,只管去理會沒緊要底,將間都沒理會了。」「此事自是第二著。『未能事人,焉能事鬼!』此說盡了。今且須去理會眼前事,那箇鬼神事,無形無影,莫要枉費心力。」〔註72〕「鬼神死生之理,定不如釋家所云,世俗所見。然又有其事昭昭,不可以理推者,此等處且莫要理會。」〔註73〕據是知悉朱熹對鬼神的理解,認爲世俗的神靈鬼魂之說無從徵驗,神靈鬼魂畢竟無形無影,因此無法被辨識。吾人對無法辨識的對象,自然也無須理會。人們最該理會之事誠然在於生前,而不在於死後。朱熹的生死觀亦是屬於自然義,強調人類乃是稟氣生成,同時也帶出神形共存的神形觀,其言云:「氣聚則生,氣散則死」〔註74〕「死而氣散,泯然無迹者,是其常。」「人死則氣散,理之常也。」〔註75〕「人生初間是先有氣。既成形,是魄在先。『形既生矣,神發知矣。』既有形後,方有精神知覺。」〔註76〕蓋認爲人類稟氣而生,氣散則死,如此而已。既生成形,精神知覺始可憑藉形體進以發揮其效能,換言之,人類形體一旦朽壞,其精神知覺亦隨之消逝,著實無法獨存而不滅。氣聚生、氣散死,形存神在、形亡神滅,方爲常態常理,至於魂體不滅的世俗傳言,一來有違常理,二來難以徵驗,因此便不具備普遍性,縱使窮盡其玄妙之理,對人類社會而言,卻也沒有太多實質上的貢獻,是故朱熹教人誠然不必耗費心思去處理此類範疇的事物。人死以後仍有靈體,或者存有意識的活動,這樣的論調畢竟頗難從具體的經驗事實加以印證,是以朱熹並不主張超自然領域與宗教涵義的鬼神靈異之說。朱熹對鬼神、魂魄自有其定義,如下列的記載:

> 神,伸也;鬼,屈也。如風雨雷電初發時,神也;及至風止雨過,
> 雷住電息,則鬼也。〔註77〕

〔註72〕宋·朱熹,〈鬼神〉,宋·黎靖德編,王星賢點校,《朱子語類》(北京:中華書局,1986年3月),卷3,頁33。
〔註73〕同前注,頁35。
〔註74〕同前注,頁36。
〔註75〕同前注,頁44。
〔註76〕同前注,頁41。
〔註77〕同前注,頁34。

鬼神不過陰陽消長而已。亭毒化育，風雨晦冥，皆是。在人則精是魄，魄者鬼之盛也；氣是魂，魂者神之盛也。精氣聚而爲物，何物而無鬼神！「遊魂爲變」，魂遊則魄之降可知。〔註78〕

鬼神只是氣。屈伸往來者，氣也。天地間無非氣。人之氣與天地之氣常相接，無間斷，人自不見。〔註79〕

只今生人，便自一半是神，一半是鬼了。但未死以前，則神爲主；已死之後，則鬼爲主。縱橫在這裏。以屈伸往來之氣言之，則來者爲神，去者爲鬼；以人身言之，則氣爲神而精爲鬼。然其屈伸往來也各以漸。〔註80〕

魂便是氣之神，魄便是精之神；會思量討度底便是魂，會記當去底便是魄。〔註81〕

鬼神，造化之迹，雖非不正，然非窮理之至，有未易明者，故亦不輕以語人也。〔註82〕

綜上所述，就朱熹看來，鬼神只是氣，是陰陽消長的屈伸涵義，天地間無非氣，同理可推知，陰陽造化之間無非鬼神。鬼屬屈義，主寂靜，呈現狀態爲弱，象徵人與物終結時候的氣之離散。神屬伸義，主活動，呈現狀態爲強，象徵人與物初始時候的稟氣生成。至於魂魄，朱熹視魂魄爲人之意識活動，「會思量討度」爲「魂」，這便是人類思考與創造的能力。「會記當去」爲「魄」，這便是人類聞見記憶的能力。倘若以「神形觀」而論，人之血肉身體屬於「形」，形既生而有神焉，人之精神意識屬於「神」。朱熹對鬼神、魂魄的闡釋方式，和張載、程頤等儒相去不遠，皆是屬於自然義的理解進路。舉凡儒家人物對鬼神魂魄的理解及釋義，皆與宗教式的釋義方向大相逕庭，儒家的生死觀是一種無靈魂式的觀點，主張人是一種純形氣的存在體。稟氣生成，氣散而亡；形存則神存，形毀則神滅。

　　根據儒家的生死觀，人們死後既沒有不滅的靈魂，也沒有輪迴轉世的徵驗，這意味著人們一旦死去，氣散離、形體滅，精神意識亦隨之無影無蹤。

〔註78〕 同前注。

〔註79〕 同前注。

〔註80〕 同前注，頁40。

〔註81〕 同註76。

〔註82〕 《論語》卷4〈述而〉，宋・朱熹，《四書章句集注》，頁98。

人之生命是否完全沒有被延續的可能性？人之存在是否僅是船過無痕地在這世界白走一遭？答案其實絕非如此。朱熹稱：「人死雖終歸於散，然亦未便散盡，故祭祀有感格之理。先祖世次遠者，氣之有無不可知。然奉祭祀者既是他子孫，必竟只是一氣，所以有感通之理。然已散者不復聚。釋氏却謂人死爲鬼，鬼復爲人。如此，則天地間常只是許多人來來去去，更不由造化生生，必無是理。」〔註83〕「只是這箇天地陰陽之氣，人與萬物皆得之。氣聚則爲人，散則爲鬼。然其氣雖已散，這箇天地陰陽之理生生而不窮。祖考之精神魂魄雖已散，而子孫之精神魂魄自有些小相屬。故祭祀之禮盡其誠敬，便可以致得祖考之魂魄。……能盡其誠敬，便有感格，亦緣是理常只在這裏也。」〔註84〕朱熹所說的「感格之理」，與王充所謂的「思念存想」概念相近，這其實是一種祭祀心理。祭祀，就君子觀之，著實屬於人道範疇，而無涉及神靈鬼魂〔註85〕。祭祀時候的心理狀態，乃源自子孫對先祖虔敬的懷念與追悼。倘若擴大來講，「感格」與「思念存想」的對象亦不必侷限於子孫對先祖的追思感懷，後人對前人的行誼典範有深切欽慕者，同樣能夠呈現出追思感懷這種心理狀態。人類生命在其死後得以延續的可能性，理當訴諸於後人對前人的追思與感懷〔註86〕，倘若死者的典範猶存、精神不滅，其名顯揚於天下，其澤廣被於萬民，在如此情況下，前人雖死而不朽，雖亡而不滅，其生命便能夠以另一番姿態繼續地留存在人世間，甚至能長長久久地延續下去，使其

〔註83〕宋・朱熹，〈鬼神〉，宋・黎靖德編，王星賢點校，《朱子語類》，卷3，頁37。

〔註84〕宋・朱熹，〈鬼神〉，宋・黎靖德編，王星賢點校，《朱子語類》，卷3，頁46。

〔註85〕據《荀子・禮論》記載：「祭者，志意思慕之情也，忠信愛敬之至矣，禮節文貌之盛矣，苟非聖人，莫之能知也。聖人明知之，士君子安行之，官人以爲守，百姓以成俗。其在君子，以爲人道也；其在百姓，以爲鬼事也。」引自清・王先謙注，沈嘯寰，王星賢點校，《荀子集解》，卷13，頁376。

〔註86〕錢穆先生稱：「稱之曰鬼神。此非古代人之靈魂之各別存在，各別顯現之謂。鬼神乃由古人生活在心靈世界中，今人亦進入心靈世界生活，遇見古人心靈，乃見其爲一存在，一顯現，此爲鬼神之存在與顯現，斷非是靈魂之存在與顯現。中國人死去，其子孫後人作一牌位，即稱神主，安置家中。子孫後人見此牌位，即如觀先人，引起紀念回想種種心靈活動，則若鬼神之如在其上，如在其左右。故鬼神乃屬人在心靈世界中生活之所感觸，所想像，而靈魂則屬生活在物質世界中人所想像。」見氏著，〈再論靈魂與心〉，《靈魂與心》，頁124。陸達誠先生稱：「肉體因不斷消耗能量而逐漸衰竭，從存在走向不存在；但精神愈行愈健，在肉體瓦解之刻達到自身最大的完成，徹底獲得解放，超越肉體而獨立自存，是爲『鬼神』。」見氏著，〈生死與價值〉，《輔仁宗教研究》第3期，2011年6月，頁169。

存在的時效遠超過一般血肉精氣的有限生命。

　　孔子嘗稱：「君子疾沒世而名不稱焉。」宋儒范祖禹（1041～1098）注曰：「君子學以爲己，不求人知。然沒世而名不稱焉，則無爲善之實可知矣。」〔註87〕君子雖不好虛名，然其淑世之心既發，爲善之實既立，彼雖不好虛名，但實名卻自然而然地彰顯。人生在世，其聲名因學問、善舉能爲當世人所聞見或稱許，蓋爲儒家所樂見。那麼人死之後，其名見於經傳文集而不被湮沒者，並非因爲死亡之後變成神靈鬼魂，而是由於其生前的施爲對群體具有卓越貢獻，其中或者是其行誼風範有足以憾動人心者，或者是其言語思想有確切裨益於世間者。人類的德業功績、學問文章等等，在人死之後卻仍然足以永存不滅，並且可以突破生死夭壽的限制進以成就不朽，如此立德、立功、立言之三不朽，方可成爲人類死而不滅的精神主體。〔註88〕德業功績、學問文章，蓋皆出自於人類生前許多的舉措與施爲，這些舉措施爲與人道較爲貼近，與天道較爲遙遠，大抵扣緊於人事範疇。是以就儒家的視域觀之，不朽的肇因和宗教領域的神靈鬼魂之說的關聯性誠然疏遠，不朽的價值只能在吾人的生命歷程當中建構完成。

　　人爲捍衛某種價值信念而犧牲的行爲，即是其品德與情操的積極展現，司馬遷說道：「人固有一死，或重於太山，或輕於鴻毛，用之所趨異也。」〔註89〕人之性命珍貴非常，儒家亦非鼓勵人們輕易犧牲，然「成仁取義」之「死」卻如太山之重，志士仁人所不得不爲也。就儒家的生死觀論之，精神體的延續性及價值典範，確實只能在人類神形並存的狀態下竭力施爲，畢竟在神形一元的前提底下，人類的形體一旦腐壞，神體必定隨之消散，當形神俱滅以後，人類恐難再產生種種行爲與活動，是以德業功績再難建立，學問文章也再難精進。錢穆先生云：「死後靈魂則似乎只是一種鬼的迷信而已。鬼

〔註87〕《論語》卷8〈衛靈公〉，宋・朱熹，《四書章句集注》，頁165。

〔註88〕唐君毅（1909～1978）先生稱：「我們是不能說，人死後即一無復餘的。因除了唯物論，莫有人類之任何思想能證明，人之身體之停止呼吸與肉骨朽壞後，人之精神即一無復餘。……人在生前，已在其生活中先已處處加以證明。此證明是：人在生前，即從來不曾成爲一只顧念、要求自己身體的存在之人。人一直嚮往著、思維著在自己身體之外之上之種種物事。人在生前，人之精神實早已時時處處超越過其自己身體存在之問題去用心。」見氏著〈死生之說與幽明之際〉，《人生之體驗續編》，頁99。

〔註89〕漢・司馬遷，〈報任少卿書〉，引自南朝梁・蕭統編，唐・李善注，《文選》（臺北：五南圖書出版公司，1991年10月），卷41，頁1040。

是否永生不朽,在東方思想下,亦不甚肯定,亦看不到他們有靈魂再世及輪迴等說法。……人類生命根本只在此七尺肉體短促的百年之內。」〔註90〕(德)柯勒(Wolfgang Köhler,1887～1967)則這麼說道:「行為,即有生命的系統對環境因素的反應。」〔註91〕蓋可知人類「行為」所以具體能見,便是起源於自身生命對所處環境所做出的種種反應,然而人類生命仍必須在形神共存的情況下,才能對環境做出反應,林林總總的反應便構成人類具體的行為活動,人類倘若死亡即是形神俱滅,遂無法對外在環境產生絲毫反應。人類形體既已喪失行為能力,卻仍有一脫離形體而出的靈體持續地活動及施為,一來有違人間的常理,與常態並不相符。二來就經驗層面觀察,也無法獲得更明確的證實。是故人類世界中所有的理想與價值,勢必得憑藉「七尺肉體」的行為活動,在「百年之內」的時限當中,鞠躬盡瘁地付諸實現,至於死後之事,誠然無須贅言。由是擬推,儒家生死觀的思想底蘊,無非奠基於人類生前之議題,強調人生在世所當完成的理想藍圖。人若能藉由犧牲生命以捍衛道德理想,那麼這樣的死亡便是饒富價值的死亡,這樣的死亡,誠然是藉由肉體的毀滅而造就精神價值的誕生及延續。

第二節　宋季殉節志士的生死觀

　　自蒙古大軍進犯南宋,直至其滅宋稱霸、統治中原以來,蒙古政權與宋季忠義貞節的烈士,以及與宋遺民之間,始終處於一種極其獨特的角力狀態,那便是抗元期間的趙宋臣民,以及宋亡以後志在中興復國的故宋遺民,都始終無法在武力事功上逼使蒙族敗北撤退,但反過來說,蒙族領袖也始終沒辦法在精神與心理層面上,使得故宋的忠臣節士心悅誠服地伏首稱臣。故宋忠義之士與蒙元政權之間對壘攻防的最終勝負,就事功現實而言,趙宋臣民的一敗塗地著實無可諱言,但倘使就時代的長河論之,任何憑藉強大武力所創建的霸權,終究有衰頹覆滅之日,然而德性、意志、信念這些精神領域之存在體,卻時常得以綿延不絕地萬古流芳。宋季士儒的殉節行為正是道德的具體表現,殉節行為所象徵的內涵主要屬於精神範疇,精神內涵為外力所難奪,而守貞死節的義舉,儼然是一股不屈不撓的剛毅力量,故宋忠臣烈士憑此力

〔註90〕錢穆,《靈魂與心》,頁7。
〔註91〕(德)柯勒(Wolfgang Köhler)著,李姍姍譯,《完形心理學》(臺北:桂冠圖書公司,1998年2月),頁11。

量與蒙元政權的威勢相抗衡，寧死而不屈。《宋史·瀛國公本紀》有贊曰：「宋之亡徵，已非一日。……而宋之遺臣，區區奉二王（益王趙昰、衛王趙昺）為海上之謀，可謂不知天命也已。然人臣忠於所事而至於斯，其亦可悲也夫！」〔註92〕趙宋的敗亡是不爭的事實，也是宋季士儒無法改變的現實命限，然仁人志士以義配命，無論外在現實的處境如何艱難困頓，也動搖不了其既定的人生方向，人生方向一旦確切地體現出來，自然會有一股力量隨之發顯。人世間存在著許多力量，有些力量屬物質，有形而具體；有些力量屬精神，無形而抽象。蒙族馳騁荒野，以遊牧為生，兵強馬壯而驍勇善戰，戰力之盛是南宋朝所不敵，此為武力的剛強。至於《中庸·第十章》所云：「君子和而不流，強哉矯！中立而不倚，強哉矯！國有道，不變塞焉，強哉矯！國無道，至死不變，強哉矯！」朱熹注曰：「國有道，不變未達之所守；國無道，不變平生之所守也。……非有以自勝其人欲之私，不能擇而守也。君子之強，孰大於是。」〔註93〕即是所謂精神力量之強大者也。宋季殉節義士的殉節行為展現了積極的生命張力，如此一往無悔的生命張力便構成強大的精神力量。殉節者發揮出忠義氣節等精神力量，絕非蒙族的鐵騎雄師所能欺凌踐踏，也絕非元朝政權的威脅利誘所能使之屈膝臣服，蓋有形的力量僅可摧毀有形的物質，倘若對上無形的精神意志也只能束手無策。是以蒙元政權雖易於覆滅趙宋江山，卻終究難以逼使故宋忠臣節士歸降與順服。

宋季殉節烈士的殉節舉措，便是藉由犧牲生命的積極行動，進以持操守節，彰顯忠義精神。人的生命無常，或夭折、或長壽，定然有窮盡的一天，終歸會行至人生的終點站，面對死亡的降臨，人的生命非是永恆的存在，人的形體存在世間僅如暫駐的驛站，而不是永恆的原鄉。人世間，訴諸血肉形軀者終會腐壞，惟獨精神最足以世代傳遞、永續流傳，所以人類如何在短暫的生命歷程之中創造出寶貴的價值觀，化有窮的物質為無限之精神，這才是儒者運用此生性命的著力點。儒家所闡揚的道義精神，是以匡正世道、感召人群為目標，亦側重其永恆意義。衛道者循此義理，為確保道義薪傳，挺身蒙難、無畏凶險、不避禍劫，非圖一時之快意，非逞一刻之激昂，誠然是為了忠義精神的永續長存，豁盡一己心力，是以義無反顧地以身殉道。及彼志士殉節而亡，肉身雖滅，但精神流傳，實乃雖死猶生，雖歿猶存，蓋以德業

〔註92〕元·脫脫等撰，《宋史》（北京：中華書局，1977年11月），卷47〈瀛國公本紀〉，頁946。

〔註93〕《中庸·第十章》，宋·朱熹，《四書章句集注》，頁21。

功績永垂後世，樹立崇高之典範。反之，在宋遺民看來，蒙元無疑是滅宋的
寇仇，彼既妄動干戈、無情殺戮，使血染山河。就朝廷而言，國祚中輟、社
稷崩壞，宗室百官或遇難塡於溝渠，或逢劫葬身海濱。就百姓而言，蒙軍攻
城掠地、燒殺擄掠的惡劣行徑更是無端漫延，使無辜的生民遭此池殃。宋遺
民面對這樣以武脅迫、以力服人的新政權，若屈降臣服，縱然能榮華顯貴，
卻是無異於漠視了故宋恩澤，況且認賊爲主的行爲既損乎道義、愧對古今聖
賢，對自己的良心善性亦有所不安矣！辱節求榮的舉動，凡壯夫皆不屑爲之，
況乎仁人君子乎。

　　依宋季義士的殉節壯舉加以審視，生命如斯寶貴，彼輩尚且能毅然地拋
卻捨棄，惟獨對忠義氣節的堅持，誠然不容絲毫地讓步和妥協。蓋殉節之用
意及目標，著實是憑藉著「生命」的「重要性」進以突顯與證成「道德」的
「必要性」。誠如北齊顏之推（531～591）《顏氏家訓·終制》所稱：「死者，
人之常分，不可免也。……吾今羇旅，身若浮雲，竟未知何鄉是吾葬地；唯
當氣絕便埋之耳。汝曹宜以傳業揚名爲務，不可顧戀朽壤，以取湮沒也。」
〔註94〕蓋既知死爲無從避免的必然，又何須貪圖或眷戀於性命的延長，儒家
思想闡發的重心較無關乎明哲保身或者養素全眞，而在於勉勵人們於德業功
績方面有所斬獲，因此，仁人志士誠能在中原板蕩之際，縱身鼎鑊水火而甘
之如飴。據《易經》〈說卦傳·第二章〉所稱：「昔者聖人之作《易》也，將
以順性命之理。是以立天之道，曰陰與陽；立地之道，曰柔與剛；立人之道，
曰仁與義。」〔註95〕聖賢創制，以仁義爲人道的第一要義，孔子曰：「志士仁
人，無求生以害仁，有殺身以成仁。」〔註96〕孟子則謂：「生，亦我所欲也；
義，亦我所欲也，二者不可得兼，舍生而取義者也。」〔註97〕孔孟學說以殺
身成仁、舍生取義作爲貫徹「人道」最淋漓盡致的積極展現，這樣的教誨終
爲宋季殉節者所承擔。如文天祥臨刑時衣帶中藏有贊語曰：「孔曰成仁，孟曰
取義，惟其義盡，所以仁至。讀聖賢書，所學何事？而今而後，庶幾無愧。」
〔註98〕便是恪遵儒家義理，並把仁義化爲實際的行動，蓋知殉節義士寧願殺

〔註94〕詳見北齊·顏之推撰，清·趙曦明注，《顏氏家訓注》（臺北：藝文印書館，
　　　1973 年 10 月），卷 7〈終制〉，頁 374～379。
〔註95〕魏·王弼，晉·韓康伯注，唐·孔穎達疏，《周易正義》，卷 9〈說卦傳·第二
　　　章〉，頁 183。
〔註96〕《論語》卷 8〈衛靈公〉，宋·朱熹，《四書章句集注》，頁 163。
〔註97〕《孟子》卷 11〈告子上〉，宋·朱熹，《四書章句集注》，頁 332。
〔註98〕宋·文天祥，〈自贊〉，《文集》，見氏著，《文文山全集》，卷 10，頁 251。

身、舍生地犧牲性命，也絕不須臾違乎仁義道德，這誠然是善盡人道的絕佳典範。

　　唐君毅先生稱：「何謂吾人之生命之眞實存在？答曰：存在之無不存在之可能者，方得爲眞實之存在；而無不存在之可能之生命，即所謂永恆悠久而普遍無所不在之無限生命。……成爲無限生命，而立人極；故吾人論諸心靈活動，與其所感通之境之關係，皆所以逐步導向于此目標之證成。」〔註99〕錢穆先生稱：「古來大偉人，其身雖死，其骨雖朽，其魂氣當已散失於天壤之間，不再能搏聚凝結；然其生前之志氣德性，事業文章，依然在此世間發生莫大之作用。則其人雖死如未死，其魂雖散如未散，故亦謂之神。」〔註100〕人類生命的存在與禽獸相異者幾希，人類生命可貴之處在於活要活出價值，死要死得其所。生命最可貴的地方不在於有限的生命，而在於無限的生命，形軀血氣者即吾人的有限生命，轉瞬即已亡滅，人死以後，骨肉終歸土壤，魂氣亦隨風四散，此爲有限生命的終結。那麼何爲無限生命？就社會大群而言，人類生活所須憑恃的文化、道德，皆是無限生命的呈現。就個人之行動取向來講，人之德業功績、行誼風範，亦皆是一種無限生命的體現。

　　古聖先賢、忠臣節士，其生前的精神意念、行誼風範等等，待其死後仍常爲後人感念存想者，這樣永恆眞實的存在即是無限生命的積極開展，生命的無限開展即能成爲「不朽」。宋季壯烈殉節的忠臣義士，其死節所秉持的忠義精神雖絕無二致，然其死事之呈現卻不盡相同，或者慷慨成仁、或者從容就義，或者赴湯而死，或者蹈火而亡，彼輩殉節的方式雖呈現著多元的面貌〔註101〕，然無論以何種方式成仁取義，彼輩的行誼風範皆足堪令後人聞之涕泣動容。宋季殉節人數眾多，如《昭忠錄》一書，《四庫全書總目》稱其爲「所記皆南宋末忠節事蹟，故以昭忠名篇，自紹定辛卯元兵克馬嶺堡，……迄於國亡殉義之陸秀夫、文天祥、謝枋得等，凡一百三十人。」〔註102〕名見

〔註99〕唐君毅，《生命存在與心靈境界》〔上冊〕（臺北，臺灣學生書局，1978 年 5月），頁18～19。

〔註100〕錢穆，〈儒釋耶回各家關於神靈魂魄之見解〉，氏著，《靈魂與心》，頁115。

〔註101〕周全先生將宋季殉節義士之死事區分爲「戰死」、「赴水死」、「自焚死」、「絕食死」、「仰藥死」等五類，見氏著，《宋遺民志節與文學》（臺北：東吳大學，1991 年 3 月），頁24～29。

〔註102〕清・永瑢，紀昀等纂，《四庫全書總目》卷57〈史部・傳記類一〉，頁40。見氏編，《景印文淵閣四庫全書》（臺北：臺灣商務印書館，1986 年 3 月），2冊，頁286。

史傳的殉節者，保守估計已有一百三十人之多，其餘慷慨戰死者若再加總，其數量恐怕不止如此，或亦有殉節者其人其事未能見載於史傳者，由此可知宋季殉節情況的悲壯慘烈。關於宋季忠臣義士們具體的殉節情況與死事的梗概。若根據《宋史‧忠義傳序》所記載，忠臣烈士死事的區分約略有三，其一、「若敵王所愾，勇往無前，或銜命出疆，或授職守土，或寓官閑居，感激赴義，雖所處不同，論其捐軀徇節，之死靡二，則皆爲忠義之上者也。」其二、「若勝負不常，陷身俘獲，或慷慨就死，或審義自裁，斯爲次矣。」其三、「若蒼黃遇難，霣命亂兵，雖疑傷勇，終異苟免，況於國破家亡，主辱臣死，功雖無成，志有足尚者乎！」〔註103〕宋季忠臣義士，其死事之情況雖因人而異，然其死節的經歷，皆徹底展現忠義貞節的崇高道德，其人品德性同樣爲人所津津樂道，蓋不必因其死事之差異，而有層次高下的區分。底下依宋元戰爭時的「慷慨成仁之死」及改朝換代後的「從容就義之亡」作爲殉死型態的劃分，列舉數名宋季殉節烈士的死事如下，並且探究其生死觀之崖略。

一、慷慨成仁之死

蒙古侵略南宋的戰況慘烈，南宋自靖康後偏安一隅，地理位置在戰略條件上已屬不利，加諸趙宋王室忌憚武人的習性依舊，憑藉如此屢弱的軍事條件，對上蒙元鐵騎雄師，已無可避免地預告了敗亡的結局。遑論南宋朝廷有如宋理宗這般昏庸的君主，又有如賈似道這般失德的姦臣，使得宋朝的內政情況日趨腐化。南宋朝的衰敗非始於一日之寒，即便是大義護國之人再如何前仆後繼，盡忠殉節之士再如何萬死不辭，皆已無法挽救屢戰屢敗的悲慘結局。然宋軍護國抗元的決心與努力仍舊不容小覷，從宋端平二年（1235）蒙軍釁犯南宋疆域，至宋祥興二年（1279）的崖山之役〔註104〕，宋朝尚能抗衡蒙軍四十四年之久〔註105〕，又如蒙軍光是進犯襄陽一城，從

〔註103〕元‧脫脫等撰，《宋史》，卷446〈忠義傳序〉，頁13150。

〔註104〕宋元戰役之崖略可見明‧馮琦編，明‧陳邦瞻撰，《宋史紀事本末》（臺北：臺灣商務印書館，1956年4月），卷93〈蒙古連兵〉，頁818～825。同書，卷102〈蒙古南侵〉，頁873～879。同書，卷106〈蒙古陷襄陽〉，頁892～911。同書，卷107〈元伯顏入臨安〉，頁912～918。另可參照「宋元戰爭史大事年表」，詳見陳世松等著，《宋元戰爭史》（成都：四川社會科學院，1988年11月），頁381～396。

〔註105〕參見元‧脫脫等撰，《宋史》，卷42〈理宗本紀二〉，頁807。同書，卷47〈瀛國公本紀〉，頁945。

宋咸淳四年至九年（1268～1273），前前後後就已耗費蒙元約六年之久的時間。〔註106〕蒙元與趙宋在戰力的差距上實然可謂懸殊，然以宋朝武力的孱弱，軍士猶能奮勇抗敵至此，其忠義的精神與拼鬥的韌性，由是可見一斑。錢穆先生嘗稱：「蒙古兵雖橫行全世界，宋、金雖均已積弱，而就蒙古兵隊征服的各地而言，只有中國是最強韌、最費力的一處。」〔註107〕南宋對抗蒙古的戰役屢見慘重之死傷，如襄樊之戰（1268）、臨安之戰（1275）、揚州之戰（1275～1276）、厓山海戰（1279）等幾次重大戰事，更是腥風血雨、血流成河的亡命戰役，其間死節之悲壯誠為前所未睹，死事之多亦是不勝枚舉。宋季忠臣盡忠殉節如斯，宋季義士共赴國難如斯，誠然開創出千萬世皆難以磨滅的道德風範。

（一）陳寅、賈子坤

窩闊臺（1186～1241）侵宋，是宋蒙戰爭的初期，此時已有陳寅、賈子坤等士儒守城蒙難的殉節事跡。據《宋史·忠義四·陳寅傳》記載：「陳寅，寶謨閣待制咸之子。漕司兩貢進士，以父恩補官，歷官州縣。紹定初，知西和州。西和極邊重地，寅以書生義不辭難。北兵入境，屬都統何進出守大安，獨統制官王銳與忠義千人城守而已。寅誓與其民共守此土。……寅率民兵晝夜苦戰，援兵不至，城遂陷。寅顧其妻杜氏曰：『若速自為計。』杜厲聲曰：『安有生同君祿，死不共王事者？』即登高堡自飲藥。二子及婦俱死母傍。寅斂而焚之，乃朝服登戰樓，望闕焚香，號泣曰：『臣始謀守此城，為蜀藩籬，城之不存，臣死分也。臣不負國！臣不負國！』再拜伏劍而死。賓客同死者二十有八人。一子後至，亦欲自裁，軍士抱持之曰：『不可使忠臣無後。』與俱縋城，亦折足死。」〔註108〕《宋史·忠義四·賈子坤傳》記載：「賈子坤字伯厚，潼川懷安軍人。嘉定十三年進士。為西和推官，攝通判。關外被兵，子坤與郡守陳寅誓死城守。城陷，子坤朝服與其家十二口死之。」〔註109〕陳寅與賈子坤皆以進士身份任職，彼輩雖非武人，卻猶能慨然承擔起守城之兵

〔註106〕參見元·脫脫等撰，《宋史》，卷46〈度宗本紀〉，頁901。同書，卷46〈度宗本紀〉，頁911。

〔註107〕錢穆，《國史大綱》〔下冊〕（臺北：臺灣商務印書館，1995年7月），頁636。

〔註108〕元·脫脫等撰，《宋史》，卷449〈忠義四·陳寅傳〉，頁13237～13238。其人其事，另見清·萬斯同，《宋季忠義錄》（臺北：中國文化學院出版，1964年10月），卷4〈陳寅傳〉，頁9～11。

〔註109〕元·脫脫等撰，《宋史》，卷449〈忠義四·賈子坤傳〉，頁13238。其人其事，另見清·萬斯同，《宋季忠義錄》，卷4〈賈子坤傳〉，頁11。

事，拼死護城而毫無畏懼，誓與軍民共生滅、與城池共存亡。賈子坤殉節當時身著朝服，足見他對趙宋國朝的忠貞不二，及其對人臣職分的鞠躬盡瘁，死而後已。賈子坤之孫賈純孝，咸淳七年時登進士第，純孝於宋軍兵敗厓山當時，亦舉家投海自盡而殉國〔註110〕，賈子坤一家誠然多爲忠臣節士，其家門風範著實有令人欽慕瞻仰之處。至於陳寅舉劍自刎殉死，其妻杜氏飲藥殉死，其子亦皆殉死，誠然可謂是滿門忠義。宋季儒生進士竟爲國朝君主犧牲若此，由是足知趙宋養士之效，聖賢教化之功，皆可獲鐵證如山的徵驗。

（二）陳元桂

宋元戰爭中期，攻防戰事愈演愈烈，其間不乏有爲了保衛疆土，終至殉國死亡的義士，如陳元桂（？～1259）即是在守城抗戰中殉節而死。其事見《宋史‧忠義五‧陳元桂傳》的記載：「陳元桂，撫州人。淳祐四年進士。累官知臨江軍。時聞警報，築城備禦，以焦心勞思致疾。開慶元年春，北兵至臨江，……元桂力疾登城，坐北門亭上督戰，矢石如雨，力不能敵。吏卒勸之避去，不從。有以門廊鼓翼蔽之者，麾之使去。有欲抱而走者，元桂曰：『死不可去此。』左右走遁。師至，元桂瞋目叱罵，遂死之。縣其首於敵樓，越四日方斂，體色如生。」〔註111〕陳元桂以一介文儒親臨陣前督戰，他面對蒙古千萬鐵騎的圍困，矢箭如雨之攻勢，竟能毫無畏懼。觀其麾下兵卒正紛紛遁走的同時，元桂卻堅持以命守城，直至殉死而忠義不減，文士武人兩相對照，儒生之剛毅勇敢豈遜於武人哉！《宋史‧忠義五‧陳元桂傳》又載曰：「初，親戚有勸其移治者，元桂曰：『子亦爲浮議所搖耶？時事如此，與其死於饑饉，死於疾病，死於盜賊，孰若死於守土之爲光明俊偉哉？』家人或請登舟，不許，且戒之曰：『守臣家屬豈可先動，以搖民心。』」〔註112〕陳元桂忠義精神深化於心，自視竭力守城爲人臣職分，其秉持使命而爲，至死方休，既無生死之懼，更不被世俗浮議動搖其意念。陳元桂忠義貞節的精神風光燦然，誠如他自稱的「光明俊偉」，「光明俊偉」四字之褒，由陳元桂

〔註110〕《宋史‧忠義四‧賈子坤傳》曰：「純孝揚州教授，受知帥李庭芝，調江、淮總幕。北兵下江南，二王在福州，……會丞相文天祥辟佐其幕，尋授秘書丞，擢吏部郎中。丁母憂，起復爲右司，轉朝散郎。厓山師敗，純孝抱二女偕妻牟同蹈海死。」見元‧脫脫等撰，《宋史》，卷449，頁13238。

〔註111〕元‧脫脫等撰，《宋史》，卷450〈忠義五‧陳元桂傳〉，頁13247。其人其事，另見清‧萬斯同，《宋季忠義錄》，卷4〈陳元桂傳〉，頁16～17。

〔註112〕元‧脫脫等撰，《宋史》，卷450〈忠義五‧陳元桂傳〉，頁13247～13248。

犧牲性命的殉節行為中，獲得最真切的體現，其死後諡曰「正節」〔註113〕，亦著實當之無愧。

（三）江萬里

宋元戰爭後期，有白鷺洲書院的創辦者江萬里殉節的史事。當宋元戰爭愈趨近尾聲，蒙軍愈是步步進逼，宋軍愈是節節敗退，趙宋朝廷已然無力施為，傾覆在即，江萬里乃於襄樊失守後投水自盡，據《宋史·江萬里傳》記載：「萬里聞襄樊失守，鑿池芝山後圃，扁其亭曰『止水』，人莫諭其意，及聞警，執門人陳偉器手，曰：『大勢不可支，余雖不在位，當與國為存亡。』及饒州城破，軍士執萬頃，索金銀不得，支解之。萬里竟赴止水死。左右及子鎬相繼投沼中，積屍如疊。翼日，萬里尸獨浮出水上，從者草斂之。」〔註114〕江萬里並非軍士，在沒有擔任軍職或朝廷要職的情況下，本不須以命承擔國朝興亡之責，蓋仍可於戰事當中屈降而求生，倖免於危難。然江萬里之風範，不願將自我與國朝切割，雖不在其位，卻自認國朝興亡絕非事不關己，庶人匹夫皆有其責。這般的認定與想法，是把個人的自然生命融入國族興廢當中，成為唇齒相依的共同體，國族整體之危難，個人必與之共同承擔。江萬里身為趙宋子民，對趙宋政權具有政治及文化上的歸屬感，視趙宋國朝如父。無奈江山易手，蒙元政權代宋而起，倚仗霸道強權統治中原，此雖是無法改變的歷史現實，然彼孤臣孽子縱使無救父之能，豈能有認賊作父的醜態與劣行。江萬里為父母之邦殉節的行為，大義凜然，此天地之至情，人間之至理，更是士大夫視天下為己任的表率與模範。

（四）徐應鑣

宋元戰爭後期，及蒙軍陷臨安，瀛國公入燕，太學生徐應鑣不願北遷事敵，遂以身殉節，投井自盡。根據《宋史·忠義六·徐應鑣傳》記載曰：「徐應鑣字巨翁，衢之江山人，……咸淳末，試補太學生。德祐二年，宋亡，瀛國公入燕，三學生百餘人皆從行。應鑣不欲從，乃與其子琦、崧、女元娘誓共焚，子女皆喜從之。太學故岳飛第，有飛祠，應鑣具酒肉祀飛曰：『天不祚宋，社稷為墟，應鑣死以報國，誓不與諸生俱北。死已，將魂魄累王，作配

〔註113〕同前注，頁13248。
〔註114〕元·脫脫等撰，《宋史》，卷418〈江萬里傳〉，頁12525。其人其事，另見清·萬斯同，《宋季忠義錄》，卷3〈江萬里傳〉，頁1～3。

神主,與王英靈,永永無斁。』……乃與其子女入梯雲樓,積諸房書籍箱笥
四周,縱火自焚。……應鑣不能死,與其子女怏怏出戶去,倉卒莫知所之。
翌日得其屍祠前井中,皆僵立瞠目,面如生。諸僕爲具棺斂,殯之西湖金牛
僧舍。」〔註115〕宋季太學生徐應鑣於臨安淪陷之時,拒絕北遷,不願意隨瀛
國公入燕,抗拒事元的意志昭然,遂攜家帶眷地引火自焚,雖爲僕人所救,
此後又投井自殺,忠義殉節而身亡。徐氏當時所處的太學,乃是岳飛故址,
太學裡頭亦設置岳飛祠,徐應鑣決意殉節當時,便以酒肉祭祀岳飛,宣告自
己殉節的心意,自云死後願將魂魄與岳王作配。

　　徐氏所謂的魂魄,夷考其實,恐非死後神靈的不滅不朽,魂魄所以不滅
不朽者,蓋是源自一種祭祀心理,就好比《禮記・祭義》所謂「諭其志意,
以其慌惚以與神明交」〔註116〕《論語・八佾》所謂「祭神如神在」〔註117〕的
這種心理狀態。所以與其說人死後仍有魂魄的不滅,倒不如說是人死後猶有
精神之不朽,而此精神之不朽必將留予後人憑弔及承傳。錢穆先生曾經說道:
「祭之所重,並不重在所祭者之確實存在與否,此即靈魂問題。靈魂之有其
存在與否,早已爲當時的中國人所淡漠。祭之所重,只在臨祭者心理上之一
番反映。臨祭者對於所祭者之心理上的一番反映,其事不啻爲所祭者之一番
復活。」〔註118〕換言之,祭祀時的這種心理狀態,乃是由「受祭祀者」與「祭
祀者」所共構而成,受祭者生前的德業功績、行誼風範於其亡歿以後猶然不
損不滅,後人對此予以肯定與感懷,甚至是歌功頌德,或者有心追隨效法,
進而做出「祭祀」這樣的具體行爲。中國傳統文化對祭祀頗爲著重,祭祀的
可貴之處,坐落在祭祀者能以自身的自由意志,試圖追隨受祭者的精神風範,
使這樣的精神風範能綿延不絕地歷久彌堅,不爲世亂所顛覆,不受生死之侷
限。祭祀行爲促使這股不爲外力動搖的精神力量更加堅固剛健,徐應鑣所云
願與岳飛作配的魂魄,更貼切地講,其實指的就是一股超越生死的精神力量,
這股精神力量既是岳飛的忠義報國之心,亦是徐應鑣的持操死節之志。徐應
鑣憑藉著祭祀行爲,得以從精神上與岳飛的風範相感通,同理可知,後人當
可以憑藉著祭祀行爲,從精神上和岳飛、徐應鑣的風範相互連貫與感通。《禮

〔註115〕元・脫脫等撰,《宋史》,卷451〈忠義六・徐應鑣傳〉,頁13277。其人其事,
　　　　另見清・萬斯同,《宋季忠義錄》,卷6〈徐應鑣傳〉,頁1。
〔註116〕東漢・鄭玄注,宋・岳珂校,《禮記鄭注》,卷14〈祭義〉,頁162。
〔註117〕《論語》卷2〈八佾〉,宋・朱熹,《四書章句集注》,頁64。
〔註118〕錢穆,《靈魂與心》,頁10。

記‧祭義》嘗謂「事死者如事生」〔註119〕，如此岳飛、徐應鑣等人，雖死而猶如未死、雖亡而猶如未亡，蓋皆是從精神意志的境域上，成就其不滅不朽的地位。

（五）鄧得遇、高應松

宋元戰爭的過程之中，襄陽、樊城的攻防戰事是極為重大的關鍵。襄樊失守以來，宋元之間的大小戰役，宋軍大抵皆難佔上風，戰事的慘烈觸目驚心，殉節赴難之義士亦是屢見不鮮。例如，鄧得遇（？～1276）殉死於靜江，高應松（1212～1276）殉死於燕都，宋應龍（？～1276）殉死於泰州，陳文龍（1232～1277）殉死於杭州。鄧得遇之死事，見《宋史‧忠義六‧鄧得遇傳》記載：「鄧得遇字達夫，邛州人。淳祐十年進士。……靜江破，得遇朝服南望拜辭，書幅紙云：『宋室忠臣，鄧氏孝子。不忍偷生，寧甘溺死。彭咸故居，乃吾潭府。屈公子平，乃吾伴侶。優哉悠哉，吾得其所！』遂投南流江而死。」〔註120〕鄧得遇寧可效法屈原（340BC～278BC）投江自盡的行為，彰顯其高風亮潔，也絕不肯屈服於外侮。在鄧氏眼中，與其降敵事賊、含辱偷生，猶不如慨然於忠孝節義，死得其所。再觀高應松之死事，據《宋史‧忠義九‧高應松傳》載曰：「高應松，開慶元年進士，縣衡州教授通判廣德軍，召為國子監丞，權禮部員外郎、翰林權直。北兵自湧金門入，舉朝奔竄，從官留者九人，應松其一也。……從瀛國公至燕，絕粒不語，越七日卒。」〔註121〕高應松與宋恭宗趙㬎（瀛國公）一同被俘虜北遷，然其難容喪國的羞辱，更不願降尊事賊，亦悲慟國朝之覆滅，最終寧可用絕食的方式結束性命，誠然不願苟且地在寇讎的統治下偷安與求生，其命雖殞，然實堪為忠臣節士的表率。

（六）宋應龍、陳文龍

宋應龍之死事，見載於《宋史‧忠義九‧宋應龍傳》，其言云：「宋應龍者，儒生。通兵，出入行陳三十餘年，為諮議官，寓泰州。德祐二年六月甲寅，大兵至泰州，裨校孫貴、胡惟孝、尹端甫、李遇春開門迎降，應

〔註119〕東漢‧鄭玄注，宋‧岳珂校，《禮記鄭注》，卷14〈祭義〉，頁161。

〔註120〕元‧脫脫等撰，《宋史》，卷451〈忠義六‧鄧得遇傳〉，頁13280。其人其事，另見清‧萬斯同，《宋季忠義錄》，卷6〈鄧得遇傳〉，頁13。

〔註121〕元‧脫脫等撰，《宋史》，卷454〈忠義九‧高應松傳〉，頁13347。其人其事，另見清‧萬斯同，《宋季忠義錄》，卷6〈高應松傳〉，頁2。

龍與其妻自繾於圃中。」〔註122〕宋元戰爭末期，臨安、揚州、泰州戰況激烈，趙宋領土相繼淪陷，城池亦屢遭兵燹荼毒，宋朝屢見降元偷生之守將，然國亂可知忠臣，亦不乏如宋應龍這般寧死不屈的忠臣節士，其氣魄情操之宏偉，格局自顯卓絕不凡，非彼叛國賣國之降將所能望其項背。另外，關於陳文龍之死事，《宋史·忠義六·陳文龍傳》載曰：「陳文龍字君實，福州興化人。丞相俊卿之後也。能文章，負氣節。初名子龍，咸淳五年廷對第一，度宗易其名文龍。……益王稱制于福州，復以文龍參知政事。漳州畔，以文龍爲閩、廣宣撫使討之。……已而降將王世強復導大軍入廣，建寧、泉、福皆降。知福州王剛中遣使徇興化，文龍斬之而縱其副以還，使持書責世強、剛中負國。遂發民兵自守，城中兵不滿千，大兵來攻不克，使其姻家持書招降之，文龍焚書斬其使。有諷其納款者，文龍曰：『諸君特畏死耳，未知此生能不死乎？』乃使其將林華偵伺境上。華即降，且導兵至城下，通判曹澄孫開門降，執文龍與其家人至軍中，欲降之，不屈，左右凌挫之，文龍指其腹曰：『此皆節義文章也，可相逼邪？』強之，卒不屈，乃械繫送杭州。文龍去興化即不食，至杭餓死。」〔註123〕陳文龍廷對第一，文才縱橫，其自謂滿腹文章盡爲節義，足知文龍的耿耿忠心與浩瀚氣節，他學文的目標未須與立身行道的宗旨相背離。反觀那些降元叛臣，彼輩苟且偷安、叛國求生的行爲，看在陳文龍眼裡，不禁覺得疑惑難解。陳文龍認爲人類的死亡既是已知之必然，縱使今日倖免於危難，最多僅是再延續數十年的性命，他日終歸是難逃一死。何須爲了延續短短數十年的性命，而喪失人格、污辱國威，泯滅忠義貞節、逃避人臣職責，最終成爲受後世唾罵的小人。〔註124〕陳文龍的見識與世俗貪生怕死之人迥異，至於其「此生能不死乎」的勸言，亦可謂是透徹生死之語。

〔註122〕元·脫脫等撰，《宋史》，卷454〈忠義九·宋應龍傳〉，頁13349。其人其事，另見清·萬斯同，《宋季忠義錄》，卷5〈宋應龍傳〉，頁8。

〔註123〕元·脫脫等撰，《宋史》，卷451〈忠義六·陳文龍傳〉，頁13278～13279。其人其事，另見清·萬斯同，《宋季忠義錄》，卷3〈陳文龍傳〉，頁30～32。

〔註124〕仁人志士輕生而重義，不惜百歲旦夕之命，而以道德參天地。正如清·孫奇逢〈劉文烈遺集序〉所云：「人生天地，藐焉中處，即百年亦旦暮耳。然其形雖微，而有可以參天地者存焉。」詳見氏著，朱茂漢點校，《夏峰先生集》（北京：中華書局，2004年7月），卷4，頁133。

（七）陸秀夫

　　宋元之間的最終戰役是厓山海戰，這場戰役是蒙古大軍覆滅南宋二王政權的千古悲劇。二王政權成立之前，蒙古大軍早已攻陷臨安，宋恭宗趙㬎降元稱臣，被俘虜北遷，封爲瀛國公。宋朝殘餘勢力倉皇南遷，擁立益王趙昰（1268～1278）、衛王趙昺（1271～1279）等趙宋後裔，是爲二王政權。由這兩位小皇帝與孤臣孽子們所建立的小朝廷，其實已經是國朝全盤覆滅前的垂死掙扎，血流成河的海上之謀終究猶得吞下厓山兵敗的恥辱。然而中國傳統文化的特質，向來不是以成敗論英雄。故殷朝雖滅，伯夷的風範卻猶然得到孔孟的讚譽與青睞，視爲聖之清者。蜀漢覆滅，北伐壯志難以伸張，然諸葛亮鞠躬盡瘁的風範卻依舊永垂不朽。岳飛北伐中輟，又遭秦檜等姦邪陷害至死，然而武穆遺風卻是歷久彌堅，爲萬世所瞻仰欽慕。同樣地，二王政權的小朝廷裡亦不乏光輝燦爛的政治人物，在這兵荒馬亂的時期中，竟還能出現兩位才氣縱橫、忠肝義膽的俊傑丞相——左丞相陸秀夫，以及右丞相文天祥，足見南宋朝之赫赫儒風絕非徒具虛名，亦莫怪乎忠義殉節之烈士前仆後繼，儼然有萬死不辭的胸襟及氣魄。文天祥殉節於戰後，故不在此處多作贅述，陸秀夫則是殉節於厓山海戰，是宋元戰爭最末期的殉節代表人物之一。當南宋朝最後一支軍隊潰敗於厓山海戰，陸秀夫懷抱著趙宋王朝年僅九歲的最後一位皇帝投海身亡，這無疑是以自身之血淚，爲宋朝歷史寫下最爲悲壯沉重的一頁篇章。

　　陸秀夫的行誼風範，據《宋史・忠義六・陸秀夫傳》記載：「陸秀夫字君實，楚州鹽城人。生三歲，其父徙家鎮江。稍長，從其鄉二孟先生學，孟之徒恆百餘，獨指秀夫曰：『此非凡兒也。』景定元年，登進士第。李庭芝鎮淮南，聞其名，辟置幕中。……至元十六年二月，厓山破，秀夫走衛王舟，而（張）世傑、（蘇）劉義各斷維去，秀夫度不可脫，乃杖劍驅妻子入海，即負王赴海死，年四十四。」〔註125〕陸秀夫以進士身分參政，因其才氣洋溢、敏察善治，備受李庭芝、張世傑等人的賞識及器用，陸秀夫始爲兩淮制置使李庭芝的幕僚，後隨二王走溫州，拜爲左丞相，與張世傑等共秉政事，之後宋軍潰散於厓山戰役，陸秀夫遂負王跳海而死，其死事雖然顯得慷慨激憤，然陸秀夫之殉節義舉，蓋非憑藉一股意氣之勇。《宋史・忠義六・陸秀夫傳》記

〔註125〕元・脫脫等撰，《宋史》，卷451〈忠義六・陸秀夫傳〉，頁13275～13276。其人其事，另見清・萬斯同，《宋季忠義錄》，卷3〈陸秀夫傳〉，頁24～30。

載：「秀夫才思清麗，一時文人少能及之。性沉靜，不苟求人知，每僚吏至閣，賓主交驩，秀夫獨斂焉無一語。或時宴集府中，坐尊俎間，矜莊終日，未嘗少有希合。至察其事，皆治，（李）庭芝益器之。……每時節朝會，秀夫儼然正笏立，如治朝，或時在行中，淒然泣下，以朝衣拭淚，衣盡浥，左右無不悲動者。」〔註126〕陸秀夫儀態端莊穩重，實爲沉著冷靜、愼謀能斷的賢才，是以其殉節行爲所憑恃者，絕非意氣之逞、無謀之勇，陸氏的殉節義舉一方面蓋是深思熟慮後所下的謹愼決定，而另一方面亦是彼與趙宋王朝之間，始終懷抱著唇齒相依的眞情至性，唇亡齒寒乃是人間至理，也因此忠義氣節自然盈滿於胸襟，訴諸行動便成殉節之義舉。

二、從容就義之亡

殉節於蒙元滅宋數年以後者，以文天祥、謝枋得二人最具代表性。文天祥死於至元十九年（1282），距離宋朝覆滅已有三年。謝枋得死於至元二十六年（1289），距離宋朝覆滅更有十年之久。這段期間，文、謝二人皆有文集傳世，是以吾輩可藉由文、謝二人的文章詩歌，進一步地探討其生死觀點，及其殉節動機等思想崖略。

（一）文天祥

宋軍兵敗厓山，二王政權全盤覆滅，文天祥遭元軍押解徙往燕都，並屢屢逼迫其仕元任官，然文天祥始終不改盡忠趙宋的初衷，堅守貞節、歷久不衰，終至承受蒙元的刑戮，壯烈犧牲而毫無怨悔。〔註127〕文天祥之大名鼎鼎，是中國歷史當中頗爲人們所耳熟能詳的殉節烈士，文氏的生平事跡、言語思想、文章詩歌，皆與忠義精神關係密切，亦與氣節操守形影不離，文天祥臨刑從容、慨然就義的行誼風範，更深爲後人所欽佩及景仰，縱使幼如三尺之孩童，亦能津津樂道其忠義精神。據陶宗儀《輟耕錄》所記載：「宋丞相文公，其事載在史冊，雖使三尺之童，亦能言其忠義。」〔註128〕文天祥忠義殉節的形象深深地刻劃在後人心中，死雖有輕如鴻毛者，然文氏的忠義死節，誠然是重如泰山。文氏抗元行動失利，兵敗受執，其寧死不屈的意志堅決，及聞

〔註126〕元‧脫脫等撰，《宋史》，卷451〈忠義六‧陸秀夫傳〉，頁13275～13276。
〔註127〕文天祥其人其事詳見，元‧脫脫等撰，《宋史》，卷418〈文天祥傳〉，頁12533～12541。另見清‧萬斯同，《宋季忠義錄》，卷3〈文天祥傳〉，頁4～16。
〔註128〕明‧陶宗儀，〈挽文丞相詩〉，《輟耕錄》（北京：京華出版社，1998年10月），卷4，頁1162。

崖山被破，趙宋政權全盤覆滅，更加痛不欲生，情願與國共滅、與君共亡。由於文天祥非是戰死，從被執往燕都至刑戮殞命，其間蓋有三年之久，這三年來他始終無懼蒙元政權的威脅利誘，寧可作為身陷圄圇的階下之囚，也不願擔任叛宋求榮的仕元職官。文天祥抗元與拒降的意念始終是堅定不移，從勤王抗元至受刑殞命的這段期間，撰著了許多的文章詩歌留予後世，吾人有幸可藉以領略其意向與思想，並且探討其生死觀點。生死本非微不足道的小事，彼殉節烈士何以能如斯從容地往而無悔？何以能這般慷慨激昂地萬死不辭？或許可從彼輩看待生死的態度加以理解。文天祥亦嘗嚴肅地看待生死議題，省思人生的目標，其〈贈莆陽卓大著順寧精舍三十韻〉、〈浩浩歌〉有如下的敘述：

> 人生天地間，一死非細事。識破此條貫，八九分地位。……齊物逍遙游，大抵蒙莊意。聖門有大法，學者必孔自。知生未了了，未到知死地。原始則返終，終始本一致。後來得西銘，精蘊發洙泗。吾體天地塞，吾氣天地帥。一節非踐形，終身莫繼志。……聖賢當其生，無日不惴惴。彼豈不大觀，何苦勤興寐。吾順苟不虧，吾寧始無愧。……天之生賢才，初意豈無為。民胞物同與，何莫非己累。
> 〔註129〕

> 浩浩歌，人生如寄可奈何？不能高飛與遠舉，天荒地老懸網羅。到頭北邙一抔土，難事碌碌空奔波。金張許史久寂寞，古來聖賢閒丘軻。乃知世間為長物，惟有真我難滅磨。〔註130〕

趙宋覆滅，文天祥身陷圄圇，蒙元威脅利誘，無所不用其計地欲使文天祥擔任元官，文天祥不改盡忠趙宋的初衷，寧願一死也不願屈膝歸降，其殉道死節的意向堅定不移，縱使傾蒙元舉朝上下之力，亦無法動搖其堅忍卓絕的意志。文天祥之死絕非逞一時意氣之勇，誠如上述所謂「一死非細事」，蓋知文天祥殉節赴死並非未經思索的草率決定，他臨刑前能這般從容冷靜，又能這樣沉著地承受加諸於身的刑戮，並坦然無悔地面對即將到來的死亡。抱持著如此好整以暇的態度接受死亡的殘酷，擬推文天祥對生死議題，蓋已有一番縝密的省思與明辨，是以能萌發堅忍不拔的決心，展現出這般「泰山崩於前

〔註129〕宋・文天祥，〈贈莆陽卓大著順寧精舍三十韻〉，《文集》，見氏著，《文文山全集》，卷1，頁2～3。
〔註130〕宋・文天祥，〈陳貫道摘坡如寄以自號達者之流也為賦浩浩歌一首〉，《文集》，見氏著，《文文山全集》，卷2，頁27～28。

而色不變」〔註131〕的剛毅姿態。人之常情皆好生而惡死，若可以求生，何故棄生而求死，文天祥之所以慨然捐軀，實有其不得不死的因素。人之懼怕死亡屬常情常理，故就普遍的情況來講，不宜輕言犧牲。但如文天祥這般仁人志士之死，卻非庸常之死，此乃不避義死。文天祥之死，就其心理因素加以揣摩忖度，其萬死不辭的源由約略有三，一者、以死表明其盡忠守節，成仁取義之意向。〔註132〕二者、以死承擔起趙宋覆滅的罪責。〔註133〕三者、以死頑抗元朝的威逼與勸降。〔註134〕綜言之，文天祥寧死而不願求生，絕非輕忽性命之寶貴，蓋有如前述諸項不得不死的抉擇與考量。此外，根據上列引文的陳述，文天祥既知「人生如寄可奈何」的侷限性，亦知人類的生命與軀體絕非永恆不滅的存在物，那麼爲義捐軀又何足惋惜，文天祥再以「惟有眞我難滅磨」此語，語中癥結地指出道德眞我的歷久彌堅及永難磨滅。因此，若就文天祥的思維方向觀之，惟獨體仁、盡忠、守節、立德等精神力量，方爲人世間最眞實永恆的價值所在。人類性命雖然尊貴，但若與仁義道德相較，卻顯得微不足道，宛如塵沙一般輕盈渺小。然而，君子之不避義死，其死儼然是重如泰山，彼仁人志士寧願亡命殉節，亦不願苟且偷安地存活，這便是捨棄有限性命之輕，換取道德價值之重。其失之者是性命形軀，其得之者乃千古之不朽。文天祥之所以能夠慨然殉節而死，就其文集的字裡行間觀之，又關係到其思想底蘊與傳統觀念間的幾項聯結。其一、「人生自古誰無

〔註131〕 宋・蘇洵，〈權書上・心術〉，《嘉祐集》卷2。引自氏著，《蘇洵集》（臺北：河洛圖書出版社，1975年10月），頁11。

〔註132〕 《宋史・文天祥傳》記載曰：「天祥臨刑殊從容，謂吏卒曰：『吾事畢矣。』南鄉拜而死。……其衣帶中有曰：『孔曰成仁，孟曰取義，惟其義盡，所以仁至。讀聖賢書，所學何事，而今而後，庶幾爲媿。』」引自元・脫脫等撰，《宋史》，卷418，頁12540。

〔註133〕 《宋史・文天祥傳》記載曰：「厓山破，軍中置酒大會，弘範曰：『國亡，丞相忠孝盡矣，能改心以事宋者事皇上，將不失爲宰相也。』天祥泫然出涕，曰：『國亡不能救，爲人臣者死有餘罪，況敢逃其死而二其心乎。』」引自元・脫脫等撰，《宋史》（北京：中華書局，1977年11月），卷418，頁12539。文天祥任丞相職，兵敗則人死，邦危則人亡，乃是以自身承擔國家興廢之責任。此如《禮記・檀弓上》所稱：「謀人之軍師，敗則死之；謀人之邦邑，危則亡之。」引自東漢・鄭玄注，宋・岳珂校，《禮記鄭注》卷2，頁15。

〔註134〕 《宋史・文天祥傳》記載曰：「時世祖皇帝多求才南官，王積翁言：『南人無如天祥者。』遂遣積翁諭旨，天祥曰：『國亡，吾分一死矣。儻緣寬假，得以黃冠歸故鄉，他日以方外備顧問，可也。若遽官之，非直亡國之大夫不可與圖存，舉其平生而盡棄之，將焉用我？』」引自元・脫脫等撰，《宋史》，卷418，頁12539。

死，留取丹心照汗青」〔註135〕可聯結至中國傳統「立德」的「不朽」觀。其二、「孔曰成仁，孟曰取義，惟其義盡，所以仁至。」〔註136〕可聯結至孔孟學說「殺身成仁、舍生取義」的「仁義」概念。其三、「三綱實係命，道義爲之根」〔註137〕可聯結至君臣之間的人倫綱常觀念。其四、「讀聖賢書，所學何事？而今而後，庶幾無愧。」「哲人日已遠，典刑在夙昔。風簷展書讀，古道照顏色。」〔註138〕則可聯結至朱熹所強調的讀聖賢書、學做聖賢的觀點。

　　此外，文天祥的「殉節行動」與其「正氣思想」，誠然是一種「行爲」與「思想」間相互對應的體用關係，文氏秉持正氣思想來看待人生在世的生死議題，進以展開殉節的明確行動，因此文天祥之「生死觀」蓋須從他的「正氣思想」加以掌握，然而他的正氣思想，又無疑與孟子學說存在著極其密切的連結性，是以吾人必先從孟子的「養氣論」加以理解。孟子的「養氣論」嘗謂此「氣」爲「浩然之氣」，其特徵是「至大至剛」、「配義與道」、「集義所生」、「直養無害」。〔註139〕由此擬推「養氣」的最終目標著實坐落於「實現仁義道德」。關於「養氣」的效益，楊儒賓先生嘗說道：「因爲有『氣』的因素介入其中，有『養氣』的工夫作爲聯繫現實的身軀與理想身體之媒介，所以人的身體才可以有種質的飛躍，全軀的燦然生色。」〔註140〕是以「正氣」的養成，及其活躍的動能，便是協助吾人從「現實領域」（物質層次）大舉地進展至「理想境界」（精神層次）的要素，孟子所闡揚的「養氣論」，其修養成果的終極取向，無非就是楊儒賓先生所標榜的「踐形觀」。〔註141〕孟子的「踐

〔註135〕宋・文天祥，〈過零丁洋〉，《指南後錄》，見氏著，《文文山全集》，卷14，頁349。

〔註136〕宋・文天祥，〈自贊〉，《文集》，見氏著，《文文山全集》，卷10，頁251。

〔註137〕宋・文天祥，〈正氣歌〉，《指南後錄》，見氏著，《文文山全集》，卷14，頁375。

〔註138〕宋・文天祥，〈自贊〉，《文集》，見氏著，《文文山全集》，卷10，頁251。同氏著，〈正氣歌〉，引自同書，卷14，頁376。

〔註139〕《孟子》卷3〈公孫丑上〉，宋・朱熹，《四書章句集注》，頁231～232。

〔註140〕楊儒賓，〈支離與踐形——論先秦思想裏的兩種身體觀〉，《中國古代思想中的氣論及身體觀》（臺北：巨流圖書公司，1993年3月），頁431。

〔註141〕楊儒賓先生稱：「如果說『踐形』指的是道德心在身體上的一種展現的話，那麼，從道德實踐的觀點來看，踐形顯然是一種不容忽略的果地境界。試分析此境界所牽涉到的身體狀況，我們可以得到的兩點小結論：1、現實的身體是不完整的，道德實踐即是要使身體由不完整走向完整。2、完整的身體意指身體全化爲道德的展現，意即此時的身體乃是精神化的身體。」引書同前注，頁428。

「形觀」作爲儒家身體觀之一派，楊氏闡釋曰：「孟子另有一種對身體的理解，這種理解我們稱之爲踐形觀。踐形觀意指透過道德意識之擴充轉化後，人的身體可以由不完整走向整全，全身凝聚著一種道德光輝，成爲精神化的身體。」〔註142〕要之，「養氣」（涵養德性）與「踐形」（道德體現）即是孟子身體觀的兩項重要元素，意謂「養氣」的最後目標終究不能離乎「踐形」。「養氣」、「踐形」就思想與行爲的整體表現而論，其實可視爲一種「即涵養、即體現」的身體活動狀態，二者合而論之，亦象徵著「形」、「氣」之間連貫融通的道德性歷程，如此「正氣／抽象的內在涵養」、「踐形／具體的外在體現」便是一種相互依存、缺一不可的整體性存在。養氣、踐形的合流意謂人之形體存在，最終必得與道德合而爲一，人之生命存在，乃服膺於道德倫理，人也因爲替道德服務而感到尊貴及榮耀，如此作爲一種物質存在的「形／身體」與作爲一種精神存在的「氣／精神」，最終的目的必將融通爲一種至聖、至善、至美的道德完整體，憑藉「氣／精神」的動能，倚靠「形／身體」爲實踐。對此，楊儒賓先生有如下的敘述：

> 孟子論心之極至爲「盡心」；氣之極至爲「浩然之氣」；形之極至爲「踐形」；「性」、「天」對人意識呈現之極至而言爲「知性」、「知天」；……當聖人一旦成聖時，他同時盡心，同時踐形，同時浩然之氣塞乎天地之間，同時知性知天。此時所說的「盡」、「踐」、「知」都含有「充分體現並證成」之意。〔註143〕

另外，張端穗先生亦有如下的稱述：

> 神聖性格是內在的精神光輝完全籠罩在人的形體之上，因而人的形體成了內在道德向外透顯的資具。透過人的形體官能，內在的道德精神可以實現於客觀世界之中。並且人的形體官能，受到道德精神的指引，不再是惡的泉源。相反的，人的形體官能的活動都是價值的實踐者。這樣內外合一、通體是價值的境地，孟子稱之爲『踐形』。能夠踐形的人，其整個形體的活動必然都合乎禮的要求。〔註144〕

文天祥正氣思想既承傳自孟子的「身體觀」（養氣論、踐形觀），「正氣」之來源是集「義」所生，那麼必將視此生性命爲一體現仁義的載體，必視此生歷

〔註142〕同前注，頁 415。
〔註143〕同前注，頁 432〜433。
〔註144〕張端穗，〈仁與禮——道德自主與社會制約〉，引自黃俊傑主編，《天道與人道》（臺北：聯經出版公司，1982 年 11 月），頁 141〜142。

程爲一發揚道德的場域，必造成「生理的存在全化爲道德的存在」〔註145〕的思想取徑。是以若自彼輩的視域觀之，人們若懂得去「養氣」、「踐形」以成就德業功績，縱使物質性的身體必須提前予以毀滅（殉節、犧牲），然其精神化的身體卻足以永垂不朽（德性、忠義、氣節）。反之，如果吾人無法善用短暫的物質身體，來體現永恆的仁義精神，那麼非但作爲有限存在的物質身體終歸腐朽及敗壞，回歸於塵土。而作爲精神化的無限身體卻也未及被開創與發顯，如此方爲眞正的精神死亡以及道德淪喪。精神化身體的重要性，在於延續古聖先賢苦心建構出的文化基礎與人倫秩序。如同文天祥這般義無反顧地終結其生命軀體，百死不悔地捍衛人倫綱常，臨難不苟地實現出道德仁義，其物質性的性命雖已殞落，其精神性的人格風範卻足堪流芳千古。

　　鄭思肖對文天祥的殉節壯舉如此贊云：「想公骨朽化爲土，生樹開花亦向南」〔註146〕，骨肉是人們的物質體，惟獨在生前得以運使，亡故以後骨肉埋入塵土當中，隨歲月之流轉而腐壞，所以人的肉體是可以被消滅的短暫存在。人的精神意志則不然，忠心、氣節等道德情操即是人們的精神意志，這股「精神意志／精神體」並不會隨著人類生命的結束而宣告終止，也不會因時空的變遷而磨滅消逝。每一股被人們普遍認同的精神體，其時效性往往是綿延不絕，甚至可稱作是「永恆」及「不朽」。鄭思肖所說的「想公骨朽化爲土」指的便是有限存在的「物質體」，然而「生樹開花亦向南」所象徵的卻是無限存在的「精神體／精神意念」。誠如張三夕先生所稱：「文天祥身上所體現出來的毫不畏懼死亡、慷慨從容就義的精神態度，是中華民族源遠流長，帶有普遍性的一種精神態度，它確實是中國文化傳統中一股永久性的鼓舞力量。」〔註147〕同理可知，舉凡盡忠殉節之人在死亡以後必遺留下一股精神意念，這股精神意念之所以能歷久彌堅，誠然是仰賴時人與後人的肯定、欽慕、讚頌、流傳，是故，這股精神意念與發揮出這股精神意念的歷史人物，其行誼典範必然深刻地烙印在時人與後人的心目當中，透過史書的褒揚與詩歌的盛譽，甚至能鼓舞後人見賢思齊地追隨與效尤，在如此情況之下，這股精神與意志遂能夠後繼有人，其延續性也就不至於中輟或者終止。莫怪乎《宋

〔註145〕楊儒賓，〈支離與踐形——論先秦思想裏的兩種身體觀〉，《中國古代思想中的氣論及身體觀》，頁429。

〔註146〕宋・鄭思肖，〈和文丞相六歌・其五〉，《心史・中興集》，氏著，陳福康校點，《鄭思肖集》（上海：上海古籍出版社，1991年5月），頁65。

〔註147〕張三夕，《死亡之思》（臺北：洪葉文化事業公司，1996年3月），頁219。

史紀事本末》稱：「自古志士欲信大義於天下者，不以成敗利鈍動其心，君子命之曰仁，以其合天理之正，即人心之安耳。……文天祥奉兩帑主，崎嶇嶺海，以圖興復，兵敗身執，終不可屈，而從容伏躓，就死如歸。是其所欲有甚於生者，可不謂之仁哉。」〔註148〕張壽鏞〈宋季忠義錄序〉稱：「雖然宋亡矣，而留此忠義彪炳千秋，則宋爲不亡，吁其可敬也。」〔註149〕夷考其實，世間萬物難有永恆不滅者，人生如寄，人類肉身終歸腐朽，國朝百年，終將行至末路窮途。人世間惟獨精神力量能長存不滅、歷久彌新，這便是所謂的「不朽」。因爲成就「不朽」，是以殉節者的精神必不被生死的命限所湮滅殆盡。儒者篤信人倫綱常，秉持忠義，彼輩願意捍衛道德到什麼樣的程度，其生命的價值地位就會獲得對等的高度，殉節烈士爲忠義氣節犧牲生命，爲示現不屈的意志而無懼死亡，其享有萬世尊崇之美名，誠然是實至名歸、當之無愧。

（二）謝枋得

另一位常與文天祥並稱的殉節者便是謝枋得，謝枋得在宋代覆滅當時並未立刻殉節赴死，彼因家有高堂之故，退而隱居謀生，以盡爲人子之孝道。待其母壽終正寢，元朝尚書留夢炎薦爲元官，謝枋得力辭不就。福建行省魏天祐強迫枋得北徙任職，枋得抵死不從，遂以絕食方式明其意向，終至饑餓而死，成爲宋朝覆滅十年以後又一位殉節烈士。〔註150〕謝枋得死於至元二十六年（1289），距離宋朝覆滅竟有十年之久，他所考量的是「忠孝」兩全的議題，身體髮膚是父母所生所給，犧牲生命的行爲等同是毀去父母所賜的軀體，因爲這層緣故，宋季殉節義士在以身殉道的時候，有顧慮到如何使忠孝兩全者，亦有慨然移孝作忠者。謝枋得於〈上程雪樓御史書〉中云：「宋室孤臣，只欠一死，某所以不死者，以九十三歲之母在堂耳。罪大惡極，獲譴于天，天不勩厥命，而奪其所恃以爲命，先妣以今年二月二十六日考終於正寢，某自今無意人間事矣。」〔註151〕由此可知，謝枋得在宋亡以後，其實早已萌發殉節之意，然家有高堂，爲不忍讓母親傷痛，故未敢損及髮膚地以身殉道，

〔註148〕明・馮琦編，明・陳邦瞻撰，《宋史紀事本末》，卷109〈文謝之死〉，頁933。
〔註149〕清・萬斯同，《宋季忠義錄》，〈前序〉，頁2。
〔註150〕其人其事，詳見元・脫脫等撰，《宋史》，卷425〈謝枋得傳〉，頁12687～12690。另見清・萬斯同，《宋季忠義錄》，卷6〈謝枋得傳〉，頁19～22。
〔註151〕宋・謝枋得，〈上程雪樓御史書〉，《疊山集》，卷4，頁1。引自王雲五編，《四部叢刊續編集部》（臺北：臺灣商務印書館，1966年10月），522～523冊。

謝氏此番顧慮，誠可謂善盡孝之初始。及至喪母，謝枋得終究不能以「盡孝」
便自安於世，據其所言「宋室孤臣，只欠一死」、「某自今無意人間事矣」等
語，不難窺知其「殉節盡忠」之意猶然堅決，這般事例，顯現出宋季殉節者
在即將犧牲生命之前，所面臨到的「忠孝」議題。中國傳統社會著重孝道，
據《孝經・開宗明義》曰：「夫孝，德之本也，教之所由生也。……身體髮膚，
受之父母，不敢毀傷，孝之始也。立身行道，揚名於後世，以顯父母，孝之
終也。夫孝，始於事親，中於事君，終於立身。」〔註152〕面對忠與孝的抉擇
點，《孝經》所載遂成爲士儒的依循方向。蓋人類個體生命與身體的源頭皆爲
父母雙親所賜予，爲人子女者，髮膚稍受損害，已足以讓父母痛心難過，更
何況是喪失寶貴的性命。

　　從《孝經・開宗明義》的觀點論之，愛護己身軀體，不讓父母痛心難過，
雖是盡孝的基礎，然這樣的行爲僅是展現孝道的初始階段。第二階段坐落於
移「孝」爲「忠」，即上述所謂「中於事君」，亦即《孝經・廣揚名》所謂：「君
子之事親孝，故忠可移於君；事兄悌，故順可移於長；居家理，故治可移於
官。是以行成於內，而名立於後世矣。」〔註153〕「孝」的概念是應用於家庭
倫理，「忠」的概念是應用於政治倫理，畢竟單一個體無法構成人倫關係，人
倫之運作必須於群體當中展現，家庭與政壇都是群體，家庭結構是一個小群
體，政治結構更是一個大群體，家庭倫理的和諧與否，將影響家族與社會，
政治倫理的和諧與否，影響的層面更擴充至國家與天下。是故「孝」乃是鞏
固家族社會的要道，「忠」遂爲維繫國家天下之至德。錢穆先生說道：「人生
之不朽與永生，亦當在心的生命方面求之，即人類大羣公心的不斷生命中求
之。此人類大羣的公心，有其不斷的生命者，……人的生命，能常留存在人
類大羣的公心中而永不消失，此即其人之不朽。」〔註154〕孝之德，消極而論，
在於盡心保護「有限生命」的無恙與延續，這便是「孝」的初始作爲。積極
而論，在於竭力生成「無限生命」的行誼典範，這便是「孝」的終極作爲。
是故，事君有方、立身有道、移孝爲忠，犧牲個體小我之性命以貢獻群體大
我，群體生命受其惠而頌其德，追懷其言行風範。如此行徑，縱使必須損及

〔註152〕唐・唐玄宗注，宋・刑昺疏，《孝經正義》〔清・阮元校勘，《十三經注疏》
　　　　第8冊〕（臺北：藝文印書館，2007年8月），卷1〈開宗明義〉，頁10～
　　　　11。
〔註153〕唐・唐玄宗注，宋・刑昺疏，《孝經正義》，卷7〈廣揚名〉，頁47。
〔註154〕錢穆，〈孔子與心教〉，《靈魂與心》，頁30。

髮膚、犧牲生命，卻不可謂之不孝。宋遺民的殉節義舉，實然是揚名顯世、光宗耀祖的「孝之終也」。

三、小結

宋季殉節烈士或戰時慷慨成仁而死，或戰後從容就義而亡，蓋有其迥異之處。戰時殉節的義士，或力戰拼死，或兵敗自刎，或拒降被斬，或有見國勢傾危而投水自盡、自焚而亡者。彼輩多爲義憤填膺、奮起護國者，故慷慨殞命、激昂而亡，其勢有吞天之氣魄，其意向所歸皆顯示在行爲當中，見載於史冊，顯露出無與倫比的不屈意志與反抗精神〔註155〕，後人觀之讀之，實難不喟嘆其悲壯情懷，亦難不爲之動容涕淚。至於在戰後殉節的志士，從宋朝覆滅至其殉節赴死，已然有數年之久，如文天祥、謝枋得等人，皆於這段期間之中，省思生死意義，道德價值，人臣職分等等深刻沉重的思想議題，並把彼輩的思辨所得，訴諸筆墨翰藻，撰著於詩歌文章裡頭。因此在彼輩決意殉節赴死直至殞命身亡的這段歷程當中，反倒是常透露出沉著冷靜的從容情貌。綜言之，宋元交戰之際，殉節烈士的殉死姿態多爲慷慨成仁，其言論思想蓋未及完整地流傳下來，於立德範疇當之爲愧，於立言範疇則有遺珠之憾。趙宋覆滅以後的殉節義士，其殉死姿態多爲好整以暇地從容就義，於立德範疇既無嫌疑，而其言論思想得以見諸書冊，此亦在立言範疇遺留下絕佳的契機。因此，欲窺知殉節士儒的生死觀點，一者可依其行爲舉措，二者亦可據其言語文章，其來源雖有殊異，其最終的精神價值卻指向同樣的方向，無須強行二分。總地來說，宋季殉節者的生死觀呈現出以下幾點特徵，其一、從殉節者的想法看來，道德價值的重要性遠勝過自我的生存權利。其二、殉節者勇於以自然生命的終結開創出人文生命的延續性。其三、殉節者決意赴死時所呈現出的生命張力與終極關懷。此三項之詳細闡述如下：

其一、關於殉節者所認爲「道德價值的重要性遠勝過自我的生存權利」之析論，孔子稱：「朝聞道，夕死可矣。」朱熹注曰：「道者，事物當然之理。

〔註155〕對宋元之際士儒忠義殉節的犧牲行爲，（美）田浩嘗稱：「探討漢族士人對蒙古入侵的不同回應，先從那些殉國者談起。有些人自殺，如李芾，因爲他們意識到死亡或被俘已經是必然的了；而另一些人，如徐應鑣，選擇自焚，而不在蒙古人進入之前逃離京城，也不願意當作戰利品被押送到北方。」諸如上述云云，足見士儒經由殉節死亡之張力，示現其不屈的意志與反抗的精神。引文見氏著，〈因「亂」而致的心理創傷：漢族士人對蒙古入侵回應之研究〉，《臺大文史哲學報》第 58 期（2003 年 5 月），頁 80。

苟得聞之，則生順死安，無復遺恨矣。」〔註156〕孔子稱：「守死善道」朱熹注曰：「不守死，則不能以善其道。」〔註157〕《漢書‧藝文志》亦謂士儒風範「於道最爲高」〔註158〕。從士儒的視域觀之，人生在世除了生死議題以外，尚且存在著道德議題，生存議題關乎利弊得失，然而道德議題純粹講究原則，但求問心無愧。中國傳統士儒在其生命歷程當中，尤其積極地看待道德存在的價值，並且迫切地以自身性命作爲實現道德的場域。傅佩榮先生說道：「儒家認爲人活在世上，除了『自然生命』之外，還有『價值生命』需完成，人必須藉自然生命以實現其價值生命。」〔註159〕自然生命是指短短百年人生之血肉精氣、形體意識，價值生命是群體的生命，是文化生命、道德生命，是凌駕個人生死問題之上的精神存在體。人類的自然生命雖屬於每一生命個體所擁有，然而卻非人類所能全盤予以掌握，正所謂「死生有命」〔註160〕，人類的自然生命是稟氣所生成，氣散則死，氣之造化乃出自於天體運作，大多不是人類所能干涉或是施爲。換言之，吾人對自然生命所具備的主動性並不太高。反之，價值生命則不然，人類社會之價值是由人類所建構，是爲維護人類的生活基礎而產生，是爲穩健人類的互動模式而形成，是以吾人對價值生命所具備的主動性，似乎比對自然生命所具備的主動性大出許多。趙師中偉如此說道：「志於『道』時，心中念茲在茲的只有『道』，沒有任何外在的誘惑或欲望，可以改變其志節。」〔註161〕總地來說，所謂的價值生命也就是「道」，所謂的自然生命也就是「生存」，仁人志士若遇上最極端的義利抉擇時，必須「志於道」，以捍衛「道」作爲最優先的考量，面臨義利不容兼得的時候，甚至不免得捨棄衣食等物質項目，既不惜捨棄吾人賴以爲生的衣食，就必須懷有放棄生存權利的深刻覺悟，這便構成了爲道而死的「殉道」觀念。

　　夷考其實，在宋季殉節士儒的生死觀裡頭，生死問題壓根兒就不是彼輩所關注的核心所在。正如同孟子云：「殀壽不貳，修身以俟之，所以立命也。」

〔註156〕《論語》卷2〈里仁〉，宋‧朱熹，《四書章句集注》，頁71。
〔註157〕《論語》卷4〈泰伯〉，宋‧朱熹，《四書章句集注》，頁106。
〔註158〕東漢‧班固撰，唐‧顏師古注，《漢書》，卷30〈藝文志〉，頁442。
〔註159〕傅佩榮，〈儒家生死觀背後的信仰〉，《哲學年刊》第10期（1994年6月），頁32。
〔註160〕《論語》卷6〈顏淵〉，宋‧朱熹，《四書章句集注》，頁134。
〔註161〕趙中偉，〈人能弘道，非道弘人——從「意義治療」詮釋孔子的生命意義與價值〉，「話語的流動——第九屆通俗文學與雅正文學國際學術研討會」會議論文集（臺中：中興大學中國文學系，2012年3月16、17日），第1冊，頁90。

「盡其道而死者，正命也。」〔註162〕殀壽爲生死問題，人之生與死皆爲自然與必然之定律，人類對自己生命的長短也難以全盤掌握，是故儒者對生死問題絲毫無須疑慮，所當竭力關注者惟獨是「修身立命」、「盡其道」等道德議題。君子在「所欲有甚於生者」、「所惡有甚於死者」〔註163〕的前提下，喜好道德的程度大過於喜愛自己的生存權，厭惡喪失道德的程度亦大過於厭惡自己的死亡，所以生死問題雖是攸性命攸關的大事，但如果擺放在仁義的面前，卻又是輕如鴻毛一般地微不足道。〔註164〕另外，據《荀子·不苟》記載：「君子易知而難狎，易懼而難脅，畏患而不避義死。」〔註165〕「義之所在，不傾於權，不顧其利，舉國而與之不爲改視，重死持義而不橈，是士君子之勇也。」〔註166〕據此觀之，士君子立身行道但問道德，不問生死利害，但問仁義所當爲，是以只要是義之所在，士君子甚至可以不顧性命、無畏禍患地勇往直前，一往無悔地至死方休。錢穆先生嘗稱：「道德絕不計較功利，然而中國人卻又深信惟有道德始是人羣中最有功利的。……家破可以出孝子，國亡可以出忠臣。家可破，國可亡，而忠孝大德一樣可以存在。既有忠孝大德，則家破可以復興，國亡可以復存。人類之所以與天地常在，則惟道德之是賴。所以道德乃成爲人類最大功利之所在。」〔註167〕儒者風範乃是於道最爲高，因此，宋季殉節者亦絕不把生命的重心擺放於生死殀壽，反倒是把生命的重心坐落於「修身立命」、「盡其道」等道德範疇。蒙元對趙宋的軍事行動完全是一種霸道式的侵略行爲，宋遺民稍有氣節者大多拒絕事奉二君，彼輩頑強地抵抗蒙元朝廷任何威脅利誘的手段，寧可尊嚴地死去也不願屈辱地臣服於蒙元政權。正如孟子嘗稱：「天下有達尊三：爵一，齒一，德一。朝廷莫如爵，鄉黨莫如齒，輔世長民莫如德。惡得有其一，以慢其二哉？」「堂高數仞，榱題數

〔註162〕《孟子》卷13〈盡心上〉，宋·朱熹，《四書章句集注》，頁349～350。

〔註163〕《孟子》卷11〈告子上〉，宋·朱熹，《四書章句集注》，頁332。

〔註164〕鄭曉江先生稱：「以道德價值高於生命價值爲核心的儒家死亡觀在中國歷史上產生了巨大的影響，尤其表現於那些忠臣義士的一言一行之中。」見氏著，《中國死亡智慧》（臺北：東大圖書公司，1994年4月），頁33。陳來先生稱：「在生命與理想原則衝突時應勇於爲理想原則獻身，也就是說道德理想原則才是行爲的終極原理。這個『舍生取義』的原則是中華民族以文天祥爲代表的志士先烈的精神憑藉。」見氏著，《宋明理學·引言》〔第二版〕（上海：華東師範大學出版社，2003年11月），頁4。

〔註165〕清·王先謙注，沈嘯寰，王星賢點校，《荀子集解》，卷2〈不苟〉，頁39～40。

〔註166〕清·王先謙注，沈嘯寰，王星賢點校，《荀子集解》，卷2〈榮辱〉，頁56。

〔註167〕錢穆，〈中國人的文化結構〉，《從中國歷史來看中國民族性及中國文化》，頁110。

尺，我得志弗爲也；食前方丈，侍妾數百人，我得志弗爲也；般樂飲酒，驅
騁田獵，後車千乘，我得志弗爲也。在彼者，皆我所不爲也；在我者，皆古
之制也，吾何畏彼哉？」〔註168〕士儒風骨，以輔世長民爲己任，視德性爲最
尊，故能毫不畏懼政權威勢，亦不爲脅迫利誘所動搖。宋季殉節士儒蓋亦秉
持仁德精神，以功名富貴爲飄風，故不受蒙元祿利所誘惑。其固守氣節貞操，
不願與霸道妥協，故能無懼刑戮威逼的危難。觀彼殉節烈士，始終秉持義無
二君的強烈意念，懷抱無懼脅迫、無畏死亡的勇氣，這無疑是對「修身立命」、
「盡其道」，做出最淋漓盡致的表現。

其二、關於「殉節者勇於以自然生命的終結開創出人文生命的延續性」
之析論，殉節毋庸置疑是一種結束自我生命的自殺行爲，自殺這種行爲通常
來說是極度負面與消極的作法，更不可能爲有識者所贊同或是鼓勵，然而殉
節這種自殺行爲卻屬例外，它是爲了某種理想、使命、精神所作的必要犧牲，
至少在動機層面上，已儼然與一般的自殺有所區別，因此殉節是理智的、深
思熟慮的、正面積極的高尚行爲。〔註169〕其實在殉節者的認知之中，人世間
仍存有一種超越於自然生命的永恆生命，這永恆生命的價值遠比個體的有限
生命更爲重要。人類個體的生命是死生夭壽的自然生命，人類個體試圖延續
自我的自然生命雖屬人之常情，然無非是就私人利益來考量，較無關乎社會
大群。道德、文化等價值生命則屬於群體利益，人類有時候爲顧全群體利益，
甚至必須勇於犧牲小我以完成大我，以個體生命的殞滅犧牲，換取群體生命
的綿延不絕。中國傳統士儒的職志，以天下爲己任，意欲以道援溺、以道戡
亂，儼然是道德的捍衛者、文化的傳承人。孟子嘗謂：「天下無道，以身殉道。」
〔註170〕士儒爲鞏固道德文化的崇高價值，以及穩健人類大群之未來與福祉，
不惜果敢地犧牲個體的自然性命，這便是「守死善道」、「殺身成仁」、「舍生
取義」等道德意識與行爲所以彌足珍貴之處。士儒處世態度看重道德議題勝
過個人生死，在善道面前，甚至能置死生於度外。聞道、行道是彼輩對自我

〔註168〕《孟子》卷4〈公孫丑下〉，宋・朱熹，《四書章句集注》，頁242。同書，卷
　　　　14〈盡心下〉，頁373。

〔註169〕（美）亞倫・強森（Allan G. Johnson）稱：「如果我們想知道人們爲何自殺，
　　　　我們通常會先想到他們自殺時的感受——無助、沮喪、深感罪惡、寂寞，或
　　　　是基於一種榮譽感或責任感，想要犧牲小我完成大我。」見氏著，成令方等
　　　　譯，《見樹又見林：社會學作爲一種生活、實踐與承諾》〔二版〕（臺北：群學
　　　　出版公司，2006年10月），頁26。

〔註170〕《孟子》卷13〈盡心上〉，《四書章句集注》，頁362。

畢生的期許，倘若悖逆道德而生存，則雖生無用，倘若遵循道德而亡命，則雖死無悔。〔註171〕是以殉節者能如此積極地放棄一己之自然生命，進而證成仁義道德、忠義氣節、人倫綱常等亙古的價值生命。從這樣的角度加以審視，便不難推知宋季殉節烈士在其殉節壯舉背後的思想重心，明確地坐落於人文世界中許多的精神價值，這般精神價值直接間接地關係到人類的生存方式，以及人類的生存態度。

人類的生命，同時有其「自然生命」與「人文生命」，「自然生命」指的是血肉精氣、形體意識的物質生命。就常理而論，人類具有求生存的生物本能，懂得懼怕死亡以及避免禍患，欲生惡死本該是人之常情，誠如《荀子・正名》所謂：「人之所欲，生甚矣，人之所惡，死甚矣。」〔註172〕從這角度看來，殉節者主動選擇死亡的特殊行徑，難免令人費解。殉節這樣的行爲模式，它究竟是殉節者一時憤慨激昂的死亡悲劇？或者是彼輩經過一番深思熟慮過後的反應與施爲？這確實有必要做更進一步地確認。據孟子所稱：「所欲有甚於生者」「所惡有甚於死者」〔註173〕荀子所稱：「人有從生成死者，非不欲生而欲死也，不可以生而可以死也。」〔註174〕殉節之士主動選擇了殉節赴死，這便是一種認知過後的決定與篤行，蓋是以死表明其堅決的意志，非是一時激憤所爲。〔註175〕「生存」與利害攸關，「殉節」則一種道德的表現，但問原則而爲所當爲，並無考量或估計所謂的利害得失。倘使必須在「道德原則」與「生存利益」之間做出選擇，孔子嘗曰：「君子喻於義，小人喻於利。」〔註176〕孟子則教人「二者不可得兼，舍生而取義者也。」〔註177〕因此在道德原則與生存利益之間，士儒必歷經一番思辨過程，然後做出取捨，換言之，這其實就是所謂的「義利之辨」。那麼殉節士儒在「道德之義」與「生存之利」的兩

〔註171〕鄭曉江先生稱：「儒者『死而不朽』的觀念，認爲守節才可超越生命的時限，雖死猶生永垂不朽；而叛降，雖可在生前享盡榮華富貴，得以延長生命時限，但這卻會遺臭萬年，雖生猶死。」見氏著，《中國死亡智慧》，頁38。
〔註172〕清・王先謙注，沈嘯寰，王星賢點校，《荀子集解》，卷16〈正名〉，頁428。
〔註173〕《孟子》卷11〈告子上〉，宋・朱熹，《四書章句集注》，頁332。
〔註174〕同註172。
〔註175〕袁信愛先生稱：「人之所以會選擇死亡而放棄生命，不是出於本能的衝動，而是出於理智的分辨，……人依其理智的分辨，來評斷自身的生死價值，以求其生之合理、死之合理。」見氏著，〈荀子的生死觀及其禮義之學〉，《哲學年刊》第10期（1994年6月），頁170。
〔註176〕《論語》卷2〈里仁〉，宋・朱熹，《四書章句集注》，頁73。
〔註177〕《孟子》卷11〈告子上〉，宋・朱熹，《四書章句集注》，頁332。

難選項當中，決定「舍生取義」的原因與道理與究竟是什麼？「生」意味著壽命的延續，是人類生存之莫大利益，然就算是長命百歲，生命終歸了結，故此種「生命」僅是「暫存的物質體」。「義」則不然，「義」雖無關死生壽命的掌控，卻是人類堅忍不拔之「使命」，這使命爲捍衛文化而萌生，是故能薪火相傳地傳承予後代，因此是一種「文化的精神體」。殉節士儒的心理極其獨特而異於凡俗之處，在於不啻視己爲一「生命個體」，而亦視己爲一「使命個體」、「文化個體」，彼輩之所以能夠「舍生取義」的緣故，即是把「使命」、「文化」定義爲比「生命」更加緊要。總之，「義」的實效，著實關係到人類大群的文化整體與社會的秩序結構，對此，袁信愛先生有以下的敘述：

> 就人的生命角度而言，人之所以創造文化，本是爲人類的生存而服務。但當文化一旦被建構而且確立下來之後，文化即獨立而爲人的反制力量。這也就是說，人不再是創造文化的主體，反倒成了被文化所制約的客體，依文化所建構的標準來形構人對自身的自我認知與自我評量。所以，人就成了文化的受造者，依文化的判準來取決其生命的意義與價值。〔註178〕

> 就人的文化角度而言，人的文化即是人本質的體現；人也就是藉由文化的創造而開展出人生命的意義與價值。……當人依文化所設定的判準來評量生死的價值時，生命的價值即不再只限於肉體形軀的物質意義，而是超越了此物質意義，進而展現出人所特有的精神意義。換言之，這時的死亡即不是生命的否定，而是生命的超越與生命的完成。〔註179〕

「文化」〔註180〕是人類依據其生活經驗所累積而成的珍貴資產，其內涵亦由

〔註178〕袁信愛，〈荀子的生死觀及其禮義之學〉，頁170。

〔註179〕同前注，頁171。

〔註180〕錢穆先生稱：「文化是一個民族生活的總體，把每一民族的一切生活包括起來稱之爲文化。文化不是指每一個人的生活言，也不是指學術生活，或經濟生活、物質生活、精神生活等言。它是一切生活的總體。」見氏著，《從中國歷史來看中國民族性及中國文化》，頁13。周憲先生稱：「文化是一個我們大家都遭遇並在其中運動的複雜日常世界。文化始於這樣一個基點，那就是人超越了其自然繼承中單純的給定之物。……文化的兩個最重要的或普遍的要素也許是人建構和建造的能力，以及使用語言的能力（應寬泛地加以理解，包括各種形式的符號系統）。」見氏著，《文化研究關鍵詞》（北京：北京師範大學出版社，2007年6月），頁103。

人類的智慮思辨所建構完成，因此文化是人類整體生活的重要憑藉，它關係
到群體生活的模式以及所當依循的規範，其價值已然高過於任何單獨的生命
個體。以中國傳統來論，「文化」之字源當見於《周易》〈賁卦・象辭〉所云：
「觀乎人文以化成天下」，孔穎達疏曰：「觀乎人文以化成天下者，言聖人觀
察人文，則詩書禮樂之謂，當法此教而化成天下也。」〔註181〕程頤注曰：「人
文，人理之倫序，觀人文以教化天下，天下成其禮俗，乃聖人用賁之道也。」
〔註182〕據是可知，中國傳統對文化的釋義，側重在文獻典章的教化，以及人
倫秩序的順健等面向，文化的涵義也可分成「人文」與「化成」兩個層次。
人文者，是中國傳統固有的文獻典章與人倫秩序；化成者，聖賢憑藉文獻典
章與人倫秩序教育天下之人，使天下之人浸染日久而成其禮俗。人類生命的
呈現方式有兩種，一種是自然的血肉生命，另一種是社會大群的人文生命。
據錢穆先生稱：「人有自然生命，有人文生命。後人的自然生命，人文生命，
全從古人來，生命是一體相承的。」〔註183〕人類的自然生命是血肉形軀，而
這樣的「自然生命」卻常被侷限於百年之內，無非是一種極其有限的短暫存
在。自然生命的延續指的是傳宗接代，父與子、祖先與子孫的血脈相連。至
於「人文生命」則不然，人文生命是整體性的長久存在，它關係到整個族群
的生活、歷史、思想、語言、價值觀等等，換個方式來講，「人文生命」其實
就是人類群體的「文化」。「人文生命」的延續方式與「自然生命」有別，它
並不是透過父與子、祖先與子孫的血脈相傳，而是經由人物、思想、歷史、
文獻、語言等等諸多元素所共同構築。「文化」意謂「人文化成」，「人文化成」
的積極意義，莫不是把「人文」視為珍貴的文化本體與根源，並且知曉「化
成」乃是延續文化的必經途徑。

　　至於道德的存在，本就是中國文化的一大特徵，向來為中國傳統士儒所
堅守及篤行，同時也是宋季殉節義士所深信不疑的立身規範。道德互古以來
即為中國「人文生命」裡頭的重要環節〔註184〕，殉節者「以身殉道」的具體

〔註181〕魏・王弼，晉・韓康伯注，唐・孔穎達疏，《周易正義》，卷3〈賁卦・象辭〉，
　　　　頁62。
〔註182〕宋・程頤，《易程傳》（臺北：文津出版社，1987年6月），卷3〈賁卦・象辭〉，
　　　　頁197。
〔註183〕錢穆，〈中國人的行為〉，《從中國歷史來看中國民族性及中國文化》，頁64。
〔註184〕錢穆先生稱：「講到中國文化，我提出兩點。一是道德的，一是藝術的。道德
　　　　與藝術，都是人生內部自發的，而這兩個亦是內在相通的。」見氏著，〈中國
　　　　人的文化結構〉，《從中國歷史來看中國民族性及中國文化》，頁102。

行動，便是不惜以自身自然生命的終結，來捍衛國族群體的人文生命，進而確保道德文化的延續性，突顯道德思想的崇高價值，勿使其墜落隕歿或是淡薄衰微。道德既為群體人文生命的要項，本身並不夾帶私人的功利色彩，是故殉節者的道德表現對己身而言確實是無利可圖，殉節者所獲取的僅是精神層面的問心無愧以及心安理得而已。然而道德對人類大群卻存在著莫大的裨益，道德具體的功效，乃為人類社會建構出穩健的秩序以及和諧的生活。道德的最終目標，亦在於實現長治久安的理想境界。綜言之，彼輩是藉由犧牲小我個體的自然生命，進以成就大我群體的人文生命，殉節者的自然生命縱然因此終止，但人類大群的人文與道德卻因而獲得延續與流傳。平心而論，這般大公無私的行為與情操，著實是難能可貴。

其三、關於「殉節者決意赴死時所呈現出的生命張力與終極關懷」之析論，殉節之士憑藉其終極關懷發顯出殉節時的生命張力，彼輩殉節時的生命張力足以感動人心〔註185〕，以其忠心義舉作為一種最具體的號召與宣誓，這股無懼死亡的精神力量亦引領著人們正視殉節行為背後的終極關懷。殉節行為就外顯的死亡表現而論，通常會激盪出一股撼動人心的生命張力；殉節行為就殉節者的內在動機而論，道德意識便是殉節者「以身殉道」的思想憑藉。換言之，殉節者在成仁取義的時候，生命張力與終極關懷便已經同時地發顯出來，其生命張力之呈現，吾人可稱作是「行誼風範」，其終極關懷之內涵，吾人可稱作是「忠義氣節」。殉節行為倘若僅是單純的自殺行動，那麼恐怕只會讓目睹與聽聞的人覺得驚訝與惋惜，並不容易產生敬佩讚嘆等心理共鳴，殉節行為之所以具備生命張力，必與殉節者的終極關懷緊密相連，目睹與聽聞的人對殉節行動感到欽慕與景仰，其原因誠然是對殉節行為背後的終極關懷予以認同及肯定，甚至是給予高度的評價。基於這種認知上的共鳴與情感上的感通，殉節者的精神意志及其殉節行動方足以扣人心弦，其生命也才得以發出張力。「終極關懷」這一詞彙，是由美國神學家——保羅·田立克（Paul

〔註185〕殉節烈士的生命張力感人之深者，在於其不惜犧牲寶貴的性命以表明心志，亦在於其個人生命特質與思想行為能獲得世道人心普遍的認同與景仰。正如黃俊傑、吳光明先生所稱：「人活在兩難的生命情境裡往往抉擇一死以明志，中國古代這種悲劇英雄屢見載籍。人在什麼樣的兩難中，以何種方式安頓自己的生命，這就決定了這個人的本質及其特殊性。」詳見氏著，〈古代中國人的價值觀：價值取向的衝突及其解消〉，引自沈清松編，《中國人的價值觀：人文學觀點》（臺北：桂冠圖書公司，1994 年 8 月），頁 21。

Tillich，1886〜1965）所提出，其崖略如下所述：

> 信仰就是一種終極關懷（ultimate concern）的態度，因此，信仰
> 的動力也就是終極關懷的動力。人和所有生物一樣，會關注許多
> 事物，特別是那些與生存休戚相關的事物，……但是人類和其他
> 生物不同的是，人除了關心食與住的問題之外，也關心精神方面
> 的問題，……有些問題具有高度的迫切性，甚至迫在眉睫，它們
> 和生存問題一樣，都可能成為個人或社會羣體生存的關鍵問題。
> 一旦某個問題成為一個人生命中最重要的問題時，他就必須完全
> 臣服於這個最高指導原則之下，而且，即使所有其他問題都因此
> 而退居次要或被棄置不顧，這個核心議題還是可以為他帶來高度
> 的滿足感。〔註186〕

> 人的經驗、感情、思想都局限在某個範圍內，而且會受特定條件的
> 限制。它們在生活中忽而出現忽而隱沒，除非把它們提昇到絕對的
> 層次，否則其內容相當狹隘。……人可以藉著一個直接而個人化的
> 集中行為，瞭解所謂至高無上、無條件、絕對以及無限的意義。單
> 是這項事實，便使信仰成為人類的潛力（human potentiality）。人類
> 的潛力是驅使人們實現理想的動力。〔註187〕

生命的張力是重其「質」而非重其「量」，「質」象徵的是生命的強度與韌
性，「量」象徵的是生命歲數的長短，意即人類死生夭壽的先天命限。人類
的有限生命是屬於自然義的物質形態，也因此極其短暫而容易損毀，人類
通常只是消極被動地接受勢必降臨的死亡時刻，是故人類歲數之「量」，實
難顯耀出光輝燦爛的生命張力。然而人類卻另有一無限生命，此無限生命
是屬於人文義的精神形態，是人類思想信仰所凝聚而成的內在意識，亦是
人類所能操之在己，不受外力操縱的自由意志。這樣的精神形態便是人類
生命的「質」，亦是生命張力萌發的源頭。人類的生命張力來自於他的獨特
行為，惟獨特殊且深具意義的行為才足以發顯出生命的張力，這樣的行為
必是一種有意識的施為，此行為背後也應當隱含著某些思想底蘊，思想與
行為通常合而為一體，行為者是根據某些思想的領導而產生其動機，進以

〔註186〕（美）保羅・田立克（Paul Tillich）著，魯燕萍譯，《信仰的動力》（臺北：
桂冠圖書公司，1994 年 8 月），頁 3。
〔註187〕同前注，頁 10。

憑藉其內藏之動機發出具體的行爲，這些作用都是相互連鎖的一個整體。
〔註188〕

　　換言之，殉節既是一種獨特的行爲模式，殉節行爲也絕非無意識的舉動，那麼吾輩應可以擬推殉節行爲所發顯出的生命張力，並非僅是源自此慷慨赴死的積極行動，實然亦坐落於殉節行爲背後的精神信仰與道德思維，這般堅定不移、至死不渝的精神信仰與道德思維，就是殉節者的「終極關懷」。諸如，忠義精神、氣節操守、人倫綱常、崇敬聖賢等觀念，皆可視爲殉節者的「終極關懷」，「終極關懷」或可視爲某種信仰，或可視爲某些價值觀，更可謂是人們對某種價值觀的無條件信仰。〔註189〕至於殉節者「終極關懷」的養成，既關係到個人的思維模式與信仰對象，也與炎黃子孫長久以來歷經「人文化成」所收之成效息息相關。綜言之，透過儒家思想的浸染薰陶與古聖先賢的循循善誘，忠義氣節、人倫綱常等觀念儼然成爲彼輩人生當中最高的指導原則，其重要性甚至遠大過自己的生命。如此的「終極關懷」引導著殉節者的思想動機，並且催化出他們最具體的殉節行爲。

〔註188〕錢穆先生稱：「中國人講思想，必兼有行爲在內。……這不是語言文字所能盡，不是邏輯所能辨，亦不是加上注解便易懂，要我們自己身體力行，到這境界，纔能懂。」見氏著，〈中國人的文化結構〉，《從中國歷史來看中國民族性及中國文化》，頁103。

〔註189〕例如，（美）亞倫‧強森（Allan G. Johnson）所稱：「價值除了影響我們怎麼選擇行動的路線之外，還影響我們怎麼看待、怎麼對待我們自己和別人。」「信念和價值界定何謂眞實、什麼才是重要的。」「感情、信念和價值的混合體正是文化態度的核心。」見氏著，成令方等譯，《見樹又見林：社會學作爲一種生活、實踐與承諾》，頁58、頁68、頁79。所謂「終極關懷」、「價值」等語彙乃象徵某觀念對吾人所具備的優先與絕對的領導地位，當人們面臨二元或多元的選擇時，「終極關懷」、「價值」就成爲人們「惟一」、「不容違背」的認定標準與實現憑藉。這與黃俊傑、吳光明先生所闡釋的具有「無上命令」（categorical imperative）特性的「道義倫理」頗爲相似。其言云：「傳統的『道義倫理』中所謂的『無上命令』（categorical imperative），就是一種絕對的價值，不因行爲者的身分、地位、職業…等條件而改變：『道義倫理』的成立基礎並不訴諸於其他目的。」見氏著，〈古代中國人的價值觀：價值取向的衝突及其消解〉，引自沈清松編，《中國人的價值觀：人文學觀點》，頁10。

第三節　論宋季殉節行爲之「群我」內涵

一、儒家「群我」意識下的道德開展

　　人生在世，身爲一個物質體的「我／個人」，其實只是維繫生命存活的單純問題，只要憑藉骨肉血氣便得以構成物質體的「我／個人」，而無須涉及文化、精神層面等議題。但是，人生在世卻又不能只是一種生老病死、飲食男女的血肉存在，在人生的歷程中所涉及的絕對不僅是「身爲人」的單純問題，更得思量的是「身爲人」的背後，如何「做人」？如何做個「更像樣、更完善」的人之生命議題。如此一來就得涉及文化、道德、精神等層面的議題。中國傳統儒家思想訴求下的「我／個人」，始終側重於「做個像樣、完善的人」這樣的思維方向，並以此作爲其學說的建構與開展。中國傳統士儒在儒家思想的薰染之下，除了樹立出一種自身必須「做個像樣、完善的人」的義理典範，接著還必須關切到人與其他人之間的關係，儒家於是提出了「人倫」、「綱常」等概念，力求「人與我」、「群眾與個人」之間的貫通無礙。儒家思想之中有許多具體化的道德表現，時常得在個人與群眾間加以施爲，殉節現象亦不例外。因此，在探討宋季殉節行爲「群我」內涵之前，乃先對儒家思想的「群我」意識加以爬梳及析論。

　　儒家思想定義下的「個體存在」的「我」以及「總體存在」的「群眾」，絕非是斷裂而互不往來的關係，反倒是極其強調「我」對「群眾、社會、國族」的積極作用。這樣的「我」，如果有其責任與使命，亦不當侷限於一己，而是關係著整個社會國族、天下興亡，此乃儒者任重道遠、民胞物與的理想眞諦。儒者以天下爲己任，自覺對同胞、國族、天下皆有不得不爲的責任，這種捨我其誰的責任感，其實已然與義務無異。然而這樣的義務並非出自外在的規定與他律，完全是出自士儒自身的主動意願，及其積極的使命感，不屈不撓的理想性。如曾子所云：「士不可以不弘毅，任重而道遠。仁以爲己任，不亦重乎？死而後已，不亦遠乎？」〔註190〕士儒在群體當中的定位與其對自我的勉勵，乃是一種死而後已、不容推諉的重責大任，既是對自身人品修養的負起責任，又是對社稷天下、治亂問題的一肩承擔，群與我之間絕不是疏離而互不相關的存在，此特質是中國傳統文化的瑰

〔註190〕宋・朱熹注曰：「必欲以身體而力行之，可謂重矣。一息尚存，此志不容少懈，可謂遠矣。」詳見《論語》卷4〈泰伯〉，宋・朱熹，《四書章句集注》，頁104。

寶，這與近現代西化後的工商世界，人們慣於以個體為中心，以自我利益為優先考量，使群與我斷裂疏遠的生活方式截然不同。例如，儒家思想對「仁」之釋義，《禮記‧中庸》稱：「仁者，人也。」鄭玄注：「人也，讀如相人偶之人。」〔註191〕《說文解字》稱：「仁，親也。從人二。」〔註192〕「仁」是儒家思想最為終極崇高的品德，鄭玄、許慎二人釋「仁」的方向皆有彼此、群我的深層涵義，「此」為「我」，屬於獨立個體，「彼」為「群」，屬於人類大群，甚至是國族天下之總體。就「我」而論，必朝乾夕惕於一己之道德修養，督促自我勿為小人之儒，是對內聖修養的不得不為。就「群」而論，必刻不容緩於端正人間風俗，留心天下治亂，這是士儒對外王志業的捨我其誰及鞠躬盡瘁。儒家強調的仁德，必融通「群、我」而兩全其美，例如《論語》曾有如下的記載：

> 子貢曰：「如有博施於民而能濟眾，何如？可謂仁乎？」子曰：「何事於仁，必也聖乎！堯舜其猶病諸！夫仁者，己欲立而立人，己欲達而達人。能近取譬，可謂仁之方也已。」〔註193〕

如上所述，己立、己達屬於一己的範疇，儒家以為只顧慮「私己」猶嫌不足，仍必須關懷「群眾」、安頓「百姓」，因此「立人」、「達人」順理成章地成為士儒所應開拓的外王志業。博施濟眾的心，安頓天下群眾之公心，便是所謂的仁心。儒家思想的體系之中，仁是最為盡善盡美的品德，聖是最理想崇高的境界，「博施於民而能濟眾」的作為，孔子讚許為「仁」、「聖」，儒家思想對群眾關懷與安頓的美意，由此表露無遺。既然仁聖的境界不當侷限於私我，那麼就必得坐落在「群我」的關係上，如此便不難想見為何儒家思想會如此強調「人倫」的穩健及和諧。黃俊傑先生稱：「中國傳統乃是一個以人為本的文化，是一個人本主義的文化，所以它的根源問題落實在人與人的關係上。」〔註194〕人與人的關係妥善協調便是人倫穩健，人倫的重要性就在於維繫著群我關係之和諧，並且鞏固博施濟眾、立人達人的外王基礎。「外王」是士儒從「實現自己」（己立、己達）至「成全群眾」（立人、達人）的擴展歷程，這

〔註191〕東漢‧鄭玄注，宋‧岳珂校，《禮記鄭注》，卷16〈中庸〉，頁186。

〔註192〕東漢‧許慎著，清‧段玉裁注，《說文解字注》（臺北：萬卷樓圖書公司，2000年9月），頁369。

〔註193〕《論語》卷3〈雍也〉，宋‧朱熹，《四書章句集注》，頁91～92。

〔註194〕黃俊傑，〈內聖與外王——儒家傳統中道德政治觀念的形成與發展〉，黃俊傑編，《天道與人道》（臺北：聯經出版公司，1982年11月），頁246。

樣的歷程端賴「風行草偃」﹝註195﹞的王道政治，以及「人文化成」﹝註196﹞的教育效益。此外，吾人仍須探問，儒家思想所界定的「自己」（self），當以何種面貌呈現？黃俊傑先生說道：「自從孔子以後，歷代儒家一面苦思冥索生命的淨化與純化的問題，一面又以大無畏的剛健氣象面對人生的憂患，承擔人間世的一切社會政治現實問題而求其解決安排之道。因此，中國儒家對於環繞著人之『自我』（self）的各種層次的問題都有非常深刻的反省分疏。純粹從理論層次來看，我們可以說人的活動至少有三個不同的方面：知識人、道德人及政治人。」﹝註197﹞儒家人物對「自我」（self）的定位方向，就知識層面而言，即爲「學而時習之」（《論語・學而》）、「學而不思則罔，思而不學則殆」（《論語・爲政》）、「博學於文」（《論語・雍也》）、「學而不厭」（《論語・述而》）的知識人。就道德層面而言，即是「朝聞道，夕死可矣」（《論語・里仁》）、「志於道，據於德，依於仁」（《論語・述而》）的道德人。就政治範疇觀之，蓋爲「求善賈而沽諸」（《論語・子罕》）、「學而優則仕」（《論語・子張》）、「不仕無義」（《論語・微子》）的政治人。士儒進德修業的目標，除了是對自我的實現，其實亦必著眼於人類大群，絕不將人生的格局侷限於私我的成就，據是可知，儒家思想儼然流露出一種民胞物與的關懷態度，以及淑世濟民的胸襟情懷。換言之，儒家思想在強調「內聖」的自我實現的同時，實然亦樹立起「誨人不倦」（《論語・述而》）、「博施濟眾」、「立人達人」（《論語・雍也》）等「外王」的志向與目標。

　　傳統儒家思想對士人根深蒂固的潛移默化，深深影響著彼輩看待「群」與「我」的思維方式，舉大者言之，至少就有以下兩項，這兩項同時也是儒家思想之中極具核心價值的開展進路，其一、「對自身人格樹立的內聖目標」。其二、「對群體關懷平治的外王訴求」。儒家人物對道德的開展時常需要兼顧內聖、外王二者﹝註198﹞，使內聖與外王兩全而美，換個角度說，儒家人物由

﹝註195﹞《論語・顏淵》記載曰：「季康子問政於孔子曰：『如殺無道，以就有道，何如？』孔子對曰：『子爲政，焉用殺？子欲善，而民善矣。君子之德風，小人之德草。草上之風，必偃。』」詳見宋・朱熹，《四書章句集注》，頁138。

﹝註196﹞語出《周易・賁卦・象辭》，其言云：「觀乎天文以察時變，觀乎人文以化成天下。」詳見魏・王弼，晉・韓康伯注，唐・孔穎達疏，《周易正義》，卷 3〈賁卦・象辭〉，頁62。

﹝註197﹞黃俊傑，〈內聖與外王——儒家傳統中道德政治觀念的形成與發展〉，黃俊傑編，《天道與人道》，頁247。

﹝註198﹞余英時先生稱：「『內聖』與『外王』……自始即是一不可分的整體，而且『內

內聖至外王的進展，其實也是一番貫通人我的必經歷程，因此儒家的群我意識，也尤其適合擺放在內聖與外王的場域之中進行理解。林毓生先生亦嘗曰：「中國傳統的讀書人，自古就有一種身分的自覺，這種自覺與他們的使命感是分不開的。在他們的意識與行爲之中，小而言之，要自高、自貴，於言行舉止出處辭受之際，十分注意，盡量守住自己人格的尊嚴；大而言之，則以國家天下爲己任，要在政治與社會層面實踐『外王』的理想。」〔註199〕中國傳統士儒，所讀的是儒家聖賢之書，當他們思索著自己要成爲什麼樣的「人」？要變成什麼樣的「我」？尤其是身爲一個服膺儒家思想的士儒，若要試圖去符合儒家思想定位之中的「人／我」，那麼就必須特別講究自身在「內聖」品德修養上的日趨完善與無瑕，必須律己甚嚴，並且用極高的道德標準作爲自己立身處世的行爲規範。

　　儒家人物這樣的自我訴求，誠如（美）杜維明先生所稱：「在儒家傳統裡，學做一個完善的人不僅是首要關切的問題，而且是終極關切和全面關切的問題。」〔註200〕另外，彭泗清先生稱：「做人問題在中國傳統文化中具有十分重要的地位。可以說，中國傳統文化是關於人生的文化，它是以教人學爲人，教人成爲文化人、理想人、聖人爲主題，並將提高人生境界作爲所有人生活的根本。」「在文化理想中，品德是最重要的行爲成分，修身是做人的根本。」〔註201〕楊中芳先生亦稱：「中國文化體系對『人』的概念是以自我節制、發展

聖』領域的開拓正是爲了保證『外王』的實現。……『外王』必須建立在『內聖』的基礎之上，本是儒學的原始觀念之一，孔子的『爲政以德』，孟子的『仁心』、『仁政』，都是這一觀念的不同表達方式。」詳見氏著，《宋明理學與政治文化》（臺北：允晨文化公司，2004年7月），頁8～9。余氏又稱：「作爲一整體而言，『內聖』和『外王』是一連續體，絕對不能分割成兩截。我所謂的『迴轉』不是從『內聖』迴轉到『外王』，而是迴轉到『內聖外王』的整體。……就個人言，在識得『天理』後，依之自我修養，『變化氣質』，即是所謂『內聖』；依之處世接物，則進入了『外王』的領域。依『天理』而轉化自己需要一段修養過程，所以我說『內聖』是始點；但沒有人眞能不與他人接觸，既與人相處，則必然發生秩序問題，所以我強調『秩序重建』是儒家的終極目的。」詳見同書，頁339～342。

〔註199〕林毓生，〈清流與濁流〉，《政治秩序與多元社會》（臺北：聯經出版公司，1989年5月），頁135。

〔註200〕（美）杜維明，《儒家思想新論——創造性轉換的自我》，頁49。

〔註201〕彭泗清，〈中國人「做人」的概念分析〉，楊國樞編，《文化、心病及療法》（臺北：臺灣大學心理學系本土心理學研究室出版，桂冠圖書公司發行，1997年2月），頁278、頁302。

道德自我爲主。」〔註202〕中國傳統士儒所示範出的自我，是在內聖訴求下，對自我志於道、循於禮的道德實現。因此，儒家人物對自我生命的自律、自覺、自重等要求，著實非比尋常，關於這點，我們從「志於道」（《論語・述而》）、「仁以爲己任」（《論語・泰伯》）、「克己」（《論語・顏淵》）、「殺身成仁」（《論語・衛靈公》）、「舍身取義」（《孟子・告子上》）這些語詞，便能看出儒家人物是如何嚴謹地要求自我的道德人品，並且責無旁貸地往內聖之路前進。

　　然而「人」亦絕非是一種無親無友、離群索居的存在，人生在世，貴在懂得互助互惠、成己成人，而非無情無義、自私自利〔註203〕，是故，士儒除了盡其所能地往「內聖／道德實現」的方向邁進之外，緊接著仍必須藉由自我而去「立人達人」、「博施濟眾」（《論語・雍也》）、「推己及物」（《論語・衛靈公》朱熹注語）、「修己治人」（〈大學章句序〉），進以安頓人類大群，使其生活無虞，使其精神層次有所提升，最終的目標是使社會、家國，甚至是使整個天下日趨美善。〔註204〕例如「以天下爲己任」（《南史・孔休源傳》）、「民胞物與」（〈西銘〉）等語詞，蓋可看出儒家人物在「外王」方向上的宏大胸襟。換言之，儒者除卻對個人內聖道德修養的竭盡心力，亦殷切期盼能在外王志業上有所斬獲，其最終訴求便是將道德落實於整個人類大群。

　　宋代自有程朱理學以來，對儒者內聖的道德修養愈加重視，並標舉出許多立身修持的要領、程序、方法，《大學》該書的地位在此時獲得抬舉即可視爲援例〔註205〕，朱熹編次《四書章句集注》就以《大學》作爲始教，朱熹嘗

〔註202〕楊中芳，〈試論如何研究中國人的性格〉，引自楊國樞，余安邦編著，《中國人的心理與行爲：理念及方法篇（一九九二）》（臺北：桂冠圖書公司，1993年11月），頁415。

〔註203〕楊中芳稱：「在人際運作中『自私』的行爲是最大的禁忌。」引書同前注，頁411。

〔註204〕如楊中芳先生所稱：「中國人理想的個人，就是『克己復禮』的聖人，所謂克己，就是要能夠約束自己，所謂復禮，就是要實行社會所安排的責任。其基本精神就是達到『我爲人人』的想法。」見氏著，〈中國人眞是「集體主義」的嗎？試論中國文化的價值體系〉，引自楊國樞編，《中國人的價值觀：社會科學觀點》（臺北：桂冠圖書公司，1994年1月），頁400。

〔註205〕據晚近學者梁啓超（1873～1929）稱：「區區〈大學〉一篇，本不知誰氏所作，而朱晦庵以意分爲經傳兩項。其言曰：『經一章，蓋孔子之言而曾子述之。傳十章，則曾子之意而門人記之。』然而皆屬臆度，羌無實證。晦庵又因其書有與自己理想不盡合者，乃指爲有錯簡，以意顛倒其次序。又指爲有脫漏，而自作格致傳一章。……吾儕觀之，此篇不過秦漢間一儒生之言，原不值如此之尊重而固守也。」詳見氏著，《國學研讀法三種・要籍解題及其讀法》（臺

稱：「某要人先讀《大學》，以定其規模；……《大學》一篇有等級次第，總作一處，易曉，宜先看。」〔註206〕「先讀《大學》，可見古人為學首末次第。」〔註207〕朱熹的〈大學章句序〉甚至把《大學》指為「古者大學教人之法、聖經賢傳之指」，並且認為《大學》的闡論「於國家化民成俗之意、學者修己治人之方，則未必無小補云。」〔註208〕《大學》教化之中的道德修養方式有所謂「格物、致知、誠意、正心、修身、齊家、治國、平天下」〔註209〕的八條目，這當中從「格物」到「修身」誠可視作「內聖」的道德修持之道，至於「齊家」、「治國」、「平天下」則已經涉及到自身以外的客體（家庭成員、君主、政治環境），是故含攝了「外王」的概念〔註210〕，而其中「人倫綱常」的觀念與其伴隨而來的「忠、孝、節、義」等德目，皆是舉足輕重的義理概念，屢屢為中國傳統思想界所突顯和發揚，它的先決性著實不容小覷，甚至可當成貫通群我之間的橋樑，儼然是一條從內聖延伸至外王所必經的重要道路。儒家人物憑藉道德立足與修身，以從善如流的態度立身處世，見賢者則思齊之，見不肖者則反躬自省。所謂的賢者代表的是一種有品德、有操守的正面人物形象，如「仁人」、「君子」、「忠臣」、「節士」等。反之，所謂的不肖者，代表的是一種無品德、無操守的負面人物形象，如「小人」、「奸佞」、「貳臣」等。對此，許倬雲先生稱：「良吏忠臣這一類，居於道德規範的正面，……另一方面，叛逆奸邪這一類，居於道德規範的反面。」〔註211〕身為人臣者，處在政治環境裡頭，恪遵君臣之間的綱常倫理，秉持忠君愛國的信念，其言行施為絕不容危害到國朝與社稷，如此則符合政治場域裡頭的道德倫理，歷史對

北：臺灣中華書局，1972 年 11 月），頁 10～11。案：《大學》一書原屬《禮記》當中的篇章，至宋代程朱理學特重其間義理，並且引以為教本而授受門徒，及朱熹編注《四書章句集注》乃首置《大學》作為學子進德修業之始教，自是《大學》一書的學術地位獲得前所未有的提升。

〔註206〕 宋・朱熹，〈大學一・綱領〉，宋・黎靖德編，王星賢點校，《朱子語類》，卷14，頁 249。

〔註207〕 同前注，頁 250。

〔註208〕 宋・朱熹，〈大學章句序〉，氏著，《四書章句集注》，頁 2。

〔註209〕 《大學章句》，宋・朱熹，《四書章句集注》，頁 3。

〔註210〕 彭泗清先生稱：「這一模式是由內向外逐步遞推的，將自身的修養作為治國平天下的前提。做人首先是修身養性，反躬自省，以求個人的自我完善。……其次是推己及人，實行仁義，以齊家治國平天下。」詳見氏著，〈中國人「做人」的概念分析〉，楊國樞主編，《文化、心病及療法》，頁 306。

〔註211〕 許倬雲，〈中國傳統的性格與道德規範〉，《思與言》第 2 卷第 5 期（1965 年 1月），頁 408。

這類臣子的評價理所當然會是正面的。反之，若把私人利害關係看得比國朝存亡還重要，則是違背了政治倫理，歷史對這類臣子的評價想當然耳會是負面的。

中國傳統士儒慣於在歷史當中尋找饒富正面形象的人物典型，以及崇高的人格特質作爲自己效法的對象，而關於正面形象與崇高人格的極致代表就是所謂的「聖人」，換言之，聖人即是最符合道德仁義的具體示現。儒家人物企慕聖人，將聖人的言行施爲視爲自我立身處世的圭臬，藉此尋求一種更爲完善、更加理想的自我。（美）杜維明先生稱：「儒家的自我觀念不僅是各種關係之中心，而且也是一個精神發展的能動過程。就本體論而言，自我即我們的本質，乃是先天賦予的，因而它所包含的一切都是神聖的。在這種意義上，自我便即是內在的又是超越的。」〔註212〕這般說法似孟子所言「仁義禮智，非由外鑠我也，我固有之也。」〔註213〕蓋人皆有存德向善的材質，此乃就人種異於物種的理想與價值層面而加以定義，但若就現實層面來講，人非生而知之者，因而仍然需要借助外在的教化作爲提升自我的媒介，這樣的教化若就「人」而論即爲聖人，若就「物」而論即爲「聖經賢傳、文獻經典」，是故《荀子・勸學篇》記載：「學惡乎始？惡乎終？曰：『其數則始乎誦經，終乎讀禮；其義則始乎爲士，終乎爲聖人。』」〔註214〕對聖人的詮解，（美）杜維明又說道：「所謂聖人，就是羣體行爲最終的自我歸宿。這個定義包含著兩個相關的內容：（1）自我是各種關係的中心；（2）自我是精神發展的能動過程。」〔註215〕代表著儒家最理想人格境界的聖人，其精神發展的能動過程指的是內聖的道德修養，藉以不斷提升自我內在人格之完善，除此之外，人作爲羣體當中的一員，並不是一種離群索居的疏離存在，仍必須思索自我與他人之間的關係，正視自我與他人之間林林總總的責任與義務。例如，士儒面對君、父，則必須善盡爲人臣、爲人子之道，惟有如此，「人倫綱常」才能夠在家庭與政治場域當中發揮其實質功效。士儒面對人類大群的時候，誠然不能喪失推己及人、博施濟眾的淑世胸懷，如此「外王志業」才有獲得拓展的寶貴契機。

〔註212〕（美）杜維明，〈儒家思想中的自我與他人〉，引自（美）馬塞勒（Anthony J. Massella）等著，任鷹等譯，《文化與自我》（臺北：遠流出版公司，1990 年 2 月），頁 246。

〔註213〕《孟子》卷 11〈告子上〉，宋・朱熹，《四書章句集注》，頁 328。

〔註214〕清・王先謙注，沈嘯寰，王星賢點校，《荀子集解》，卷 1〈勸學〉，頁 11。

〔註215〕同註 212，頁 233。

　　在論述殉節行爲的個人與群眾的內涵之前，我們不妨先這麼理解，人們之所以會認定某些事物或概念深具其內涵，甚至加以信奉或實踐，這大抵意味著這些事物或概念對彼輩而言，誠然饒富實質之「意義」。先就儒家思想或儒家人物看待「意義」的標準加以探究。「意義」常是領導人們具體行爲的重要動因，內在的意義與外在的行動施爲時常互爲表裡，余觀人類對其自身所認爲不具備意義的事物，大抵不會把它置於優先地位，進而迫切地加以處理，或者不必然做出某種回應，以及付諸某些實際的行動。因此，「意義」是否被人們所認定，將直接或間接地影響到人們的具體行動。意義的存在愈加深化，就愈能形成某種價值〔註216〕，價值與意義宛如一體之兩面，基本上也呈現出正比關係，大抵愈有精神價值的事物就愈能顯露其間所存在的意義。吾人專就中國傳統的精神價值加以論述，此精神價值並非是無中生有的存在，它的生成是出自於人在社會群體之中的某些具體行爲，或是人們經由某種人生體驗所凝結成的思想體系，而這類的具體行爲、思想體系首先必須符合傳統文化的核心，而且能受到當世普遍的肯定和認同，進以確立某種具有典範性的特殊意義。若說意義的強度取決於價值的高度，那麼以久受孔孟思想薰陶的中國文化而論，中國傳統尤其著重的是道德上的價值。換言之，中國傳統文化的界域裡，愈符合道德的人與事，愈有其卓越的價值，有卓越的價值，方有其獨特的意義。

　　舉殉節現象爲例，殉節行動就是一種政治場域中的道德實現，殉節的忠臣義士，心中存有某些共同的目標，一者乃就政治目標來講，「誓死」捍衛國朝安寧，確保國祚的延續性，此目標蓋涉及事功層面，勢必得訴諸群體的團結與配合，成功與否存有較大的未知數。二者乃就道德目標來講，盡忠守節，不降服於外侮，不妥協於霸道，「寧死」不屈於逼迫威脅。此目標關乎最純粹的個人品格與道德涵養，單憑個體就能自給自足地完整體現，或慷慨成仁，或從容就義，此不假外求而可獲，不援外力而可成。但就以上兩個目標的共

〔註216〕黃俊傑、吳光明稱：「『價值』，是指每個文化或時代裡人們據以判斷行爲的是非對錯的一套標準。這一套標準有時固然明顯地記載於每一個文化的經典之中，但也常常表現爲一種內隱的文化內涵，『日用而不知』，……人的價值意識或價值取向，並不是抽象的邏輯運作。相反地，因爲人生存在特定的時空之中，受一定的社會政治經濟條件的制約，所以，人的價值意識或價值取向必須在人的社會存在或社會實踐中，才能展現其全幅的意義。」見氏著，〈古代中國人的價值觀：價值取向的衝突及其解消〉，引自沈清松編，《中國人的價值觀：人文學觀點》，頁2～3。

同點來講，「不能畏懼死亡」便是一項極爲重要的前提。就殉節現象析論，殉節者惟有把「忠義氣節」等意義深化成無上的價值、至高的信仰，方能自動自發地承擔起救亡圖存的政治責任，也方能把體現道德視爲必然遵循的人生義務。〔註 217〕這樣的意義既爲無上的價值、至高的信仰，其重要程度自然是凌駕在生死議題之上，如此看來，爲實現理想而犧牲性命又何足惋惜。要之，殉節是一種由生入死的人生抉擇，是在轉瞬之間用犧牲所證成的一種道德實現〔註 218〕，殉節者之所以能夠出於自願與自發性地終結自身寶貴的生命，除非其背後沒有任何的思想基礎或動機意識，但如果存有絲毫幽微的思想基礎或者動機意識的話，那肯定是饒富意義與價值的超越性存在，因此其重要性甚至是遠遠凌駕在人類的寶貴生命之上。

從儒家思想的視域觀之，吾人不難發現士儒所重視的意義爲何？儒家之意向，只要是愈趨近道德的存在，就愈具有其不凡的意義。然而意義的特徵又同時涉及到道德的延續性，以及思想行爲之間的因果關係，例如殉節者憑藉「忠義氣節」、「人倫綱常」等觀念進而殉節犧牲，由此不難想見「忠義氣節」、「人倫綱常」等觀念在彼輩的生命當中，是一種極具意義的價值與存在，換言之，這樣的意義引領其萌發殉節的思想動機，最終造就其殉節的具體行爲。如果說「忠義氣節」、「人倫綱常」等意義是「因」，那麼殉節赴死的具體行爲便是「果」。如果說殉節士儒爲了信念與理想而犧牲的大無畏姿態，以及其成仁取義的行誼風範是某種「因」，那麼後人從當中汲取意義與價值並加以肯定讚揚，甚至對前賢的行爲舉措加以追步及模仿，最終形成相似的殉節現象，如此則又是一種「果」的呈現。在這些因與果的反覆輪轉之中，道德於是乎水到渠成地獲得了延續。另外，「殉節」這樣的概念亦不脫離儒家的群我觀，就殉節者個人而言，殉節行爲的本身固然深具不可動搖的意義，但若是更廣義地析論，殉節行爲所涉及的內涵，其實亦可就「群體」而論。總地來說，這內涵既關係到「我」，亦關係到「群」，最終仍是指向一種道德的訴求，亦是從內聖到外王之間的貫通與開展。

〔註 217〕（奧）維克多‧弗蘭克（Viktor E. Frank, M.D.）稱：「既生爲人就意謂要有意識及能夠負責，……責任有著一種義務的意謂，然而只有從『意義』（個人生命的特殊意義）的角度，我們才能完全理解一個人的義務。」見氏著，游恆山譯，《生存的理由》（臺北：遠流出版公司，1991 年 7 月），頁 43。

〔註 218〕（奧）維克多‧弗蘭克（Viktor E. Frank, M.D.）稱：「生命也是由頂峰來決定它的意義，片刻可以追溯整個生命，使整個生命湧滿意義。」引書同前注，頁 61。

二、殉節就個人之實現

　　人類是一種有知有感的生物，對外界的環境具有觀察、感受、施爲等能力，人類個體與環境共生共存，處於影響環境以及被環境影響的糾結狀態之中。誠如《道德經・十三章》所云：「吾所以有大患者，爲吾有身。」〔註 219〕人類以官能接觸外界的訊息，人類生活模式受環境的變遷而改動，人類思想的形成，情緒的波動，行爲的發展，或多或少與外界環境所施予人類的刺激息息相關。外在環境的情況有時得以操之在己，有時則無法操之在己。外在環境的變動涉及到所謂的形勢問題，形勢具有複雜與隨機等特徵，遂難以被人類個體所全盤掌握或是加以左右。當外在環境威脅到人類的生命財產等權益，或是對人們的心理造成負面影響的時候，就中國傳統士儒而論，便是所謂的「禍患」、「困頓」、「動亂」、「無道」，面對形勢逆境的逼迫與挑戰，人們試圖從現實層面加以處理與解決，其經驗的累積與成果，就是中國傳統士儒所倡的「事理」、「事功」等範疇。然而夷考其實，現實層面的「禍患」與「動亂」，恐非個體所能成功地加以扭轉或者平息，當外在環境無法如人所願，這時候人們猶得持續承受許多難以消解的憂慮與不安，這般憂慮不安的心理因素，加諸難以被變動的形勢侷限，最終會使得某部分的人們刻意漠視外在環境的諸多滯礙，轉向最直接的捫心自問：吾人身處如此絕境，此生之「意義」爲何？此生之「施爲」又當如何？人們對這類嚴肅議題的提問以及思慮後的答案，蓋是人生應有一最終的理想，對人生最終理想的竭力實現，這便是此生意義之所在。就中國傳統士儒的思想與行爲觀之，人生最大的意義，大抵與「道德」、「義理」等範疇息息相關。換句話說，單就實現「道德」的行爲本身而論，已是一種深具價值的獨特意義。

　　一旦人們開始激盪想法以及思索意義，意義便如實地向人們進行呼喚，人們的意識與認知因此更進一步地與被建構出來的意義做出聯結，人與意義宛如攀談般地相互交流與驗證，使人們對自身所信奉的意義更加地堅持與篤定。〔註 220〕更積極而論，人們藉由意義的領導，遂能展開許許多多相應的具體行動。宋季殉節者之所以能從容就義，宋遺民之所以能守節退隱、不事二

〔註 219〕魏・王弼，《老子註》（臺北：藝文印書館，2001 年 5 月），頁 24。
〔註 220〕林安梧先生稱：「『意義』是『心靈的聲音呼喚著自我的完善與美好』，這樣的呼喚是上達於『意義之源』的；意義之源並不是話語之源，而是一超越話語的生命實存之源。」見氏著，〈「生命」、「實存」與「召喚」〉，引自（奧）維克多・法蘭可（Viktor E. Frankl M.D.）著，鄭納無譯，《意義的呼喚》（臺北：心靈工坊文化事業公司，2001 年 4 月），頁 15。

君。夷考其實，便是彼輩對「忠義」、「氣節」、「聖賢」、「人倫綱常」等觀念的心悅臣服與深信不疑。換言之，這些觀念之於彼輩而論，無非是饒富意義的眞實存在，也同時是引導其行動施爲的指標跟圭臬。這些意義之於殉節者的重要性，甚至大過自己的生命，然而殉節者何能具備如此堅韌的意志，著實是耐人尋味的思想議題，「殉節」、「殉道」的道德決心，儼然與宗教式的情懷有幾分貌似，但道德義理畢竟與宗教式的進路有所差異〔註221〕，吾人亦無須用宗教的觀念予以詮釋。但我們如果把殉節行爲產生的肇因，導向於殉節者自己內心的「信仰」，如此蓋無嫌疑之處。信仰的示現，便是人們將自己深信不疑的觀念作爲畢生遵奉的圭臬，甚至訴諸更具體的行動施爲，如此義無反顧的信仰態度與「終極關懷」的概念頗有相似之處，關於殉節者的「終極關懷」及其概念已於前節當中闡述，此處便不多加贅言。

殉節者之所以會做出殉節的行爲，實然肇因於根深蒂固的道德意識，這股強烈的道德意識促使他們無畏死亡、無懼威脅，殉節行爲對殉節者本身而言非但無利可圖，甚至還得喪失寶貴的性命，然而饒富旨趣的是殉節者對自身的殉節行爲卻是甘之如飴。殉節行爲是一種道德的表現，若以「倫理學」的視域界定，殉節者的道德表現大致屬於「義務論」與「德行論」之特徵。〔註222〕體現道德之人，惟有視道德爲「義務」，方能不問行德之後的現實成敗，亦能不在意行德過程中所遭遇的困窘與顛沛，因爲實現道德對彼輩而言，既是一種不可逃避的義務，也是一種舍我其誰的責任。〔註223〕觀彼殉節烈士，

〔註221〕 林火旺先生稱：「道德和宗教仍然不同，道德實踐和規範可以不必來自宗教的啓示和義理，換句話說，道德原則和規定不必基於神或天，……最重要的特點就是要爲日常生活中的道德規定和要求，根據人類的生活經驗，建立一個理性的基礎。」見氏著，《倫理學》（臺北：五南圖書出版公司，2004年2月），頁13。

〔註222〕 根據林火旺先生所稱：「關於道德判斷的規範倫理學理論主要的可以分爲三類：（1）、目的論（teleological theory）；（2）、義務論（deontological theory）；（3）、德行倫理學（virtue ethics）。……目的論主張一個行爲的對錯，完全決定在該行爲所實現的目的或結果。義務論則認爲評估行爲的對錯，不是完全由行爲所造成的結果決定，而是由行爲本身所具有的特點決定。至於德行倫理學則認爲……最重要的問題不是『我應該做什麼』，而是『我應該要成爲什麼樣的人』，基於我要成就的人格，必須培養相對應的氣質傾向，由此自然會表現在行爲之中。」引書同前注，頁19。

〔註223〕 （奧）維克多・弗蘭克（Viktor E. Frank, M.D.）稱：「人類的存在不可能是沒有意義的。只要一個人還存有意識，他就有義務去實現價值，即使所剩有的只是態度價值。只要他存有意識，他就有責任，這份責任也仍然是保留到他存在的最後一刻。」見氏著，游恆山譯，《生存的理由》，頁62。

其忠義護國的舉動蓋無法保證鐵定能成功地驅逐蒙族，其死節犧牲的行爲亦不知是否能激勵群眾以及光復趙宋，舉凡忠義犧牲、持貞殉節，皆是志士仁人所自我認定的一種義務，實然無關乎利害與成敗。此外，忠臣烈士忠義殉節的行爲憑據，往往飽受中國傳統固有文化之啓迪，以及歷經聖經賢傳長久來地薰染與教化，加諸彼輩能欽慕聖賢風範，見賢思齊地培養出崇高的道德人格，意欲成爲忠臣與君子，而不願淪爲姦臣與小人，這便是「德行論」的思想取徑。殉節烈士因能盡忠行義而自覺無咎，因能持貞守節而感到榮耀。雖然犧牲掉珍貴的性命，他們俯仰無愧，求仁得仁，在成德的道路上，蓋能昂首闊步地一往無悔。

孟子嘗謂：「君子深造之以道，欲其自得之也。自得之，則居之安；居之安，則資之深；資之深，則取之左右逢其原，故君子欲其自得之也。」〔註224〕韓愈稱：「由是而之焉之謂道，足乎己無待於外之謂德。」〔註225〕殉節烈士意欲成爲君子之儒，彼輩因心中存有難以抹煞的道德理想，是故能爲了實現此道德理想而奮發向前，亦爲能踐履此道德理想而欣然自得，因此，其殉節的抉擇自當可以無關利害成敗，但求心安理得、問心無愧。錢穆先生稱：「人生必有一希望，必有一理想，個人如此，大羣亦然。如何達到此一希望與理想的一番行爲，就是道。……在我自己十分完備滿足，不必再等待外面的條件，這是德。所以中國人所謂的道德，要能由我一人，從這裏到那裏，不需外邊條件，外邊力量，還幫助。道德是個人的，人人如此，又便是大羣的。」〔註226〕「人皆有死，而人心裡皆有一個共同的傾向與要求，即如何而能不死，不朽，與永生是也。……中國人的不朽，不在小我死後之靈魂，而在小我生前之立德立功立言。使我之功德言，在我死後，依然存留在此社會，在此人羣之中，故重現世與人羣。」〔註227〕道德施展的境域，近至個人小我，遠至群眾大我，道德意識在中國傳統思想當中，實然佔有舉足輕重的價值與地位，古志士仁人亦往往把立德的不朽，視爲人生最終的理想。張灝先生亦謂：「儒家思想是以成德的需要爲其基點」

〔註224〕《孟子》卷8〈離婁下〉，宋・朱熹，《四書章句集注》，頁292。

〔註225〕唐・韓愈，〈原道〉，見氏著，清・馬其昶校注，馬茂元編次，《韓昌黎文集校注》（臺北：頂淵文化，2005年11月），卷1，頁7。

〔註226〕錢穆，〈中國人的文化結構〉，《從中國歷史來看中國民族性及中國文化》，頁108～109。

〔註227〕錢穆，〈孔子與心教〉，《靈魂與心》，頁23～25。

〔註228〕，是以知儒家思想尤其強調道德的不可或缺，士儒也因此具備濃厚的成德意識，無不把建德立業視爲畢生最崇高的成就。然而必須附帶說明的是：士儒立德之目的並不是爲了圖謀個人的聲譽名望，而是秉持大公無私的精神，爲大眾群體謀求福祉。

實現道德理想的過程蓋非易如反掌，例如外在形勢環境的現實疑難，便時常與士儒所堅持的理想相互牴觸，彼輩意欲堅持的道德與意欲實現的理想，通常無法完全訴諸外在現實所能提供的可能性，反倒僅能憑藉內心當中不假外求的道德意識，以及至死不渝地堅守著道德原則，發揮出「知其不可而爲之」〔註229〕的剛毅精神與道德力量。至於「知其不可而爲之」的決心與行爲必然訴諸於個人意願，惟獨願意爲此艱難志業赴湯蹈火的人，才足堪獲取實現道德及樹立典範的可能性。《宋史》嘗謂：「自古志士，欲信大義於天下者，不以成敗利鈍動其心，君子命之曰『仁』，以其合天理之正，即人心之安爾。」〔註230〕孫奇逢稱：「孔子曰：『殺身成仁。』孟氏曰：『舍生取義。』蓋亦時至事起，中心安焉者也。」〔註231〕仁人志士，其安身立命的方向不是爲了富貴利祿與高官顯達，其事功施爲亦未必能盡如所願，君子行事，但求天理人心的端正無邪。觀彼殉節義士犧牲性命的舉動，就其個人私我來講，並無絲毫利益得以圖謀，在無利可圖的情況下，殉節烈士仍然前仆後繼地共赴國難，蓋惟求其自安自得罷了！自安自得的源頭，著實關係到個人的心理狀態，惟獨捫心自問而無所愧疚者方可自安，惟獨遵循仁義以體現道德者方能自得。宋季志士秉持大義，慨然殉節，其犧牲的舉動固然無絲毫利益可圖，但就個人的心理因素而論，卻因其心安理得而能無怨無悔。宋季殉節烈士的道德理想及其生命張力，在於能始終如一地盡忠於趙宋朝廷，守貞持節，無論外在的局勢如何艱難，亦絕不卑躬屈膝、臨難苟免地臣服於蒙元政權的統馭，進欲復宋中興而抗敵殞命，退則共赴國難而殉節盡忠。這些忠臣義士身處國朝覆滅之際，彼於事功層面雖難有成就，徒留下萬般的無奈及遺憾，然就德性層面而言，彼輩卻能懷抱著「知其不可而爲之」的氣魄，顯揚出萬夫莫敵的勇氣，如此光風霽月之胸襟情懷，直可毫無愧疚地與天地並立。

〔註228〕張灝，《幽暗意識與民主傳統》（臺北：聯經出版公司，2006 年 1 月），頁 19。

〔註229〕《論語》卷 7〈憲問〉，宋・朱熹，《四書章句集注》，頁 158。

〔註230〕元・脫脫等撰，《宋史》，卷 418〈文天祥傳〉，頁 12540。

〔註231〕清・孫奇逢，〈劉文烈遺集序〉，見氏著，朱茂漢點校，《夏峰先生集》，卷 4，頁 133。

三、殉節對群體的引導

　　儒家思想是一種「人文化成」的教化與拓展，無論是講究學問或者是崇尚道德，其施爲的對象皆不侷限於私人的生命個體，而是關注到人類大群的整體。孔子曰：「夫仁者，己欲立而立人，己欲達而達人」〔註232〕曾子嘗稱：「夫子之道，忠恕而已矣。」〔註233〕程顥這麼說道：「以己及物，仁也。推己及物，恕也。違道不遠是也。」〔註234〕朱熹嘗曰：「盡己之謂忠，推己之謂恕。」「以己及人，仁者之心也。」「推己及物，其施不窮，故可以終身行之。」〔註235〕仁是儒家的中心思想與核心德目，據《禮記・中庸》稱：「仁者，人也。」鄭玄注曰：「人也，讀如相人偶之人。」〔註236〕許慎《說文解字》稱：「仁，親也。從人二。」〔註237〕因此「仁」的施爲對象乃兼容彼此，必須奠基於自己與他人之關聯，以「人」釋「仁」，指的是群體大我而非個體私我，惟獨兼顧彼此，方可使內聖外王無所偏廢，倘若顧此而失彼，惟恐非是「仁」的完整體現。是以知儒家人物砥礪學問與修養道德的場域，蓋非僅停滯於個人私我，而是融通在「群」與「我」的關係之中，試圖經由個體影響群體大眾。儒家思想的仁與聖不當侷限於成就私我，必當以「博施濟眾」〔註238〕、「明分使羣」〔註239〕作爲終身的職志。換言之，儒家思想的教育特色，並不樂見個人因私我的成就便心滿意足，更強調的是須把一己之善意推廣至大眾群體，使人人皆有所得，使人人皆有所成，踐履仁德的進路應該坐落於安頓天下大群，融通個人與群體之生命，如是內聖外王才得以兩全其美。〔註240〕

〔註232〕《論語》卷3〈雍也〉，宋・朱熹，《四書章句集注》，頁92。

〔註233〕《論語》卷2〈里仁〉，宋・朱熹，《四書章句集注》，頁72。

〔註234〕詳見《河南程氏遺書》卷11〈明道先生語一〉，引自宋・程顥，宋・程頤著，王孝魚點校，《二程集》，頁124。

〔註235〕宋・朱熹，《四書章句集注》，頁72、頁92、頁166。

〔註236〕東漢・鄭玄注，宋・岳珂校，《禮記鄭注》），卷16〈中庸〉，頁186。

〔註237〕東漢・許慎著，清・段玉裁注，《說文解字注》，頁369。

〔註238〕《論語》卷3〈雍也〉，《四書章句集注》，頁91。宋・程顥稱：「『博施濟眾』，乃聖之功用。仁至難言，故止曰：『己欲立而立人，己欲達而達人，能近取譬，可謂仁之方也已。』欲令如是觀仁，可以得仁之體。」詳見《河南程氏遺書》卷2上〈二先生語二上〉，引自宋・程顥，宋・程頤著，王孝魚點校，《二程集》，頁15。

〔註239〕清・王先謙注，沈嘯寰，王星賢點校，《荀子集解》，卷6〈富國〉，頁176。

〔註240〕錢穆先生稱：「中國人看重生命，更看重羣體之大生命。惟羣體大生命，即在各別自我之小生命上表現。果無各別自我之小生命，即不見有羣體大生命。尤其是歷史文化人生，苟無羣體大生命，即不能有各別自我之小生命。各別

　　士儒推己及人的途徑必透過「人文化成」的諄諄教誨，至於道德義理的教化方式概略爲二，其一、「言教」，義理思想寄寓於文章詩歌、問答語錄之間者，可視爲言教。其二、「身教」，宋元之際，觀彼仁人烈士忠義勤王的壯舉，以及守貞殉國的節操，這般行誼風範正是所謂的身教。士儒殉節的舉動從表層看來，似乎只是一種個人行爲，然就更深層的角度看來卻不僅如此，彼志士仁人於忠義氣節的展現無非是一種身教，其教化對象便是群眾。例如，宋德祐年間，蒙軍對趙宋展開猛烈攻勢，宋朝軍情告急，文天祥舉兵響應勤王，據《宋史·文天祥傳》記載：「其友止之，曰：『今大兵三道鼓行，破郊畿，薄內地，君以烏合萬餘赴之，是何異驅羣羊而搏猛虎。』天祥曰：『吾亦知其然也。第國家養育臣庶三百餘年，一旦有急，徵天下兵，無一人一騎入關者，吾深恨於此。故不自量力，而以身徇之，庶天下忠臣義士將有聞風而起者。義勝者謀立，人眾者功濟，如此則社稷猶可保也。』」〔註241〕文天祥以弱敵強，宛如螳臂擋車，非無自知之明，實乃忠義精神根源於心，勢必急於善盡人臣職分，並實踐道義所當爲。若要訴諸更具體的行動，便是以自身作爲前導與示範，期盼能獲得大眾的共鳴與迴響，希冀在群策群力的基礎上完成艱難的護國功業。

　　宋季忠臣義士的勤王行動以及殉節壯舉，除卻是一種個人道德的體現之外，更是身先士卒地樹立起忠義的旗幟，憑藉自己的具體行爲影響群眾，從個人至大群地使人們激發出保家衛國的大無畏精神。殉節者守貞赴死的行爲，足堪激盪人心，使聞見者爲之涕泣動容。例如孟子所說的「聞伯夷之風者，頑夫廉，懦夫有立志。」〔註242〕伯夷的形體與生命必定有終結的時候，伯夷雖死，伯夷之風猶然存在，頑夫「聞」此「伯夷之風」得以廉，懦夫「聞」此「伯夷之風」得以立志，足見「伯夷之風」的影響力已然能穿越時空的限制，進而號召世人。何以能如此？乃因其言行思想受到人們的肯定與讚賞，引發人們主動而樂意地予以記載與傳誦，透過這些肯定、讚賞、記載、傳誦，伯夷的人物形象便顯得鮮明活躍，「伯夷之風」這股精神力量亦將永難磨滅。古聖先賢樹立的風範足以影響後人的思維與行徑，如頑夫、懦夫受伯夷風範之感召而能廉潔與立志。又如曹植（192～232）嘗謂：「每覽史籍，觀古忠臣

　　　　自我之小生命，附著在各別自我之身。羣體之大生命，則寄存於家國天下。」
　　　　見氏著，〈漫談靈魂轉世〉，《靈魂與心》，頁145。
〔註241〕元·脫脫等撰，《宋史》，卷418〈文天祥傳〉，頁12534。
〔註242〕《孟子》卷10〈萬章下〉，宋·朱熹，《四書章句集注》，頁314。

義士，出一朝之命，以徇國家之難，身雖屠裂，而功銘著於鼎鐘，名稱垂於竹帛，未嘗不抾心而歎息也。」〔註243〕因此，殉節現象看似雖是殉節者的個人行為，實則更是殉節者憑藉著自己的堅決意念與果敢行為，形成一種生命張力與精神典範，如此的行誼風範，宛如殉節者的魂魄不滅，猶然向著群眾疾呼與宣揚，這股精神力量的薪火相傳，好似持續領導著群眾盡忠守節，並時時鼓舞群眾去中興復國與報仇雪恥。要之，士儒的殉節行為，蓋亦有足以感動人心，號召群眾等實效。

孫克寬先生嘗這麼說道：「陸秀夫、張世傑們，拼死地擁戴二王，……終於崖山一戰壯烈地殉國。同時狀元宰相文天祥在大都柴市口從容就義。詩人節士謝枋得在國亡近十年後寧絕食餓死而不接受蒙古人的招聘。這兩個江西人轟轟烈烈的壯舉，像一枝火炬似地照耀中國人的心頭。在這枝光明火炬下面，帶動了很多的書生儒士起來，有的爭先赴難，盡忠殉國；有的隱竄山谷、幽居講學，傳播反異族的夷夏之義；有的以詩歌文學來鼓吹不合作的精神，播下革命的種子。」「殉難的既多是讀書人，數量既多，死事又慘，國亡還有那麼多的通儒名士以遺民終老，而直接間接地提供漢人革命的精神教育，……這是我們讀遺民史事不自禁的感奮！」〔註244〕余觀殉節烈士憑藉堅忍的精神與具體的行動，替群體樹立範式，並以自身的壯烈犧牲作為帶動與引領，然而，忠臣烈士的義舉何以能夠感召群眾？蓋因華夏民族具有共同的思想底蘊與文化背景，共同的文化傳統便賦與群眾一種相互共通的心境，這樣的心境起源自中華民族的道德與文化。

殉節的仁人志士，以義行發起號召，為道德樹立模範，彼輩雖意欲引領群眾，使之忠義奮起、眾志成城，然其奏效與否亦須訴諸人心。人若有此心，赴湯蹈火而萬死不辭；人若無此心，則麻不不仁地臨難苟免。此心為何？鄭思肖援其先君子之言云：「蓋心之為心，廣大於天地，光明於日月，不可以小狹之，不可以物犯之，惟始終養之以正，則庶幾乎。」〔註245〕「心之所以為心者，萬萬乎生死、禍福亦莫能及之！蓋實無所變，實無所壞，本然至善，純正虛瑩之天也。以是敢誓曰《心史》。且天地萬花，悉自此心出，縱大於天

〔註243〕晉・陳壽撰，晉・裴松之注，《三國志》〔百衲本二十四史〕（臺北：臺灣商務印書館，2005 年 5 月），《魏志》卷 19〈任城陳蕭王傳〉，頁 276。

〔註244〕孫克寬，〈元初南宋遺民初述——不和蒙古人合作的南方儒士〉，《東海學報》15 卷（1974 年 7 月），頁 14、頁 22。

〔註245〕宋・鄭思肖，《心史・自序》，氏著，陳福康校點，《鄭思肖集》，頁 4。

地，亦不能違乎此心。」〔註246〕根據鄭氏的說法，人心本然至善，是爲道德良知之本心，此心既能廣大於天地，故亦是一通貫群我，毫無隔閡的感通之心。此說蓋認爲吾人之心具備發顯道德的潛能，沛然充塞於宇宙天地，並可與千百載之聖賢同心同理，進而感通無礙。陸象山嘗謂：「此心此理，我固有之，所謂萬物皆備於我，昔之聖賢先得我心之所同然者耳。」「心只是一箇心，某之心，吾友之心，上而千百載聖賢之心，下而千百載復有一聖賢，其心亦只如此。」「宇宙便是吾心，吾心即是宇宙。東海有聖人出焉，此心同也，此理同也。西海有聖人出焉，此心同也，此理同也。南海北海有聖人出焉，此心同也，此理同也。千百世之上至千百世之下，有聖人出焉，此心此理，亦莫不同也。」〔註247〕據陸氏之言，此心蓋爲道德心，道德心是聖賢與凡俗所共存共有之心。

錢穆先生則這麼說道：「中國傳統觀念，則早不看重靈魂，而只看重人心，尤其在人心之相互映照處。」「人心者，乃指人類大羣一種無隔閡，無封界，無彼我的共通心。」「所謂人生，即在人類大羣此種文化心之相互照映中。……人生之不朽與永生，亦當在心的生命方面求之，即人類大羣公心的不斷生命中求之，此人類大羣的公心，有其不斷的生命者，即我上文所謂文化心是也。」〔註248〕據是可知此心爲文化心，文化心是人群彼我之間所共感共通。中華民族有共同的文化傳統，有共同的道德理想，人皆有心，若能常保此心之操存不失，即可維護中華傳統的文化規模，亦能領受古聖先賢的諄諄教誨。人有此心，勿使此心喪失，則能心存仁義。人有此心，勿使其閉塞，故能以心相契合於古今之聖賢。熊禾嘗云：「有慕乎聖賢之道，必深契乎聖賢之心，是益得其所適者也。」「禮不虛行，存乎其人，人之爲人，以其存心，惟仁與義，人道大經。」〔註249〕凡俗之人亦皆有心，人憑藉此心遙契聖賢，惟有與聖賢之心相感通，方可體悟聖賢的志意，進以實現道德仁義的理想，以及扶持人倫綱常之穩健。凡俗之於聖賢，貴在以心相印、以感相通，惟有透過聖賢的教導，並且從躬行實踐當中竭誠地領略，方可印證仁義道德的真實性。惟有

〔註246〕宋・鄭思肖，《心史・總後敍》，氏著，陳福康校點，《鄭思肖集》，頁196。
〔註247〕宋・陸九淵，〈與姪孫濬〉，氏著，鍾哲點校，《陸九淵集》（北京：中華書局，1980年1月），卷1，頁13。同書，卷35〈語錄下〉，頁444。。同書，卷36〈年譜〉，頁483。
〔註248〕錢穆，《靈魂與心》，頁19、頁26、頁29～30。
〔註249〕宋・熊禾，〈適堂說〉，《勿軒集》卷6，頁5。引自清・永瑢，紀昀等編，《景印文淵閣四庫全書》，1188冊，頁813。氏著，〈又祭先聖〉，《勿軒集》卷6，頁9。引自同書，頁815。

欽慕聖賢的行誼典範，才會被彼輩鞠躬盡瘁的理想性所感召，甚至是動容涕淚。凡俗之人惟有殫精竭慮地與聖賢同其心、合其德，如此方能拉近聖凡差距，漸次朝著聖賢的境界邁進。

　　中華傳統文化與道德既繫乎吾人，更連繫於吾人之心，吾人若無法把固有的文化視為理應捍衛的瑰寶，若不願承認仁義道德的卓越價值，那麼此心即已悄然淪喪而不自覺，此心一旦淪喪則無從感通，人無感通之心，即使聖人風範近在眼前，亦是視若無睹，縱然有先賢教化的耳提面命，亦是充耳不聞，如此惟恐讓華夏文化黯然失色，亦惟恐使仁義道德敗壞衰頹。人惟有存此文化心、道德心、感通心，方能與古人相知相感，如此千古之遙恰似咫尺之近，始得領略古仁人志士的意念思想及其言語行為。〔註 250〕宋儒范仲淹嘗曰：「予嘗求古仁人之心」〔註 251〕正是因為他在乎中國固有的文化，尊崇傳統的道德思想，故能與古人相知相惜，並與聖賢之仁心相感相通，如是知范仲淹之存心，亦和古仁人之仁心絕無二致，皆同樣具備著關懷文化、踐履道德之仁心。反之，吾人若不求古仁人之心，則無異於喪失此心，此心一旦泯滅，便等同於麻木不仁卻猶然不知不覺，正如程顥所稱：「仁者，以天地萬物為一體，莫非己也。認得為己，何所不至？若不有諸己，自不與己相干。如手足不仁，氣已不貫，皆不屬己。」〔註 252〕清儒譚嗣同（1865～1898）嘗稱：「仁以通為第一義」「仁者寂然不動，感而遂通天下之故。」「仁不仁之辨，於其通與塞。通塞之本，惟其仁不仁。」〔註 253〕心之發用無限，道德之心、文化之心皆為宋季殉節烈士所操存與顯揚，此心之淵源皆本於「仁」，舉凡忠義精神、氣節操守、人倫綱常，皆本此道德心、文化心之初衷。吾人能夠領略聖賢的思想動機，讚佩其行誼風範，亦須以心與之相感通，惟有善運仁心之感

〔註 250〕唐君毅（1909～1978）先生稱：「世俗之為說者曰，今昔異世，人我異心，古人往矣，來者方來。史可法在明，文天祥在宋，孔子生于二千五百年前。吾之祖宗之遙遠者，亦距吾之生，不知若干世矣。彼等相貌之何若，吾且不知，彼等又何能知千秋萬世之後，有如我者之體其遺志，而上慰其在天之靈者？曰，是不然。人之相知，貴相知心；人之相感，貴以心相感。」見氏著，〈死生之說與幽明之際〉，《人生之體驗續編》，頁 107。

〔註 251〕宋・范仲淹著，〈岳陽樓記〉，見氏著，李勇先，王蓉貴校點，《范仲淹全集》〔第 1 冊〕（成都：四川大學出版社，2007 年 11 月），卷 8，頁 195。

〔註 252〕詳見《河南程氏遺書》卷 2 上〈二先生語二上〉，引自宋・程顥，宋・程頤著，王孝魚點校，《二程集》，頁 15。

〔註 253〕清・譚嗣同，〈界說〉第 1 條、第 12 條，見氏著，吳海蘭評注，《仁學》（北京：華夏出版社，2002 年 10 月），頁 6。同書，〈仁學一〉，頁 17。

通，才能替仁德的具體發越開啓契機。梁漱溟（1893～1988）先生稱：「人類特徵固在其自覺能動性，道德之眞要存乎人的自覺自律。其行動眞切感動人心者，所受到的崇敬遠非循從社會一般習俗之可比。」〔註254〕蓋有如殉節這樣的道德行動，殉節者的行爲實然出自於有意識的自覺與自律，其目的最終雖不能完成中興復國的壯志，無法挽救趙宋亡國滅朝的既定事實，然殉節者忠義赴死而能無愧於心者，蓋單就其心理層面上實是處於自安與自得的完善狀態。「其行動眞切感動人心者」即訴諸於吾人對傳統道德文化的認同，亦根源於吾人「求古仁人之心」之感通。

殉節者對道德實踐與體現的當下，正是梁氏所謂的「眞切感動人心者」，人心何能被道德行爲所感動？蓋因「彼」與「此」之間，「群」與「我」之間，皆能以「智慮」相知，以「感情」相通。人類彼此之間，能憑藉智慮感情互相融通者，則屬有心。個人與國族天下之間，能處處以文化道德爲首要者，則屬有心。〔註255〕換言之，只要是擁有「心」的人，其生命重心已不僅僅坐落於謀求衣食無缺，維持自然生命的存活等問題，其行事與施爲，亦不在於圖謀個人之私利。其所思量的是：人生於世間，仍有超乎自然生命以外的人文生命，此人文生命是以達成人生最終的完善與理想爲宗旨，爲達成此理想目標而必循的原則就是所謂的「道」。自然生命的延續得仰賴衣食，至於人文生命的延續，則必須仰賴人們的信念、意志、精神，信念若能堅決，意志若能專一，精神若能飽滿，即是一種「仁心」的自安與自得。自安自得猶然不足，仍意欲推己及物，由個體小我擴展至群體大我，使人人皆能懷抱仁心，那便是期盼著人類全體的安頓與平治。人心之特質，如上所述，人心之緊要，著實不宜小覷。故吾人惟獨發掘此「心」，時時操存，勿使之喪失，方能領略聖賢平生意向。正視此心，才可透徹中華文化的精髓。懷抱此心，足堪爲承傳仁義道德留下寶貴的契機。融通此心，則可逐漸消弭小我個體與大我群體之間的疏離與隔閡。

〔註254〕梁漱溟，《人心與人生》（上海：上海人民出版社，2005 年 5 月），頁 185。

〔註255〕梁漱溟稱：「就人類説，其社會生命一面實重於其個體生命一面。一切文明進步雖有個人創造之功，其實先決條件都來自社會。人類社會的文明進步正是宇宙大生命的惟一現實代表，一個人在這上面有所貢獻，或可許爲道德，否則，於道德有欠。所謂貢獻者，莫偏從才智創造一面來看。人類由於理智發達乃特富於感情（遠非動物所及）；感情主要是在人對人相互感召之間（人於天地百物亦皆有情，顧無可言相互感召）；倫理情誼之云，即指此。」引書同前注，頁 192。

第七章　結　論

　　人生短短百年，瞬息流逝，人之歲數夭壽時常無法操之在己，而面對外在環境的艱難，歷史的變遷，人們時而有滄海桑田、時不我予之嘆，感嘆著許多既定事實蓋不是人力所能扭轉。那麼人生在世，所欲實現的眞與善爲何？就儒家的視域觀之，惟獨依循信念，往未竟的理想果敢邁進是爲善；惟獨堅守意志，不被外在的移易動搖了自己的意向與作爲，不與悖道之人或事屈膝妥協是爲眞。人生在世尤其可貴者，坐落於生命歷程中的自我省思及自我淬礪，又在於落實群我融通之可能，最終訴諸於家國天下的長治久安。人生精彩之處，在於生命過程中的竭盡心力，而不在最終的歷史成敗。諸如上述，誠爲士儒千古流傳之意念，亦是殉節者萬死不辭所追尋之理想標的，彼輩之思想言行雖無法成功地光復趙宋，卻足以爲宋季歷史書寫下最令人感佩動容的扉頁。殉節現象的發生，常是志士仁人於改朝換代之際，犧牲自我生命而殉於前朝的獨特現象，這現象存在於中國歷史之中誠然是由來已久。殉節者不屈服異朝的堅決意志，以及忠誠故朝的精神信念，儼然有其跨越朝代的延續性。殉節烈士，表面看來似乎是戰敗之下的亡國奴，難逃被無情的歷史事實所宰制的命運，然換個角度觀之，彼輩的思想行誼卻反過頭來爲歷史開拓出更寬闊宏大的格局。試想，宋代若無苦心鑽研義理的道學家，那麼《宋史》之中何有〈道學傳〉的產出。宋季若無赴湯蹈火、慷慨就義的殉節烈士，那麼《宋史》之中又何有〈忠義傳〉之現世。因此，歷史、時代、人物、思想、行爲常融合爲一個整體，整體當中的各種元素亦時常相互影響，甚至是互爲因果。

　　殉節現象的存在、殉節思想的發展，倘若從歷史脈絡加以區分，主要可以列出三項歷程。其一、殉節現象的濫觴時期。這時期以殷周之際的伯夷、叔

齊為代表，夷、齊二人不食周粟，餓於首陽而死，其節操精神，既受到人民的稱讚，甚至獲得孔門的高度肯定，被譽為聖之清者。〔註1〕如宋季的殉節義士們，亦時常以伯夷的風範作為對自我的期許。其二、殉節現象的完備時期。此一時期以宋季的文天祥、謝枋得等殉節士儒作為代表。相較於早先伯夷、叔齊的殉節行為，宋季殉節烈士除卻其具體的殉節行動以外，尚且撰著出許多詩歌及文章，並流傳於後代，其詩文當中不乏有對自身遭遇之記載，或是對國朝覆滅後情感與心境的深刻描繪，更重要的是詳細交代其殉節行為背後所憑藉的道德理想（儒家義理）。諸如上述，大抵皆是伯夷、叔齊階段所較為缺乏的部分。其三、殉節現象的鼎盛時期。這時期以明季如史可法（1601～1645）、劉宗周（1578～1645）等殉節士儒作為代表。此外，宋季殉節士儒的殉節思想作為殉節現象的內在憑藉，本文就其獨特的價值，擬出以下四點結論：

一、樹立殉節思想的終極價值

即使殉節的合理性在明清之際已引起不少的批判與質疑，卻仍有士儒認為盡忠守節的極致表現惟獨一死了之，他們認為殉死的行動，無須預設前提或者附加但書。清代方文（1612～1669）詩云：「文相精忠泣鬼神，當年猶有見疑人；可知盡節惟應死，才說權宜便不真。」〔註2〕乃指出勇於犧牲生命以固守不屈的意志，方是盡節最真實的展現，若瞻前顧後，找尋保存性命的退路，不免留下惹人嫌疑的可能性。換言之，從彼殉節義士的觀點來看，蓋認為「殉」與「死」始終是展現人臣忠義氣節最饒富張力的極致姿態，為國朝及為國君犧牲生命是理所當然的原則，逃避或者找尋不死的藉口之於盡忠守節，似有未竟全功的疑慮，赴難殉節對彼輩而言，是義無反顧、一往無悔的大義，這樣的心理狀態誠然堅決而果敢，絕對不容他人之動搖及阻撓。〔註3〕他們認為志士仁人樹立其德性而足以成為萬世之不朽，亦當從「殉」、「死」

〔註1〕《論語・季氏》曰：「齊景公有馬千駟，死之日，民無德而稱焉。伯夷叔齊餓於首陽之下，民到于今稱之。」引自宋・朱熹，《四書章句集注》（北京：中華書局，1983年10月），頁173。《孟子・萬章下》曰：「聞伯夷之風者，頑夫廉，懦夫有立志。……伯夷，聖之清者也。」引自同書，頁314～315。

〔註2〕清・方文，〈王炎午生祭文相〉，《嵞山集》〔上冊〕（上海：上海古籍出版社，1979年12月），卷12，頁505。

〔註3〕何冠彪先生稱：「不少殉國者死前雖受到勸阻，但他們卻理直氣壯地加以反駁，甚至嚴厲指斥勸止他們殉國的人。」詳見氏著，《生與死：明季士大夫的抉擇》（臺北：聯經出版公司，1997年10月），頁120。

的體現當中獲致殊榮。殉節而死的志士仁人，既稱為仁人，其殉節的原動力蓋是對「仁」德的具體體現，同時也是宗師孔孟學說、浸潤儒家義理後的品格開展。趙師中偉如此說道：「在孔子的學說當中，其核心理想價值，不容分說，一定是『仁』。……而『仁』，也就是『道』；是孔子賦予意義的，且是賦予生命意義的核心理想價值。此核心理想價值，他可以為其而生，甚而為其而死。」〔註4〕「仁」亦是「道」，而「道」是宋季殉節士儒所恪遵的原則，也是彼輩心目中的終極價值，如文天祥所稱：「道之在天地間者，常久而不息，聖人之於道，其可以頃刻息邪？」〔註5〕仁人志士對「道」的體現，朝乾夕惕而自強不息，當儒者踏步在追尋「仁」、「道」的旅途上，生命便成為一種「道德實踐體」，此後「生」不再是自己生命的起點，「死」也不再是自己生命的終站，這樣的「道德實踐體」的新生命是憑藉著獨樹一幟的存活標準，此存活標準就是：身為仁人志士，若合乎道、合乎仁，則雖死猶生；若失其道、失其仁，則雖生猶死。宋季殉節士儒之所以甘願為自己心中的「道」殉死，這是因為「道」即是他們畢生的理想價值，同時也是他們面對「困頓」時的「抉擇」進路，而這樣的「抉擇」恰恰是消解「困頓」的終極方式。擬推彼輩殉節而死的效益概略有三：一者、能報答趙宋恩澤，善盡忠臣職分，無愧於宋朝的禮遇。二者、能成就德業，無愧於仁義之道與聖賢教化，三者、能以死明志，毀滅有形之物質軀體，遺留下不朽的精神意念，使元朝無法再進行迫降與威脅。

二、奠定明季殉節現象之基礎

　　明季殉節者的人數眾多，幾乎是倍增於宋季，其死節死事的慘烈更可謂是空前絕後、駭人聽聞。觀明季殉節士儒的思想憑藉，蓋與文天祥、謝枋得等士儒相去不遠，而明季殉節者之死事亦如文、謝一般，例如史可法因不屈於異朝而見戮，其死事頗似文天祥。〔註6〕據《明史・史可法傳》記載：「大

〔註4〕趙中偉，〈人能弘道，非道弘人——從「意義治療」詮釋孔子的生命意義與價值〉，「話語的流動——第九屆通俗文學與雅正文學國際學術研討會」會議論文集（臺中：中興大學中國文學系，2012年3月16、17日），第1冊，頁83。
〔註5〕宋・文天祥，〈御試策一道〉，《文集》，見氏著，《文文山全集》（臺北：河洛圖書出版社，1975年9月），卷3，頁44。
〔註6〕史可法以文天祥的忠義精神作為立身之期勉，其來有自，據《明史・史可法傳》記載：「史可法，字憲之，大興籍，祥符人。世錦衣百戶。祖應元舉於鄉，官黃平知州，有惠政。語其子從質曰：『我家必昌。』從質妻尹氏有身，夢文

清兵大至，屯班竹園，明日，總兵李棲鳳、監軍副史高岐鳳拔營出降，城中勢益單。諸文武分陣拒守。舊城西門險要，可法自守之。作書寄母妻，且曰：『死葬我高皇帝陵側。』越二日，大清兵薄城下，礮擊城西北隅，城遂破。可法自刎不殊，一參將擁可法出小東門，遂被執。可法大呼曰：『我史督師也。』遂殺之。」〔註7〕另如劉宗周，他在南明政權覆滅之後，本欲仿傚江萬里投水殉節，然水淺不得死，之後卻又絕食而死，其死事頗似謝枋得。據《明史·劉宗周傳》記載：「潞王降，杭州亦失守。宗周方食，推案慟哭，自是遂不食。移居郭外，有勸以文、謝故事者。宗周曰：『北都之變，可以死，可以無死，以身在田里，尚有望於中興也。南都之變，主上自棄其社稷，尚曰可以死，可以無死，以俟繼起有人也。今吾越又降矣，老臣不死，尚何待乎？若曰身不在位，不當與城為存亡，獨不當與土為存亡乎？此江萬里所以死也。』出辭祖墓，舟過西洋港，躍入水中。水淺不得死，舟人扶出之。絕食二十三日，始猶進茗飲，後勺水不下者十三日，與門人問答如平時。（1645年）閏六月八日卒。」〔註8〕綜上所述，史可法之典型似文天祥，劉宗周的行誼似江萬里、謝枋得，其同質性極高。足見宋季、明季士儒殉節所採取的方式也大致雷同，是以明季殉節士儒之死事，宛如宋季士儒殉節死事的重演，同時也呈現出殉節思想從宋季至明季的延續性。但若就細節部分來看，宋明兩代的殉節現象仍有其大相逕庭之處，著實有必要再作進一步的析論。

宋季與明季慘烈空前的殉節現象造成了莫大的歷史震撼，殉節者的身分又以士儒為多，因此殉節思想這樣的議題儼然成型，明季殉節現象作為宋季殉節現象的一種接續與延伸，其殉節人數乃倍增於以往，這情況已然引起清初士儒的高度重視，如黃宗羲、陳確、顏元（1635～1704）、孫奇逢等人皆嘗直接間接地論及殉節的議題。由於明季殉節士儒的數量極多，駭人聽聞，引發當時的思想家對殉節現象的省思與檢討，相較於宋季殉節士儒所受到的肯定與讚揚，明季殉節士儒所承受的卻不全然是正面的評價。然無論如何，宋季殉節現象仍應被視為明季殉節現象的先聲，由於明季殉節士儒不管是在動機方面，或者是行動方面，幾乎都是在宋季殉節士儒的義理基礎上加以重現與開展。也就是說，宋季士儒以殉節這般具體的犧牲行動，書寫下歷史的篇

天祥入其舍，生可法。以孝聞。」詳見清·張廷玉，《明史》（臺北：鼎文書局，1975年6月），卷274〈史可法傳〉，頁7015。
〔註7〕同前注，頁7022～7023。
〔註8〕清·張廷玉，《明史》，卷255〈劉宗周傳〉，頁6590。

章，這些被記錄與流傳的言行風範，對後人所產生的啓迪著實不容小覷。殉節思想從宋季到明季的延續效應，就如同是種子的散播，以及靜待其開花結果，而這樣的過程好似「種植」。前人的思想行爲對後人的積極影響，起始於一種深刻地印象種植。在這樣的種植過程中，前人行誼風範的本身就是印象的種子（意謂有機會能促使後人對前人的言行思想產生印象，進而有意識地讓該印象重現於歷史）。至於人們共通的生活經驗與固有的文化基礎，則是提供種子散播的土壤。種子要能萌芽尙須養分的配合，傳承之心與使命之感便是灌漑種子的滋養。印象種子從播種到萌芽，再到茁壯生成，這整個過程是連續性的，每個環節亦須環環相扣，少卻前人的行誼風範或是後人的傳承使命，固然無法成事，但若失去了共通的生活經驗、固有的文化基礎，同樣難以使本該生成的印象再現於人世。

　　宋季與明季的殉節現象是思想史中極爲悲壯的一頁，而「思想」足以成爲「史」，乃因其延續不絕的特質，又因其延續擴展的能動性，故能自成其脈絡與架構，誠如黃俊傑先生所稱：「思想史所研究之對象則爲思想經驗之持續與變遷。」〔註9〕蓋知「思想的延續性」在思想史脈絡當中所占的地位是何其舉足輕重，同理亦可推知「殉節」這樣的行爲思想，既能從宋季持續延伸至明季，其間定然存有一股能讓人心悅誠服的強烈說服力。余觀明季有許多歷史人物，彼輩對文天祥忠義殉節的行誼風範，誠可謂念茲在茲。王充《論衡・訂鬼篇》云：「凡天地之間有鬼，非人死精神爲之也，皆人思念存想之所致也。」〔註10〕朱熹稱：「人死雖終歸於散，然亦未便散盡，故祭祀有感格之理。先祖世次遠者，氣之有無不可知。然奉祭祀者既是他子孫，必竟只是一氣，所以有感通之理。」〔註11〕後人透過對先賢的「思念存想」、「感格」，進而欽慕先賢的行誼風範，亦不乏有加以效尤之人，這樣的情況證明了在相似的環境背景，以及相似的文化體系之中，「殉節」這樣的道德行爲的確具備了被回憶、複現〔註12〕、延續的種種可能。例如，《明史・史可法傳》記載：「史可法，

〔註9〕黃俊傑，《史學方法論叢》（臺北：臺灣學生書局，1977年8月），頁152。

〔註10〕東漢・王充著，黃暉校釋，《論衡校釋》（北京：中華書局，1990年2月），卷22〈訂鬼篇〉，頁931。

〔註11〕宋・朱熹，〈鬼神〉，宋・黎靖德編，王星賢點校，《朱子語類》（北京：中華書局，1986年3月），卷3，頁37。

〔註12〕（美）宇文所安稱：「回憶總是同名字、環境、細節和地點有關。我們寧可離回憶鏈條末端稍微遠一點，離朦朧不清、難以確信的東西稍微遠一點。相比起來，回憶無名無姓已經作古的人，顯然不如回憶某個具體的人來得生動。」

字憲之，大興籍，祥符人。世錦衣百戶。祖應元舉於鄉，官黃平知州，有惠政。語其子從質曰：『我家必昌。』從質妻尹氏有身，夢文天祥入其舍，生可法。」〔註13〕明代康范生《倣指南錄·自跋》稱：「忠誠府丙戌十月四日之事，余輩捍禦無方，宜咎人而不咎天也。被執在檻，隨筆實錄，自附信史。同事諸公，或存或亡，幽明可質，當以余爲古之遺直。命名曰《倣指南錄》，庶幾對文山而無愧云！」〔註14〕清儒屈大均《廣東新語·零丁山人詩》記載：「山人姓李名正，字正甫，番禺諸生也。丙戌城破，其父及於兵難，山人乃髡首，名今日僧，遯居零丁之山。遇哀至放聲曼歌，歌文文山正氣之篇，歌已而哭，哭復歌，四顧無人，輒欲投身大洋以死，與厓門諸忠烈魂同遊。既又自念吾布衣之士耳，與其死於父，何如生於君。……正甫一字零丁，零丁亦大洋名，自文文山一至，數百年乃有正甫以哀歌招其魂魄，文山其亦幸矣哉。」〔註15〕據是觀之，不難得知史可法、康范生、李正甫等明季士儒對文氏的景仰仿傚之意，彼輩自明季回顧文天祥的行誼思想，李正甫以「零丁」〔註16〕爲字，康范生倣「指南」〔註17〕爲錄，其意向昭然若揭，皆在於體現如文氏這般盡忠守節的人格典範。綜上所述，明季士儒把文天祥視爲指標性的歷史人物，誠然是毫無疑慮的事實，其間亦不乏追隨文氏腳步而決意殉節之死士，又或者縱使無法達成如文天祥般的舍生取義，亦絕不敢對文氏之行爲思想有所批評，所以若要說「殉節」僅是屬於少數人「自我陶醉」、「自得其樂」的個案

「凡是回憶觸及的地方，我們都發現有一種隱秘的要求複現的衝動。當我們回過頭來考察複現自身的時後，我們發現，只有通過回憶，複現才有可能。……對我們來說，除了最機械的重複之外，回憶可以在所有的方面徹底戰勝本能。在我們體內，回憶和複現這兩件事，是同一位守護神的兩張臉面。」引自氏著，鄭學勤譯，《追憶：中國古典文學中的往事再現》（北京：生活·讀書·新知三聯書店，2004年12月），頁28、113。

〔註13〕清·張廷玉，《明史》，卷274〈史可法傳〉，頁7015。

〔註14〕明·康范生，〈倣指南錄〉，引自明·邊大綬，《虎口餘生記》〔外十一種〕（北京：北京古籍出版社，2002年9月），頁327。

〔註15〕清·屈大均，〈零丁山人詩〉，《廣東新語》〔下冊〕（北京：中華書局，1985年4月），卷12，頁352～353。

〔註16〕宋·文天祥〈過零丁洋〉曰：「辛苦遭逢起一經，干戈落落四周星；山河破碎風拋絮，身世飄搖雨打萍。皇恐灘頭說皇恐，零丁洋裏歎零丁；人生自古誰無死，留取丹心照汗青。」詳見氏著，《指南後錄》，引自《文文山全集》，卷14，頁349。

〔註17〕宋·文天祥〈揚子江〉曰：「幾日隨風北海游，回從揚子大江頭；臣心一片磁針石，不指南方不肯休。」詳見氏著，《指南錄》，引自《文文山全集》，卷13，頁343。

行爲〔註18〕，如此的論述方向恐怕有些貶低了「殉節」的道德高度，同時也忽略了殉節人士在「自我陶醉」、「自得其樂」殉節的同時，其間所隱含的儒家義理與道德典範。另外，殉節這樣的具體行爲，對時人與後人所做下的示範著實不宜忽視，其影響力亦是難以估量，這林林總總的延伸與擴充亦非僅僅侷限於「自我」或是「自得」。綜上所言，人們假使僅把殉節這樣的行爲思想訴諸「自我」、「自得」等個人的心理因素，卻忽略了個人心理與整個傳統文化的聯結性，也一併地忽略了個人行動與整個國族群體的關聯性，這樣的論述進路惟恐會有顧此失彼的嫌疑。

三、提供明季遺民參酌之選項

　　遺民的殉節思想在中國傳統思想史之中，是一個連續性質的存在，從宋季到明季的殉節現象裡頭，便可見其崖略。夷考其實，宋季的殉節士儒或是宋遺民所闡發出的殉節思想，蓋足以替明季的殉節士儒提供完備縝密的義理基礎，並且直接或間接地催化其殉節的具體行動，這情況顯示出殉節思想的體系規模已儼然成形，思想體系的本身亦存在著跨越時代的延續性。從宋季到明季，士儒殉節所憑依的核心思想，或是抉擇前的思維方向，其實存在著許多相似之處。例如，殉節者每每認定殉節是人臣不當迴避的本分，所謂的盡忠守節必須以「死」作爲最終極的表現，這是一種綱常倫理與仁義道德上的雙重訴求，既是政治責任，同時也是道德義務，因此若站在殉節士儒的視域觀之，與其說彼輩嘗花心思探問自己必須殉節的原因，或許亦可說是彼輩在傳統文化的浸潤，以及道德義理的薰染之下，壓根兒就遍尋不著自己不當赴難殉死的資格，是以「殉節而死」、「與國朝共存亡」這些觀念對他們而言，蓋已是一條無可迴避、不該閃躲的必行方向。文天祥殉節前嘗說道：「天祥受宋恩，爲宰相，安事二姓？願賜之一死足矣。」〔註19〕謝枋得殉節前嘗云：「宋室孤臣，只欠一死。」「某自知不才久矣，亡國之大夫，不可以圖存，李左車

〔註18〕（美）狄百瑞（Wm. Theodore de Bary, 1919～ ）稱：「新儒家的個人主義是受教育的上層份子的產物，因此它也容易流於變成自我陶醉（或者在受挫時就變成自我憐惜）的工具，表現於吟詩、醉酒之間；只專注意自己，不再以服務百姓或闡揚眞道爲職志。因此英雄的事蹟可以從自我犧牲的殉難行爲到與追求唯美的自我放逐幾不可分的『自得其樂』。」見氏著，李弘祺譯，《中國的自由傳統》（臺北：聯經出版公司，1983 年 5 月），頁 82～83。

〔註19〕元・脫脫等撰，《宋史》（北京：中華書局，1977 年 11 月），卷 418〈文天祥傳〉，頁 12540。

猶能言之，況稍知詩書，頗識義理者乎？」「某爲人臣，自盡爲臣之義也。」
「謝某不失臣節，視死如歸也。」〔註 20〕諸如上述，皆爲宋季殉節思想的如
實呈現。

　　明季殉節赴死者的動機思維，延續自宋季殉節諸儒，這無非是殉節思想
的再度展現。相關例證，可從明季殉節士儒的言論當中觀見，如陳良謨（1482
～1572）嘗稱：「國運遭陽九，君王邁難時。人臣當殉節，忠孝兩無虧。」「臣
死君，妾死主，分也。」〔註21〕饒可久稱：「臣死忠，婦死節，分也。」〔註22〕
張國維（1595～1646）稱：「吾大臣，死王事，禮也。」〔註23〕劉理順（1582
～1644）稱：「國存與存，國亡與亡，古之制也。」〔註24〕至於蘇觀生（？～
1647）自縊殉節之前，曾經於壁上書寫「大明忠臣義士固當死」九字，以明
其意向。〔註 25〕另外，明季遺民也大多存有類似的言論與思想，如孫奇逢嘗
稱：「人臣死君難，天地之大義也。……臣死忠，子死孝，婦死節，純忠大義。」
〔註 26〕陳確嘗稱：「手足視臣，固腹心報之；即犬馬草芥視臣，亦有死無二，
何寇讎之有！」〔註 27〕蓋知明季殉節人臣所憑恃之思想動機，每每切關其對
忠君思想的篤定及對人倫綱常的恪遵，如陳確之語即是一貼切之援例。然而
回顧以往，孟子僅這麼說道：「君之視臣如手足，則臣視君如腹心；君之視臣
如犬馬，則臣視君如國人；君之視臣如土芥，則臣視君如寇讎。」〔註 28〕故

〔註20〕 宋・謝枋得，〈上程雪樓御史書〉，《疊山集》，卷4，頁1、頁3。引自王雲五
　　　　編，《四部叢刊續編集部》（臺北：臺灣商務印書館，1966 年 10 月），522～523
　　　　冊。同氏著，〈上丞相留忠齋書〉，同書，卷 4，頁 10。同氏著，〈與參政魏容
　　　　齋書〉，同書，卷 4，頁 12。

〔註21〕 清・計六奇，《明季北略》〔第四冊〕（臺北：臺灣銀行，1969 年 8 月），卷 21
　　　　上〈殉難文臣・陳良謨〉，頁 514。

〔註22〕 清・張廷玉，《明史》，卷 292〈忠義四・張紹登傳〉〔附張國勛、饒可久〕，頁
　　　　7494。

〔註23〕 清・邵廷采，《東南紀事》（臺北：臺灣銀行，1961 年 1 月），卷 5〈張國維〉，
　　　　頁 71。

〔註24〕 詳見清・孫奇逢，〈劉文烈遺集序〉，引自氏著，朱茂漢點校，《夏峰先生集》
　　　　（北京：中華書局，2004 年 7 月），卷 4，頁 133。

〔註25〕 詳見清・黃宗羲，《行朝錄》卷 2〈紹武之立〉，引自氏著，《黃宗羲全集》〔第
　　　　二冊〕（杭州：浙江古籍出版社，1985 年 11 月），頁 124。

〔註26〕 清・孫奇逢，〈光錄寺少卿二酉張公暨元配趙宜人合葬墓誌銘〉，見氏著，朱
　　　　茂漢點校，《夏峰先生集》，卷 6，頁 229～230。

〔註27〕 清・陳確，〈與張考夫書〉，見氏著《陳確集》〔上冊〕（北京：中華書局，1979
　　　　年 4 月），《文集》卷 3，頁 124。

〔註28〕 《孟子》卷 8〈離婁下〉，引自宋・朱熹，《四書章句集注》，頁 290。

知在孟子的定義之中，臣子對待君主的態度，端視君主禮遇臣子的程度而定，如此的君臣倫理其實只是一種有條件的忠君思想。至於陳確定義之中的君臣倫理，卻是一種無條件的絕對忠君思想，陳確所論蓋與孟子所闡大有逕庭。絕對忠君思想之於殉節現象，無須諱言地具有相當程度的加乘效果，人臣於國朝覆滅之際，憑藉這樣的思想底蘊，遂增添了為君主殞命犧牲的必然性及合理性。從相對忠君思想拓展成絕對忠君思想的歷史變遷，恐怕也是殉節現象日益擴大的原因之一。

　　諸如上述宋季、明季士儒所發揚的言論和觀點，無非都是促使殉節行為發生的重要因素，換言之，亦皆是殉節行為背後所隱含的義理。殉節思想既完備於宋季，至明季卻又獲得更進一步的擴充與發揚，其間除了思想本身的「延續」之外，無疑亦伴隨著一種「擴充」的效應，如此觀之，便不難替明季殉節士儒之所以倍增於以往的歷史現象，做出一個合理的解釋與瞭解。吾人憑藉宋明諸殉節士儒所述，蓋知其「殉節思想」動輒包含了「忠君」的論調，是以「殉節」作為一種道德行為的背後，誠然已含攝了濃厚的政治傾向，人臣對故朝與過往君主的絕對忠貞，便成為責無旁貸的義務與本分，而「殉節」作為人臣盡忠守貞最積極而具體的身體力行，實則等同於宣告著政治責任與道德原則的雙重實現。換言之，忠義精神、人倫綱常等觀念的形成，著實是政治領域與道德範疇交會綰合而成的結晶，所以忠於故國舊朝，成了職官的原則，忠於故朝君主，成了人臣的本分，關於這些觀念的具體呈現，吾輩往往可在改朝換代之際的殉節人物之中，見到最淋漓盡致的發揮與貫徹。要之，與忠君論調息息相關的殉節思想，從宋季跨越到明季，非但沒有斷裂，反倒是更為屹立不搖，甚至還有強化的傾向。另外，在宋、明兩季士儒前仆後繼的殉節死事裡頭，亦足以印證忠義氣節等道德精神的不朽價值，此價值生成之原由，一方面來自於殉節者在政治認同上的始終如一，故絕不卑躬屈膝於異朝。另一方面，更來自於仁義道德上的求仁得仁與問心無愧。無論是宋季或明季，士儒殉節的行為及其殉節背後所憑藉的思想，無不令後人聞之涕淚，感至肺腑，亦無不令後人歌頌其德、讚嘆其行，撰述者動輒記載其人、發揚其事，使彼輩的德業功績能夠綿延不絕，正因綿延不絕，所以能夠成就其不朽。

　　明季士儒對宋季士儒的殉節行為與思想，雖然有予以繼承及擴充的層面，然而卻也發生了加以「省思」與「取捨」的情形。換句話說，就是明季

遺民將宋季遺民遭遇改朝換代時的行為思想，當成一種前人的經驗，再對這些前人的經驗加以審視及省思，之後決定自己是否追隨前人的腳步，願意追隨者便是「取」其行誼典範而為之，反之，則是「捨」其行誼典範而不為。明季殉節士儒將宋季殉節士儒的言行思想，視之為參酌的選項及依循的指標者，如劉宗周即是一例。劉宗周有詩云：「信國不可為，偷生豈能久？止水與疊山，只爭死先後。若云袁夏甫，時地皆非偶。得正而斃焉，庶幾全所受。」〔註29〕以劉宗周的觀點看來，為了偷生保命而屈服於異朝的行徑，信國（文天祥）況且不願為之，至於止水（江萬里）與疊山（謝枋得）的殉節行為，其差別亦僅在時間的先後而已，文天祥、謝枋得雖未在國朝覆滅的當下殉節，但之後面臨新政權逼迫其出仕任官的疑難時，仍然堅守了忠義氣節的原則，此原則推向極致，便是寧死不屈地藉由終結自身性命的方式，破壞新政權之目的與訴求，這也是故朝遺臣對新朝政權最激烈而透徹的反抗。文天祥、謝枋得、江萬里三人殉節的時間點，及其成仁取義的模式雖然不盡相同，但彼輩與國朝共存亡的決心實屬一致，文、謝、江三人誠然都是劉宗周所景仰的忠義人物，同時也是劉宗周意欲效尤的行誼典範。綜上所述，劉氏看待宋季殉節士儒的行為思想，無疑是選擇了「取」的進路。

明清之際，當士儒遭遇國朝覆滅、改朝換代的殘酷考驗時，雖有如史可法、劉宗周這般追步宋季殉節諸賢的明季殉節烈士，但另有一部分士儒卻寧願選擇繼續存活在世間，因此「捨棄」了「殉節」這類必須犧牲性命的道德行為。觀黃宗羲、陳確等士儒皆以明代遺老的身分繼續存活於清代，他們終究無意願和舊朝共蹈劫難。其中的考量關係到「忠孝」之間的抉擇〔註30〕，彼輩因為同時具備了「為人臣」與「為人子」的雙重身分，為人臣者有盡忠的責任，為人子者卻有盡孝的責任，如此即有忠孝如何兩全的疑難〔註31〕，

〔註29〕明・劉宗周，〈殉難詩三首・其一・示秦婿嗣瞻〉，見氏著，《劉子全書》（日本京都：中文出版社，1981年6月），卷27，頁577。

〔註30〕何冠彪先生稱：「忠孝既難兩全，而忠孝都有人選擇，誰人應盡忠、誰人應盡孝的問題因而出現，並且成為明清之際士大夫經常討論的話題。」見氏著，《生與死：明季士大夫的抉擇》，頁77。

〔註31〕忠、孝之德，向來為中國傳統所提倡，歷久不衰，忠、孝二者同為儒家思想中的重要德目，對忠孝如何兩全？是否可以並存，或是必須有所取捨？這無非已成為改朝換代後的遺民士儒所面臨到的疑難。劉紀曜先生稱：「忠、孝兩種倫理是傳統中國政治、社會的兩大支柱。事實上，傳統中國的政治、社會特質，可說即決定於忠、孝兩大倫理思想及其衍生的行為模式。」見氏著，〈公與私——忠的倫理內涵〉，引自黃俊傑主編，《天道與人道》（臺北：聯經出版

也同時牽涉到「身體髮膚，受之父母，不敢毀傷，孝之始也。」〔註32〕這樣的思想觀點。黃宗羲、陳確等人蓋視「忠」、「孝」二者爲個別存在的概念，善盡孝道者不該損及自身髮膚，黃宗羲這麼說道：「余屈身養母，戔戔自附於晉之處士。未知後之人其許我否也？」〔註33〕陳確嘗曰：「未死皆緣母已老，粗安惟藉家原寒。」〔註34〕諸如上述，皆屬於取孝捨忠的做法。

余觀朝代覆滅之後，舊朝遺民必須在忠孝之間做出抉擇的相關議題，其實早在宋元之際就已經出現過，謝枋得嘗稱：「宋室孤臣，只欠一死，某所以不死者，以九十三歲之母在堂耳。罪大惡極，獲譴于天，天不勦厥命，而奪其所恃以爲命，先姚以今年二月二十六日考終於正寢，某自今無意人間事矣。」〔註35〕宋朝覆滅當時，謝枋得以家有老母的緣故，並未立即殉節，及其母壽終正寢，謝氏認爲善盡孝道猶爲不足，盡忠仍是仁人志士的不二之選，故而決意邁向忠義殉節這條道路，必使忠孝兩全其美，謝氏先盡孝、後盡忠，可以說是忠孝兩全的代表人物。是故，忠孝抉擇的相關議題，從宋季殉節者的行誼思想中便可窺知，蓋非無跡可尋，不過黃宗羲、陳確等儒者最終仍無意願追隨前賢之足跡，他們捨棄了「殉節」的選項，而走往「存活」的路途，似乎把「孝」的價值看得比「忠」還重要。此外，明季亦不乏有爲了忠義貞

公司，1982年11月），頁173。黃俊傑、吳光明先生稱：「價值取向，常常面臨難於抉擇的困境，舉其犖犖大者，『忠』『孝』不能兩全，一也；『忠』『義』難以並立，二也；個人生命與國家利益不易兼得，三也。古代中國人面對這類價值取向的衝突時如何通權達變，反經而合於道，解消價值的衝突？……這些問題不僅是古代中國倫理學研究的重要課題，而且對現代生活也具有嶄新的啟示。」見氏著，〈古代中國人的價值觀：價值取向的衝突及其解消〉，引自沈清松主編，《中國人的價值觀：人文學觀點》（臺北：桂冠圖書公司，1994年8月），頁1〜2。同氏稱：「古代中國人面對價值取向得衝突時，『行事原則』往往被安頓在『份位原則』的脈絡中，對後者的考慮往往凌駕前者。」引自同書，頁12。案：爲保全身體髮膚而未殉節死亡的舊朝遺老常以「孝」做爲其行爲之源由，至於奮不顧家、以身殉國的節士烈士們則是奮不顧家地移孝爲「忠」。換言之，殉節與否的生死抉擇與行動乃是其「行事原則」，欲盡人子之「孝」而生，或者欲盡人臣之「忠」而死，則是屬於個人身分認定上的「份位原則」。

〔註32〕唐‧唐玄宗注，宋‧刑昺疏，《孝經正義》〔清‧阮元校勘，《十三經注疏》第8冊〕（臺北：藝文印書館，2007年8月），卷1〈開宗明義〉，頁11。

〔註33〕清‧黃宗羲，〈兵部左侍郎蒼水張公墓誌銘〉，見氏著，陳乃乾編，《黃梨洲文集》（北京：中華書局，2009年5月），頁206。

〔註34〕清‧陳確，〈過查肇五漫賦兼寄封婁兄弟〉，《陳確集》〔下冊〕，《詩集》卷7，頁750。

〔註35〕宋‧謝枋得，〈上程雪樓御史書〉，《疊山集》，卷4，頁1。

節而勇於蹈赴國難、奮不顧家者，明季殉節義士史可法在殉節之前，曾撰寫遺書寄予母親，其言云：「兒在宦途一十八年，諸苦備嘗，不能有益於朝廷，徒致曠遠於定省。不忠不孝，何顏立於天地之間，今人死殉，誠不足贖罪。望母親委之天數，勿復過悲，兒在九泉，亦無所恨。」〔註36〕「可法受先帝厚恩，不能復大讎；受今上厚恩，不能保疆土；受慈母厚恩，不能備孝養。遭時不遇，有志未伸，一死以報國家，固其分也。獨恨不早從先帝於地下耳。」〔註37〕同為明季殉節義士的陳良謨亦嘗謂：「人臣當殉節，忠孝兩無虧」「吾為國死，義不顧家」「為子為臣，不能兩全。慷慨從容，同歸一死。」〔註38〕知悉史可法、陳良謨等人絕非不孝，而是移「孝」為「忠」，以「忠德」含蘊「孝德」，就算誠有忠孝不能兩全的疑慮，然其大義殉節的行為，實是身為人臣的本分，故亦能無愧於天地良心。這樣的觀念正如《孝經・廣揚名》所謂：「君子之事親孝，故忠可移於君；事兄悌，故順可移於長；居家理，故治可移於官。是以行成於內，而名立於後世矣。」〔註39〕對父母善盡孝道，是家族倫理之表現，移於朝廷，則是善盡忠德於君主，這是屬於政治倫理上的表現。從孝至忠，蓋是由小群的倫理體現，拓展至國族大群的倫理體現，移孝為忠，殉節者的行誼載於青史，受萬世欽慕及崇敬，就等同於光宗耀祖，使父母同染其光輝，這正是所謂的「立身行道，揚名於後世，以顯父母，孝之終也。」〔註40〕換言之，「移孝為忠」似乎仍是另一種善盡孝道的楷模與典範。至於黃宗羲所稱：「余屈身養母，戔戔自附於晉之處士。未知後之人其許我否也？」〔註41〕亦透露出他為自己「盡孝」而不「殉節」（盡忠）的行為感到疑慮，不知後人是否能諒解他這樣的抉擇？也不知後人對他的評價與褒貶究竟如何？

宋季的殉節士儒，其盡忠死節的行誼風範，即使是那些未能殉節赴難的故宋遺民，亦不吝給予極高的讚譽，甚至動輒淚水縱橫地自嘆弗如。如林景曦〈讀文山集〉該文便以「英淚浪浪滿襟血」、「綱常萬古懸日月」、「苦寒尚

〔註36〕明・史可法，〈遺書二・上太夫人〉，見氏著，《史忠正公集》（臺北：臺灣商務印書館，1968年12月），卷3，頁43。

〔註37〕明・史可法，〈遺書五・付史得成〉，見氏著，《史忠正公集》，卷3，頁44。

〔註38〕詳見清・計六奇，《明季北略》，卷21上〈殉難文臣・陳良謨傳〉，頁514。

〔註39〕唐・唐玄宗注，宋・刑昺疏，《孝經正義》，卷7〈廣揚名〉，頁47。

〔註40〕唐・唐玄宗注，宋・刑昺疏，《孝經正義》，卷1〈開宗明義〉，頁11。

〔註41〕清・黃宗羲，〈兵部左侍郎蒼水張公墓誌銘〉，見氏著，陳乃乾編，《黃梨洲文集》，頁206。

握蘇武節」〔註42〕等詩句悼念文天祥，並讚頌其殉節犧牲之崇高品德。但是清初思想家對明季的殉節現象卻非一致地抱持肯定的態度，其間不乏對殉節行為加以質疑與批評者，余觀這樣的情況乃明清之際所獨有，並未發生於宋元之際，由此擬推，宋季殉節思想雖是明季殉節思想的前身，但宋季與明季的殉節現象及其造成的迴響，卻仍然有其差異之處。清初儒者對明季殉節現象所做的檢討與批評不勝枚舉，例如顏元對此嘗有「無事袖手談心性，臨危一死報君王」〔註43〕之譏。顏氏此語一來指責明末理學家任其心性，專尚玄理，既無益於保國保種，亦無濟於救亡圖存。二來對人臣以死報答君恩，以及臨難不免的傳統精神，已隱然呈現出顛覆的姿態。宋季與明季的殉節現象的殊異之處，也可從殉節人數的懸殊著手探論，宋季殉節人數眾多，如《昭忠錄》一書，《四庫全書總目》稱其為「所記皆南宋末忠節事蹟，故以昭忠名篇，自紹定辛卯元兵克馬嶺堡，……迄於國亡殉義之陸秀夫、文天祥、謝枋得等，凡一百三十人。」〔註44〕名見史傳的殉節烈士，保守估計約有一百三十人之多，若加入慷慨戰死者，死節者的數量惟恐不止如此。至於明季殉節烈士的人數又倍增於宋季，何冠彪先生嘗根據清人舒赫德（1710～1777）、于敏中（1714～1779）所撰《欽定勝朝殉節諸臣錄》該書的官方記載，加以列表統計，推知明季殉節者蓋有三千八百八十三人之眾。何氏又考述由私人撰著的《皇明四朝成仁錄》一書所紀錄的殉節人物有七百零六人，同樣由私人撰著的《雪交亭正氣錄》則載錄三百六十九人。〔註45〕綜上所述，明季的殉節人數雖無法有確切精準的定案，然保守估算，少說就有三四千人之多，這樣的殉節人數與宋季的殉節人數相較，亦可謂差距懸殊。明季的殉節人數

〔註42〕 宋·林景曦，〈讀文山集〉，《霽山文集》卷3，頁26。引自清·永瑢，紀昀等編，《景印文淵閣四庫全書》（臺北：臺灣商務印書館，1986年3月），1188冊，頁732。

〔註43〕 清·顏元，《存學編》卷1〈學辨一〉，見氏著，《顏元集》〔上冊〕（北京：中華書局，1987年6月），頁51。

〔註44〕 清·永瑢，紀昀等，《四庫全書總目》卷57〈史部·傳記類一〉，頁40。見氏編，《景印文淵閣四庫全書》，2冊，頁286。

〔註45〕 詳見何冠彪，《生與死：明季士大夫的抉擇》，頁16、頁27。另參見清·舒赫德，清·于敏中，《欽定勝朝殉節諸臣錄》（臺北：成文出版社，1969），清·屈大均，《皇明四朝成仁錄》〔歐初，王貴忱編，《屈大均全集》第三冊〕（北京：人民文學出版社，1996年12月），清·高宇泰，《雪交亭正氣錄》（臺北：臺灣銀行，1970年11月）等書之記載。

既超越歷代，殉節情況的慘烈可謂空前，對時人亦引起莫大的震撼。〔註46〕當時的思想家遂不得不對殉節這樣的思想行爲，徹頭徹尾地重新加以審視及探討，並且對明季殉節者赴死之前的思辨基礎是否足夠的問題予以質疑，甚至思索著明季殉節現象是否已有氾濫的嫌疑？清初思想家對明季殉節現象的質疑與批評，其指向的癥結點概略有四〔註47〕，其一、是否爲未經深思熟慮之速死？其二、是否單憑意氣之勇而赴死？其三、是否能死而無憾？其四、其死是否順乎情理自然？〔註48〕這幾項提問一方面是對殉節赴死現象展開深刻的反省，並試圖建構出「殉節」或「存活」的抉擇標準。另一方面似乎已對殉節赴死的必然性與合理性產生了極大的疑慮。

四、考察宋明政治學術之異同

宋季殉節現象開創了殉節思想的完備典範，清初思想家亦時常藉由宋季殉節人物的行爲思想，來檢視明季殉節現象的適宜與否，並多方面地省思殉節的眞實意義。畢竟，伯夷、叔齊所代表的殉節個案，一來缺乏完整的傳世文獻，二來夷、齊當時的殉節動機並非起源自儒家義理，是以要探究夷、齊殉節思想的深層底蘊，似乎頗有難度。由是觀之，宋季始可視爲殉節現象的完備時期，加諸南宋朝是儒家義理大放異彩的年代，明季的學術環境亦以理學爲大宗，明季殉節者的思維方向，蓋不至於與宋季殉節義士存有太大的落差。另外，殉節者思想層面所憑依的忠義氣節、綱常倫理，皆爲儒家義理所闡揚，本身即呈現出一種政治與學術的交互關係，而宋季、明季大多數的殉節烈士乃同時兼具職官（政治）與文儒（學術）的雙重身分，何況宋朝與明朝皆同樣亡於異族，基於這林林總總相類似的環境背景，擬推明季殉節者的行爲思想，蓋有一定程度地受到宋季殉節義士的啓迪與感召。但是宋季與明季之殉節現象亦可謂同中有異，就外在現象論之，明季的殉節人數遠超過宋

〔註46〕 何冠彪先生稱：「就算單就《欽定勝朝殉節諸臣錄》而言，……書中各傳附載與他們同殉的父母、妻妾、子女、孫輩和親屬則因記載不詳，無法統計。明季殉國的實際人數，相信已不能確知。……儘管明季殉國的人數不可統計，但它的數目可以肯定是超越前代的。」引自氏著，《生與死：明季士大夫的抉擇》，頁16～17。

〔註47〕 以下論述，筆者是立基於何冠彪先生《生與死：明季士大夫的抉擇》一書的第五章「明清之際士大夫對須否殉國的爭論」以及第六節「須否殉國爭論的調和」的研究成果上，再做進一步地區分與析論。原始之論述，詳見氏著，《生與死：明季士大夫的抉擇》，頁116～117。

〔註48〕 詳見第四章第一節「殉節或存活」之內文。

季，這便是顯而易見的差異。

　　除此之外，倘若從士儒的心理層面觀之，宋遺民與明遺民的思維觀感亦非齊一等同。宋季士儒殉節的人數雖較明季少了許多，但那些未殉節犧牲的故宋遺民對殉節者大抵只有讚譽，而不見批評或者質疑的聲浪，反倒是常自恨於無法果敢地追隨殉節者為國朝犧牲的腳步。至於明季未殉節的遺民，對殉節現象卻展開了審視與檢討，並且費心澄清自身未肯殉節赴死的原因〔註49〕，其心理層面的糾葛似乎遠比宋遺民來得強烈。宋朝、明朝雖同樣亡於異族，但兩朝的殉節人數，以及舊朝遺民的心理狀態皆不盡相同，其間或許還關係到宋明兩朝政治環境上的差異，例如宋朝君主尚文治，優遇文臣與士儒，明朝則反是，明代君主集權於己身，削弱文臣的治權，甚至動輒杖辱士大夫，視臣子如草芥，如此的惡政與宋代鼎盛的文治著實大有逕庭。〔註50〕如果論及宋季士儒的殉節現象，其寧願與國朝共存亡的原委若是為了報答國朝禮遇之恩澤，那麼由明代這般輕蔑污辱士大夫的惡政觀之，士儒仍奮不顧身地赴難殉死，究竟是為了實現自身的道德原則？還是為了報答明代朝廷？倘若只是為了報答國朝，那麼這樣的犧牲到底是深思熟慮過後的「盡忠」之舉，抑或者已然淪為「絕對忠君思想」箝制底下的「愚忠」之行，諸如此類議題，皆留有可再作探討的寬闊空間。

　　宋朝與明朝的政治環境相較，其一、宋朝設丞相職，士儒治權頗高，明朝廢除丞相職，大舉剝奪文臣的執政權。〔註51〕其二、宋朝尚且懂得禮遇士儒，不輕易刑處士大夫，然明朝卻有廷杖之舉，折辱大臣的情況頗為常見，

〔註49〕何冠彪先生稱：「明遺民一方面強調殉國為人臣的責任，又對死節者大力表揚，但他們自己卻偏偏不死。於是，另一方面，他們又提出各種為公為私的理由和藉口，或直接或間接解釋自己不死的原因，而且『反云死難為矯激』，非議『囮死』的人。然而，諷刺的是，被批評者多能理直氣壯而死，但不少批評者卻感到慚愧和內疚，甚至為自己不能死而懷有『終身之憂』。」詳見氏著，《生與死：明季士大夫的抉擇》，頁124。

〔註50〕錢穆先生嘗稱：「明代是中國傳統政治之再建，然而惡化了！惡化的主因，便在洪武廢相。……第二個惡化的原因，在於明代不惜嚴刑酷罰來對待士大夫。此亦起於太祖。鞭笞捶楚，成為朝廷士大夫尋常之辱。終明之世，廷杖逮治不絕書。其慘酷無理，殆為有史以來所未見。」見氏著，《國史大綱》〔下冊〕（臺北：臺灣商務印書館，1995年7月），頁665～667。

〔註51〕清‧張廷玉，《明史‧刑法志》記載：「先是，太祖承前制，設中書省，置左、右丞相，平章政事，左、右丞，參知政事，以統領眾職。……洪武九年汰平章政事、參知政事。十三年正月誅丞相胡惟庸，遂罷中書省。（其官屬盡革，惟存中書舍人）。」見氏著，《明史》，卷72〈志‧職官一〉，頁1733。

如此情況蓋非有識之士所樂見〔註52〕，此外又有東西廠、錦衣衛的嚴酷監控，甚至是誣陷大臣，因之見誅者惟恐不勝枚舉〔註53〕，明代朝廷對士儒的輕蔑及污辱可見一斑。就宋朝與明朝覆滅前的軍事戰爭而論，宋朝是直接亡於蒙元外族，並非境內民心散離所導致，但明朝乃先受民變之侵擾與削弱，最終才亡於滿清，故民心叛離亦是其國朝覆滅的重要原因之一。明朝在上位者荒誕無道，居下位者乃暴亂無法，上樑不正則下樑豈能不歪，明朝葬送其江山，蓋爲肉腐蟲生、難以遏抑的景況。〔註54〕此外，宋季和明季士儒殉節現象的異同，或許還關係到宋明兩代學術思想上的殊別，宋代理學以程朱之學爲大宗，暢談心性之餘，亦強調格物、窮理、致知，仍然重視知識與思辨的必要性。明末之時，王陽明（1472～1529）之心學體系逐漸抬頭，陽明心學極專注在人們內在道德本體的闡揚，心性之學的初衷雖善，但過於內馳的學說弊端，最終惟恐演變成反智識的特徵〔註55〕，這樣的學說進路最終竟遭致「無事袖手談心性，臨危一死報君王」〔註56〕的譏諷，心學體系裡頭人的成德意識縱使果斷積極，然在踐履道德的過程之中，其思辨歷程的縝密與否惟恐有

〔註52〕 清・張廷玉，《明史・刑法志》記載：「太史令劉基曰：『古者公卿有罪，盤水加劍，詣請室自裁，未嘗輕折辱之，所以存大臣之體。』」見氏著，《明史》，卷95〈志・刑法三〉，頁2329。

〔註53〕 清・張廷玉，《明史・刑法志》記載：「刑法有創之自明，不衷古制者，廷杖、東西廠、錦衣衛、鎮撫司獄是已。是數者，殺人至慘，而不麗於法。踵而行之，至末造而極。舉朝野命，一聽之武夫、宦豎之手，良可歎也。」引書同前注。

〔註54〕 清・張廷玉，《明史・刑法志》記載：「盜賊之禍，歷代恒有，至明末李自成、張獻忠極矣。史冊所載，未有若斯之酷者也。……莊烈帝承神、熹之後，神宗怠荒棄政，熹宗暱近閹人，元氣盡澌，國脈垂絕。」見氏著，《明史》，卷309〈流賊傳〉，頁7947。

〔註55〕 錢穆先生稱：「一切道德，都該有與它相配合的一套知識，……不單是你的在內的一番心，還需有在外的一番事，一套知識，……我們現在講道德，專從心上講。你說我心十分的誠，但沒有了外面事的知識，你心便不誠。換言之，便是不成爲你的心了。你的心亦需合內外而始成。陽明先生似乎並未深懂得這一層。」詳見氏著，《從中國歷史來看中國民族性及中國文化》（臺北：聯經出版公司，1979年8月），頁96。余英時先生亦稱：「朱陸的異同，若從此淺顯處去說，便必然要歸結到讀書的問題上。……這裏轉出了思想史上一個帶有普遍性的問題：即智識主義（Intellectualism）與反智識主義（Anti-intellectualism）的衝突。……下逮明代，王陽明學說的出現把儒學內部反智識的傾向推拓盡致。」詳見氏著，〈從宋明儒學的發展論清代思想史〉，《中國學人》第2期（1970年9月），頁22～23。

〔註56〕 清・顏元，《存學編》卷1〈學辨一〉，見氏著，《顏元集》〔上冊〕，頁51。

待商榷。或許我們可以這樣理解，明季殉節士儒的思想動機，雖受到宋季殉節思想的啓迪，但絕非全盤承傳自與宋季殉節思想相對應的程朱理學上頭。換言之，陽明心學對明季殉節現象蓋具有一定程度的影響力。綜上所述，宋季與明季殉節現象之較析，實不失爲一項饒富旨趣的學術議題，這議題尚待吾人予以開發及探究，亦可作爲茲文未來之延伸與展望。

附錄　文天祥〈正氣歌〉（并序）

予囚北庭，坐一土室。室廣八尺，深可四尋。單扉低小，白間短窄，汙下而幽暗。當此夏日，諸氣萃然。雨潦四集，浮動牀几，時則爲水氣；塗泥半朝，蒸漚歷瀾，時則爲土氣；乍晴暴熱，風道四塞，時則爲日氣；簷陰薪爨，助長炎虐，時則爲火氣；倉腐寄頓，陳陳逼人，時則爲米氣；駢肩雜遝，腥臊汙垢，時則爲人氣；或圊溷，或毀屍，或腐鼠，惡氣雜出，時則爲穢氣。疊是數氣，當之者鮮不爲屬，而予以孱弱，俯仰其間，于茲二年矣，幸而無恙，是殆有養致然。然爾亦安知所養何哉？孟子曰：「吾善養吾浩然之氣。」彼氣有七，吾氣有一，以一敵七，吾何患焉。況浩然者，乃天地之正氣也。作〈正氣歌〉一首。

天地有正氣，雜然賦流形。下則爲河嶽，上則爲日星。於人曰浩然，沛乎塞蒼冥。皇路當清夷，含和吐明庭。時窮節乃見，一一垂丹青。在齊太史簡，在晉董狐筆，在秦張良椎，在漢蘇武節。爲嚴將軍頭，爲嵇侍中血，爲張睢陽齒，爲顏常山舌。或爲遼東帽，清操厲冰雪；或爲出師表，鬼神泣壯烈；或爲渡江楫，慷慨吞胡羯；或爲擊賊笏，逆豎頭破裂。是氣所旁薄，凜烈萬古存。當其貫日月，生死安足論。地維賴以立，天柱賴以尊。三綱實係命，道義爲之根。嗟予遘陽九，隸也實不力。楚囚纓其冠，傳車送窮北。鼎鑊甘如飴，求之不可得。陰房闐鬼火，春院閟天黑。牛驥同一皁，雞棲鳳凰食。一朝濛霧露，分作溝中瘠。如此再寒暑，百沴自辟易。嗟哉沮洳場，爲我安樂國。豈有他繆巧，陰陽不能賊。顧此耿耿在，仰視浮雲白。悠悠我心悲，蒼天曷有極。哲人日已遠，典刑在夙昔。風簷展書讀，古道照顏色。

參考書目

一、古代典籍（按時代順序排列）

1. 先秦・左丘明著，吳・韋昭注，《國語》，上海：上海古籍出版社，1988年3月。

2. 先秦・呂不韋編，東漢・高誘註，《呂氏春秋》，臺北：藝文印書館，1974年1月。

3. 先秦・管仲，《管子》，收入上海古籍出版社編，《二十二子》，上海：上海古籍出版社，1986年3月。

4. 漢・毛亨傳，東漢・鄭玄箋，唐・孔穎達疏，《毛詩正義》〔清・阮元校勘，《十三經注疏》第2冊〕，臺北：藝文印書館，2007年8月。

5. 漢・孔安國傳，唐・孔穎達疏，《尚書正義》〔清・阮元校勘，《十三經注疏》第1冊〕，臺北：藝文印書館，2007年8月。

6. 漢・司馬遷撰，（日本）瀧川龜太郎考證，《史記會注考證》，臺北：大安出版社，1998年9月。

7. 漢・劉安著，漢・高誘註，《淮南子》，臺北：世界書局，1978年3月。

8. 東漢・王充著，黃暉校釋，《論衡校釋》，北京：中華書局，1990年2月。

9. 東漢・何休注，唐・徐彥疏，《春秋公羊傳注疏》〔清・阮元校勘，《十三經注疏》第7冊〕，臺北：藝文印書館，2007年8月。

10. 東漢・班固撰，唐・顏師古注，《漢書》〔百衲本二十四史〕，臺北：臺灣商務印書館，1996年12月。

11. 東漢・許慎著，清・段玉裁注，《說文解字注》，臺北：萬卷樓圖書公司，2000年9月。

12. 東漢・鄭玄注，宋・岳珂校，《禮記鄭注》〔相臺岳氏本〕，臺北：新興書局，1975年10月。

13. 魏‧王弼,《老子註》,臺北:藝文印書館,2001 年 5 月。

14. 魏‧王弼,晉‧韓康伯注,唐‧孔穎達疏,《周易正義》〔清‧阮元校勘,《十三經注疏》第 1 冊〕,臺北:藝文印書館,2007 年 8 月。

15. 魏‧劉邵著,西涼‧劉昞注,《人物志注》,臺北:世界書局,1959 年 1 月。

16. 晉‧杜預注,《春秋經傳集解》,臺北:七略出版社,1991 年 9 月。

17. 晉‧陳壽著,晉‧裴松之注,《三國志》〔百衲本二十四史〕,臺北:臺灣商務印書館,2005 年 5 月。

18. 晉‧郭象註,《莊子》,臺北:藝文印書館,2000 年 12 月。

19. 晉‧陶潛,《靖節先生集》,臺北:華正書局,1975 年 5 月。

20. 南朝宋‧范曄著,唐‧李賢注,《後漢書》〔百衲本二十四史〕,臺北:臺灣商務印書館,2000 年 8 月。

21. 南朝宋‧劉義慶撰,南朝梁‧劉孝標注,《世說新語》,北京:中華書局,1999 年 2 月。

22. 南朝梁‧鍾嶸,《詩品》,上海:上海世紀出版集團,2007 年 1 月。

23. 南朝梁‧蕭統編,唐‧李善注,《文選》,臺北:五南圖書出版公司,1991 年 10 月。

24. 北齊‧顏之推著,清‧趙曦明注,《顏氏家訓注》,臺北:藝文印書館,1973 年 10 月。

25. 隋‧王通著,宋‧阮逸注,《中說》〔據明世德堂本校刊〕,臺北:臺灣中華書局,1979 年 2 月。

26. 唐‧李延壽,《北史》,臺北:鼎文書局,1976 年 11 月。

27. 唐‧李德裕,《李文饒文集》,臺北:臺灣商務印書館,1965 年 8 月。

28. 唐‧杜佑,《通典》,長沙:岳麓書社,1995 年 11 月。

29. 唐‧房玄齡,《晉書》,臺北:鼎文書局,1976 年 10 月。

30. 唐‧柳宗元,《柳河東集》,臺北:河洛圖書出版社,1974 年 12 月。

31. 唐‧姚思廉,《梁書》,臺北:鼎文書局,1975 年 1 月。

32. 唐‧唐玄宗注,宋‧刑昺疏,《孝經正義》〔清‧阮元校勘,《十三經注疏》第 8 冊〕,臺北:藝文印書館,2007 年 8 月。

33. 唐‧韓愈著,屈守元,常思春等編,《韓愈全集校注》,成都:四川大學出版社,1996。

34. 唐‧韓愈著,清‧馬其昶校注,馬茂元編次,《韓昌黎文集校注》,臺北:頂淵文化,2005 年 11 月。

35. 後晉‧劉昫,《舊唐書》,臺北:鼎文書局,1976 年 10 月。

36. 宋·王應麟撰，清·翁元圻注，《翁注困學紀聞》，臺北：世界書局，1974 年 6 月。

37. 宋·文天祥，《文文山全集》，臺北：河洛圖書出版社，1975 年 9 月。

38. 宋·文天祥，《文山集》，收入清·永瑢，紀昀等編，《景印文淵閣四庫全書》，1184 冊，臺北：臺灣商務印書館，1986 年 3 月。

39. 宋·方鳳，《存雅堂遺稿》，收入清·永瑢，紀昀等編，《景印文淵閣四庫全書》，1189 冊，臺北：臺灣商務印書館，1986 年 3 月。

40. 宋·司馬光，元·胡三省音注，《資治通鑑》，北京：中華書局，1956 年 6 月。

41. 宋·朱熹編，清·張伯行集解，《近思錄》，臺北：臺灣商務印書館，1967 年 5 月。

42. 宋·朱熹，《四書章句集注》，北京：中華書局，1983 年 10 月。

43. 宋·朱熹著，宋·黎靖德編，王星賢點校，《朱子語類》，北京：中華書局，1986 年 3 月。

44. 宋·李心傳撰，《建炎以來繫年要錄》，第 3 冊，北京：中華書局，1988 年 4 月。

45. 宋·何夢桂，《潛齋集》，收入王雲五編，《四庫全書珍本》，臺北：臺灣商務印書館，1971。

46. 宋·佚名編，《新刊國朝二百家名賢文粹》，收入舒大剛主編，《宋集珍本叢刊》，93 冊，北京：線裝書局，2004 年 6 月。

47. 宋·佚名，《昭忠錄》〔清嘉慶中海虞張氏刻《墨海金壺本》〕，收入《宋代傳記資料叢刊》，27 冊，北京：北京圖書館出版社，2006 年 10 月。

48. 宋·金履祥，《仁山文集》，收入清·永瑢，紀昀等編，《景印文淵閣四庫全書》，1189 冊，臺北：臺灣商務印書館，1986 年 3 月。

49. 宋·周敦頤著，陳克明點校，《周敦頤集》，北京：中華書局，1990 年 5 月。

50. 宋·林景曦，《霽山文集》，收入清·永瑢，紀昀等編，《景印文淵閣四庫全書》，1188 冊，臺北：臺灣商務印書館，1986 年 3 月。

51. 宋·汪元量，《湖山類稿》，收入清·永瑢，紀昀等編，《景印文淵閣四庫全書》，1188 冊，臺北：臺灣商務印書館，1986 年 3 月。

52. 宋·家鉉翁，《春秋集傳詳說》，收入清·永瑢，紀昀等編，《景印文淵閣四庫全書》，158 冊，臺北：臺灣商務印書館，1986 年 3 月。

53. 宋·曹勛，《松隱集》，收入清·永瑢，紀昀等編，《景印文淵閣四庫全書》，1129 冊，臺北：臺灣商務印書館，1986 年 3 月。

54. 宋·張載著，章錫琛點校，《張載集》，北京：中華書局，1978 年 8 月。

55. 宋・范仲淹著，李勇先、王蓉貴校點，《范仲淹全集》，成都：四川大學出版社，2007 年 11 月。

56. 宋・程頤，《易程傳》，臺北：文津出版社，1987 年 6 月。

57. 宋・程顥，宋・程頤著，王孝魚點校，《二程集》，北京：中華書局，1981 年 7 月。

58. 宋・陳亮，《陳亮集》，臺北：鼎文書局，1978 年 11 月。

59. 宋・熊禾，《勿軒集》，收入清・永瑢，紀昀等編，《景印文淵閣四庫全書》，1188 冊，臺北：臺灣商務印書館，1986 年 3 月。

60. 宋・歐陽守道，《巽齋文集》，收入王雲五編，《四庫全書珍本》，臺北：臺灣商務印書館，1971。

61. 宋・歐陽修，《新五代史》〔百衲本二十四史〕，臺北：臺灣商務印書館，1973 年 12 月。

62. 宋・歐陽修，宋・宋祁等著，《新唐書》，臺北：鼎文書局，1976 年 10 月。

63. 宋・陸九淵著，鍾哲點校，《陸九淵集》，北京：中華書局，1980 年 1 月。

64. 宋・陸游，《避暑漫抄》，收入《叢書集成新編》，第 86 冊，臺北：新文豐出版公司，1985 年 1 月。

65. 宋・謝枋得，《疊山集》，收入王雲五編，《四部叢刊續編集部》，522～523 冊，臺北：臺灣商務印書館，1966 年 10 月。

66. 宋・謝枋得，《文章軌範》〔水野氏藏版〕，臺北：廣文書局，1970 年 12 月。

67. 宋・謝翱，《天地間集》，收入清・永瑢，紀昀等編，《景印文淵閣四庫全書》，1188 冊，臺北：臺灣商務印書館，1986 年 3 月。

68. 宋・謝翱，《晞髮集》，收入清・永瑢，紀昀等編，《景印文淵閣四庫全書》，1188 冊，臺北：臺灣商務印書館，1986 年 3 月。

69. 宋・謝翱，《晞髮遺集》，收入清・永瑢，紀昀等編，《景印文淵閣四庫全書》，1188 冊，臺北：臺灣商務印書館，1986 年 3 月。

70. 宋・鄭思肖著，陳福康校點，《鄭思肖集》，上海：上海古籍出版社，1991 年 5 月。

71. 宋・鄧牧，《伯牙琴》，收入《叢書集選》，525 冊，臺北：新文豐出版公司，1984 年 6 月。

72. 宋・蘇洵，《蘇洵集》，臺北：河洛圖書出版社，1975 年 10 月。

73. 元・佚名，《宋季三朝政要》，臺北：文海出版社，1981 年 6 月。

74. 元・夏文彥，《圖繪寶鑑》，臺北：臺灣商務印書館，1970 年 1 月。

75. 元・馬端臨，《文獻通考》，第 1 冊，臺北：新興書局，1963 年 10 月。

76. 元・脱脱等撰，《宋史》，北京：中華書局，1977 年 11 月。

77. 元・羅貫中，《三國演義》，臺北：聯經出版公司，1980 年 12 月。

78. 明・史可法，《史忠正公集》，臺北：臺灣商務印書館，1968 年 12 月。

79. 明・宋濂，《浦陽人物志》，臺北：臺灣商務印書館，1966 年 6 月。

80. 明・宋濂等撰，《元史》，臺北：鼎文書局，1977 年 10 月。

81. 明・佚名，《厓山集》，收入《叢書集成續編》，23 冊，上海：上海書店出版社，1994 年 6 月。

82. 明・柯維騏，《宋史新編》，臺北：文海出版社，1974 年 12 月。

83. 明・馮琦編，明・陳邦瞻撰，《宋史紀事本末》，臺北：臺灣商務印書館，1956 年 4 月。

84. 明・程敏政，《篁墩文集》，收入清・永瑢，紀昀等編，《景印文淵閣四庫全書》，1252 冊，臺北：臺灣商務印書館，1986 年 3 月。

85. 明・程敏政，《宋遺民錄》，收入《宋代傳記資料叢刊》，27 冊，北京：北京圖書館出版社，2006 年 10 月。

86. 明・黃鳳池，《唐詩畫譜》，臺北：廣文書局，1972 年 4 月。

87. 明・葉子奇，《草木子》，收入《元明史料筆記叢刊》，北京：中華書局，1997 年 11 月。

88. 明・劉宗周，《劉子全書》，日本京都：中文出版社，1981 年 6 月。

89. 明・陶宗儀，《輟耕錄》，北京：京華出版社，1998 年 10 月。

90. 明・邊大綬，《虎口餘生記》〔外十一種〕，北京：北京古籍出版社，2002 年 9 月。

91. 明・薛瑄，《讀書錄》，臺北：廣文書局，1972 年 5 月。

92. 清・王夫之著，舒士彥點校，《宋論》，北京：中華書局，1964 年 4 月。

93. 清・王先謙著，沈嘯寰，王星賢點校，《荀子集解》，北京：中華書局，1988 年 9 月。

94. 清・王先慎著，鍾哲點校，《韓非子集解》，北京：中華書局，1998 年 7 月。

95. 清・王國維，《觀堂集林》，石家莊：河北教育出版社，2001 年 11 月。

96. 清・方文，《嵞山集》，上海：上海古籍出版社，1979 年 12 月。

97. 清・永瑢，清紀昀等著，《四庫全書總目》，收入《景印文淵閣四庫全書》，臺北：臺灣商務印書館，1986 年 3 月。

98. 清・皮錫瑞，《經學歷史》，北京：中華書局，1959 年 12 月。

99. 清・皮錫瑞，《經學歷史》，臺北：藝文印書館，2004 年 3 月。

100. 清・全祖望，《鮚埼亭集》，臺北：華世出版社，1977 年 3 月。

101. 清‧辛從益，《寄思齋藏稿》〔咸豐元年江西集文齋刻本〕。

102. 清‧江藩，《漢學師承記》〔附《宋學淵源記》〕，北京：生活‧讀書‧新知三聯書店，1998 年 7 月。

103. 清‧屈大均，《廣東新語》，北京：中華書局，1985 年 4 月。

104. 清‧屈大均著，歐初，王貴忱編，《屈大均全集》，北京：人民文學出版社，1996 年 12 月。

105. 清‧沈德潛，《說詩晬語》，收入王德毅編，《叢書集成續編》，199 冊，臺北：新文豐出版公司，1987 年 7 月。

106. 清‧計六奇，《明季北略》，臺北：臺灣銀行，1969 年 8 月。

107. 清‧高宇泰，《雪交亭正氣錄》，臺北：臺灣銀行，1970 年 11 月。

108. 清‧孫奇逢著，朱茂漢點校，《夏峰先生集》，北京：中華書局，2004 年 7 月。

109. 清‧孫詒讓著，孫啓治點校，《墨子閒詁》，北京：中華書局，2001 年 4 月。

110. 清‧張廷玉，《明史》，臺北：鼎文書局，1975 年 6 月。

111. 清‧章學誠，《章氏遺書》，臺北：漢聲出版社，1973 年 1 月。

112. 清‧章學誠著，葉瑛校注，《文史通義校注》，臺北：頂淵文化，2002 年 9 月。

113. 清‧邵廷采，《東南紀事》，臺北：臺灣銀行，1961 年 1 月。

114. 清‧黃宗羲，《明夷待訪錄》，臺北：臺灣中華書局，1965 年 11 月。

115. 清‧黃宗羲，《孟子師說》，收入嚴一萍編選，《原刻景印百部叢書集成續編‧適園叢書》，臺北：藝文印書館，1970 年 6 月。

116. 清‧黃宗羲，《明儒學案》，臺北：河洛圖書出版社，1974 年 12 月。

117. 清‧黃宗羲，清‧全祖望，《宋元學案》，臺北：河洛圖書出版社，1975 年 3 月。

118. 清‧黃宗羲，《黃宗羲全集》，杭州：浙江古籍出版社，1985 年 11 月。

119. 清‧黃宗羲著，陳乃乾編，《黃梨洲文集》，北京：中華書局，2009 年 5 月。

120. 清‧焦循，《易餘籥錄》，臺北：文海出版社，1968 年 2 月。

121. 清‧舒赫德，清‧于敏中，《欽定勝朝殉節諸臣錄》，臺北：成文出版社，1969。

122. 清‧陳立著，吳則虞點校，《白虎通疏證》，北京：中華書局，1994 年 8 月。

123. 清‧陳壽祺，《左海文集》，收入《續修四庫全書》，1496 冊，上海：上海古籍出版社，2002 年 3 月。

124. 清・陳確，《陳確集》，北京：中華書局，1979 年 4 月。

125. 清・彭定求等編，《全唐詩》，延邊：人民出版者，1999 年 4 月。

126. 清・嘉慶皇帝，《清仁宗實錄（二）》，北京：中華書局，1986 年影印本。

127. 清・趙翼著，王樹民校證，《二十二史箚記校證》，北京：中華書局，2005 年 1 月。

128. 清・萬斯同，《宋季忠義錄》，臺北：中國文化學院出版，1964 年 10 月。

129. 清・萬斯同，《群書疑辨》，臺北：廣文書局，1972 年 1 月。

130. 清・陸心源，《宋史翼》，收入《宋代傳記資料叢刊》，20 冊，北京：北京圖書館出版社，2006 年 10 月。

131. 清・錢大昕，《潛研堂文集》，收入《清代詩文集彙編》，364 冊，上海：上海古籍出版社，2010 年 12 月。

132. 清・顏元，《顏元集》，北京：中華書局，1987 年 6 月。

133. 清・戴震，《孟子字義疏證》，北京：中華書局，2008 年 9 月。

134. 清・譚嗣同著，吳海蘭評注，《仁學》，北京：華夏出版社，2002 年 10 月。

135. 清・顧炎武，《亭林詩文集》，臺北：中華書局，1971 年。

136. 清・顧炎武，《日知錄》，蘭州：甘肅民族出版社，1997 年 11 月。

137. 清・蘇輿著，鍾哲點校，《春秋繁露義證》，北京：中華書局，1992 年 12 月。

二、近人著作（依作者姓氏筆劃排序）

（一）國內著作

1. 丁傳靖輯，《宋人軼事彙編》〔二版〕，北京：中華書局，2003 年 12 月。

2. 王偉勇，《南宋詞研究》，臺北：文史哲出版社，1987 年 9 月。

3. 王德亮編，《文天祥》，上海：中華書局，1947 年 4 月。

4. 方勇，《南宋遺民詩人群體研究》，北京：人民出版社，2000 年 6 月。

5. 卞孝萱，徐雁平編，《書院與文化傳承》，北京：中華書局，2009 年 4 月。

6. 牟宗三，《中國哲學十九講》，臺北：臺灣學生書局，1983 年 10 月。

7. 牟宗三，《心體與性體》〔第 1 冊〕，臺北：正中書局，2006 年 3 月。

8. 李安，《文天祥史蹟考》，臺北：正中書局，1972 年 6 月。

9. 李紀祥，《時間・歷史・敘事》，蘭州：蘭州大學出版社，2003 年 1 月。

10. 李國鈞等著，《中國書院史》，長沙：湖南教育出版社，1994 年 6 月。

11. 吳雁南，秦學頎，李禹階主編，《中國經學史》，臺北：五南圖書出版公司，2005 年 8 月。

12. 吳萬居，《宋代書院與宋代學術之關係》，臺北：文史哲出版社，1991 年 9 月。

13. 余英時，《歷史與思想》，臺北：聯經出版公司，1976 年 9 月。

14. 余英時，《猶記風吹水上鱗：錢穆與現代中國學術》，臺北：三民書局，1991 年 10 月。

15. 余英時，《朱熹的歷史世界：宋代士大夫政治文化的研究》，臺北：允晨文化，2003 年 6 月。

16. 余英時，《中國知識階層史論・古代篇》，臺北：聯經出版公司，1980 年 8 月。

17. 余英時，《士與中國文化》，上海：上海人民出版社，1987 年 12 月。

18. 余英時著，程嫩生，羅群等譯，《人文與理性的中國》，臺北：聯經出版公司，2008 年 6 月。

19. 余英時，《宋明理學與政治文化》，臺北：允晨文化公司，2004 年 7 月。

20. 江西歷史學會編，《浩然正氣：文天祥逝世七百周年紀念》，南昌：江西教育出版社，1986 年 4 月。

21. 何冠彪，《生與死：明季士大夫的抉擇》，臺北：聯經出版公司，1997 年 10 月。

22. 呂應鐘，《生死學導論》〔二版〕，臺北：新文京開發出版公司，2007 年 3 月。

23. 沈起煒編，《文天祥》，北京：中華書局，1962 年 7 月。

24. 沈清松編，《中國人的價值觀：人文學觀點》，臺北：桂冠圖書公司，1994 年 8 月。

25. 周全，《宋遺民志節與文學》，臺北：東吳大學，1991 年 3 月。

26. 周憲，《文化研究關鍵詞》，北京：北京師範大學出版社，2007 年 6 月。

27. 林火旺，《倫理學》，臺北：五南圖書出版公司，2004 年 2 月。

28. 林本，《理則學導論》〔第四版〕，臺北：臺灣開明書店，1982 年 11 月。

29. 林安梧，《中國宗教與意義治療》〔再版〕，臺北：文海學術思想研究發展文教基金會，2001 年 7 月。

30. 林逸，《文信國公研究》，臺北：臺灣商務印書館，1982 年 7 月。

31. 林毓生，《政治秩序與多元社會》，臺北：聯經出版公司，1989 年 5 月。

32. 林綺雲等著，《生死學》，臺北：洪葉文化事業公司，2000 年 7 月。

33. 林綺雲，張盈堃，徐明瀚著，《生死學：基進與批判的取向》，臺北：洪葉文化事業公司，2004 年 10 月。

34. 林學增等主修，吳錫璜總纂，《同安縣志》，臺北：福建省同安縣同鄉會，1986 年 10 月。

35. 姚瀛艇編，《宋代文化史》，開封：河南大學出版社，1992 年 2 月。

36. 韋政通，《荀子與古代哲學》，臺北：臺灣商務印書館，1992 年 9 月。

37. 俞兆鵬，俞暉，《文天祥研究》，北京：人民出版社，2008 年 10 月。

38. 孫彥民，《宋代書院制度之研究》，臺北：國立政治大學出版，1963 年 6 月。

39. 徐復觀，《中國人性論史‧先秦篇》，臺北：臺灣商務印書館，1969 年 1 月。

40. 唐圭璋編，《全宋詞》〔第 2 冊〕，北京：中華書局，1965 年 6 月。

41. 唐君毅，《生命存在與心靈境界》，臺北：臺灣學生書局，1978 年 5 月。

42. 唐君毅，《人生之體驗續編》〔《唐君毅全集》卷 3 之 1〕，臺北：臺灣學生書局，1993 年 9 月。

43. 夏延章編，《文天祥詩文賞析集》，成都：巴蜀出版社，1994 年 12 月。

44. 修曉波，《文天祥評傳》，南京：南京大學出版社，2002 年 2 月。

45. 紐則誠，趙可式，胡文郁等編著，《生死學》〔二版〕，臺北：國立空中大學，2005 年 8 月。

46. 高立人編，《白鷺洲書院志》，南昌：江西人民出版社，2008 年 9 月。

47. 馬敍倫，《天馬山房文稿》，收入林慶彰編，《民國文集叢刊》〔第一編〕，臺中：文听閣圖書公司，2008 年 12 月。

48. 梁啓超，《國學研讀法三種‧要籍解題及其讀法》，臺北：臺灣中華書局，1972 年 11 月。

49. 梁啓超，《清代學術概論》，臺北：臺灣商務印書館，1994 年 1 月。

50. 梁啓超，《中國近三百年學術史》，臺北：里仁書局，1995 年 2 月。

51. 梁漱溟，《人心與人生》，上海：上海人民出版社，2005 年 5 月。

52. 胡明，《南宋詩人論》，臺北：臺灣學生書局，1990 年 6 月。

53. 張三夕，《死亡之思》，臺北：洪葉文化事業公司，1996 年 3 月。

54. 張公鑑，《文天祥生平及其詩詞研究》，臺北：臺灣商務印書館，1980 年 10 月。

55. 張立文，《朱熹評傳》，南京：南京大學出版社，1998 年 12 月。

56. 張孟倫，《宋代興亡史》，臺北：臺灣商務印書館，1965 年 1 月。

57. 張瑞君，《大氣恢宏──李白與盛唐詩新探》，太原：山西古籍出版社，1997 年 7 月。

58. 張雙英，《文學概論》，臺北：文史哲出版社，2002 年 10 月。

59. 張灝，《幽暗意識與民主傳統》，臺北：聯經出版公司，2006 年 1 月。

60. 尉遲淦，《生死學概論》〔二版〕，臺北：五南圖書出版公司，2003 年 3 月。

61. 盛朗西，《中國書院制度》，臺北：華世出版社，1977 年 3 月。

62. 黃玉笙編，《文天祥評傳》，臺北：黎明文化，1987 年 9 月。

63. 黃光國，《知識與行動：中華文化傳統的社會心理詮釋》〔再版〕，臺北：心理出版社，1998 年 8 月。

64. 黃俊傑，《史學方法論叢》，臺北：臺灣學生書局，1977 年 8 月。

65. 黃俊傑編，《天道與人道》，臺北：聯經出版公司，1982 年 11 月。

66. 黃俊傑編，《理想與現實》，臺北：聯經出版公司，1982 年 10 月。

67. 黃俊傑，《儒學傳統與文化創新》，臺北：東大圖書公司，1983 年 2 月。

68. 黃逸民，《文天祥傳》，臺北：民間知識社，1956 年 5 月。

69. 黃進興，《優入聖域：權力、信仰與正當性》，臺北：允晨文化，1994 年 8 月。

70. 黃進興，《聖賢與聖徒》，臺北：允晨文化，2001 年 7 月。

71. 陳谷嘉，鄧洪波編，《中國書院制度研究》，杭州：浙江教育出版社，1997 年 8 月。

72. 陳來，《宋明理學》〔第二版〕，上海：華東師範大學出版社，2003 年 11 月。

73. 傅偉勳，《死亡的尊嚴與生命的尊嚴——從臨終精神醫學到現代生死學》〔六版〕，臺北：正中書局，2010 年 6 月。

74. 楊中芳，高尚仁合編，《中國人、中國心：人格與社會篇》，臺北：遠流出版公司，1991 年 5 月。

75. 楊布生，彭定國編著，《中國書院與傳統文化》，長沙：湖南教育出版社，1992 年 3 月。

76. 楊正典，《文天祥的生平和思想》，濟南：齊魯書社，1992 年 7 月。

77. 楊國樞，余安邦編著，《中國人的心理與行爲：理念及方法篇（一九九二）》，臺北：桂冠圖書公司，1993 年 11 月。

78. 楊國樞編，《中國人的價值觀：社會科學觀點》，臺北：桂冠圖書公司，1994 年 1 月。

79. 楊國樞編，《文化、心病及療法》，臺北：臺灣大學心理學系本土心理學研究室出版，桂冠圖書公司發行，1997 年 2 月。

80. 楊德恩，《文天祥年譜》，長沙：商務印書館，1939 年 9 月。

81. 楊儒賓編，《中國古代思想中的氣論及身體觀》，臺北：巨流圖書公司，1993 年 3 月。

82. 楊儒賓，黃俊傑編，《中國古代思維方式探索》，臺北：正中書局，1996 年 11 月。

83. 趙中偉,《《周易》「變」的思想研究》,收入林慶彰主編,《中國學術思想研究輯刊》,第 4 編第 2 冊,臺北:花木蘭文化出版社,2009 年 3 月。

84. 趙爾巽,《清史稿》,臺北:鼎文書局,1981 年 9 月。

85. 董金裕,《宋儒風範》,臺北:東大圖書公司,1979 年 10 月。

86. 劉文源編,《文天祥研究資料集》,北京:中國社會科學出版社,1991 年 11 月。

87. 劉述先,楊貞德編,《理解、詮釋與儒家傳統‧理論篇》,臺北:中央研究院中國文哲研究所,2007 年 12 月。

88. 劉翔平,《尋找生命的意義──弗蘭克的意義治療學說》,臺北:貓頭鷹出版社,2001 年 1 月。

89. 劉維崇編著,《文山史話》,臺北:中央文物供應社,1956 年 12 月。

90. 樊克政,《中國書院史》,臺北:文津出版社,1995 年 9 月。

91. 萬繩楠,《文天祥》,臺北:知書房出版社,1996 年 3 月。

92. 葉坦,蔣松岩著,《宋遼夏金元文化史》,上海:東方出版中心,2007 年 5 月。

93. 葉嘉瑩,《迦陵談詩二集》,臺北:東大圖書公司,1985 年 2 月。

94. 錢穆,《從中國歷史來看中國民族性及中國文化》,臺北:聯經出版公司,1979 年 8 月。

95. 錢穆,《靈魂與心》,臺北:聯經出版公司,1990 年 9 月。

96. 錢穆,《國史大綱》,臺北:臺灣商務印書館,1995 年 7 月。

97. 錢穆,《中國近三百年學術史》,北京:商務印書館,1997 年 8 月。

98. 錢穆,《中國學術通義》,臺北:素書樓文教基金會,2000 年 12 月。

99. 賴功歐,《民族英雄與愛國詩人文天祥》,南昌:江西人民出版社,1986 年 7 月。

100. 霍必烈,《文天祥傳》,臺北:國際文化,1989 年 9 月。

101. 蒙培元,《理學的演變──從朱熹到王夫之戴震》〔第二版〕,福州:福建人民出版社,1998 年 4 月。

102. 鄔昆如,《形上學》,臺北:五南圖書公司,2004 年 3 月。

103. 鄭曉江,《中國死亡智慧》,臺北:東大圖書公司,1994 年 4 月。

104. 釋慧開,《儒佛生死學與哲學論文集》,臺北:洪葉文化事業公司,2004 年 11 月。

105. 顧頡剛,《史林雜識初編》,北京:中華書局,1963 年 2 月。

106. 龔鵬程,《文學散步》,臺北:學生書局,2003 年 9 月。

（二）國外著作

1. （日本）小田晉著，蕭志強譯，《生與死的深層心理》，臺北：方智出版社，1998 年 6 月。

2. （美）孔恩（Thomas S. Kuhn）著，王道還等譯，《科學革命的結構》，臺北：遠流出版公司，1994 年 7 月。

3. （日本）早川（S.I.Hayakawa）著，鄧海珠譯，《語言與人生》，臺北：遠流出版公司，2000 年 3 月。

4. （美）宇文所安著，鄭學勤譯，《追憶：中國古典文學中的往事再現》，北京：生活·讀書·新知三聯書店，2004 年 12 月。

5. （美）杜維明，《儒家思想新論——創造性轉換的自我》，南京：江蘇人民出版社，1995 年 1 月。

6. （美）狄百瑞（Wm. Theodore de Bary, 1919～ ）著，李弘祺譯，《中國的自由傳統》，臺北：聯經出版公司，1983 年 5 月。

7. （美）亞倫·強森（Allan G. Johnson）著，成令方等譯，《見樹又見林：社會學作爲一種生活、實踐與承諾》〔二版〕，臺北：群學出版公司，2006 年 10 月。

8. （英）柯靈烏（R.G.Collingwood）著，黃宣範譯，《歷史的理念》，臺北：聯經出版公司，1981 年 3 月。

9. （美）保羅·田立克（Paul Tillich）著，魯燕萍譯，《信仰的動力》，臺北：桂冠圖書公司，1994 年 8 月。

10. （德）柯勒（Wolfgang Köhler）著，李姍姍譯，《完形心理學》，臺北：桂冠圖書公司，1998 年 2 月。

11. （美）科塔克（Conrad Phillip Kottak）著，徐雨村譯，《文化人類學：文化多樣性的探索》，臺北：巨流圖書公司，2005 年 10 月。

12. （美）馬塞勒（Anthony J. Massella）等著，任鷹等譯，《文化與自我》，臺北：遠流出版公司，1990 年 2 月。

13. （愛爾蘭）班納迪克·安德森（Benedick Anderson）著，吳叡人譯，《想像的共同體：民族主義的起源與散佈》，臺北：時報文化出版公司，2000 年 3 月。

14. （美）洛夫喬伊（Arthur oncken lovejoy）著，吳相譯，《觀念史論文集》，南京：江蘇教育出版社，2005 年 5 月。

15. （英）凱洛琳·格蘭（Caroline Garland）著，許育光等譯，《創傷治療：精神分析取向》，臺北：五南圖書公司，2007 年 1 月。

16. （奧）維克多·弗蘭克（Viktor E. Frankl, M.D. ）著，游恆山譯，《生存的理由》，臺北：遠流出版公司，1991 年 7 月。

17. （奧）維克多・法蘭克（Viktor E. Frankl, M.D. ）著，鄭納無譯，《意義的呼喚》，臺北：心靈工坊文化事業公司，2001 年 4 月。

18. （美）漢娜・鄂蘭（Hannah Arendt , 1906～1975）著，蔡佩君譯，《責任與判斷》，臺北：左岸文化，2008 年 4 月。

三、學位論文

1. 丁楹，《宋遺民詞的隱逸文化闡釋》，桂林：廣西師範大學中國古典文學科碩士論文，2003 年 12 月。

2. 王偉勇，《南宋遺民詞初探》，臺北：東吳大學中國文學研究所碩士論文，1979 年 5 月。

3. 卞戚，《謝疊山詩文論談》，撫州：南昌大學中國古代文學科碩士論文，2007 年 10 月。

4. 付志勇，《論江西南宋遺民詞的悲情》，撫州：南昌大學中國古代文學科碩士論文，2007 年 10 月。

5. 朱小寧，《試論文天祥前后期詩風的變化》，撫州：南昌大學中國古代文學科碩士論文，2006 年 2 月。

6. 朱明玥，《南宋遺民詩人詩作研究》，上海：上海師範大學中國古代文學科碩士論文，2008 年 3 月。

7. 李成文，《宋元之際詩歌研究》，南京：南京大學中國古代文學科博士論文，2007 年 11 月。

8. 李俊，《南宋遺民詞人詞作意象研究》，長沙：中南大學中國古代文學科碩士論文，2010 年 9 月。

9. 李慧芳，《謝枋得之散文及《文章軌範》研究》，桃園：中央大學中國文學系碩士論文，2009 年 1 月。

10. 周全，《宋遺民志節與與文學研究》，臺北：東吳大學中國文學研究所博士論文，1983 年 10 月。

11. 周林，《元初南宋遺民詩社「汐社」研究》，廣州：暨南大學中國古代文學科碩士論文，2011 年 8 月。

12. 周雪敏，《宋元之際白鷺洲書院朱子后學的氣節和氣節修養思想研究》，南昌：江西師範大學教育學原理科碩士論文，2003 年 7 月。

13. 沈雅文，《南宋遺民道教詩歌研究》，桃園：中央大學中國文學系碩士論文，2009 年 6 月。

14. 許文君，《疊山詩研究》，福州：福建師範大學中國古代文學科碩士論文，2007 年 6 月。

15. 張秋娟，《宋季及元風雅詞派流變研究》，廣州：暨南大學中國古代文學科博士論文，2007 年 11 月。

16. 曹利云,《宋元之際兩浙遺民詞人群體研究》,呼和浩特:內蒙古師範大學中國古代文學科碩士論文,2007 年 12 月。

17. 曹利云,《宋元之際詞壇格局及詞人群體研究》,天津:南開大學中國古代文學科博士論文,2011 年 3 月。

18. 崔倩,《宋元之際臨安文人倡和活動研究》,杭州:浙江大學中國古代文學科碩士論文,2009 年 7 月。

19. 黃世民,《宋末元初江西盧陵遺民詞人群體研究》,貴陽:貴州大學中國古代文學科碩士論文,2006 年 10 月。

20. 黃孝先,《南宋三家遺民詞人之研究》,臺北:中國文化大學中國文學研究所博士論文,1983 年 4 月。

21. 楊亮,《宋末元初四明文士與詩文研究》,開封:河南大學中國古典文獻學科博士論文,2007 年 11 月。

22. 趙冰潔,《文天祥對杜甫詩歌的繼承》,西安:陝西師範大學中國古代文學科碩士論文,2007 年 11 月。

23. 趙長杰,《文天祥集杜詩研究》,重慶:西南大學中國古代文學科碩士論文,2011 年 8 月。

24. 葉淑麗,《論南宋詞中之寄託》,桃園:中央大學中國文學系碩士論文,1991 年 5 月。

25. 劉南琦,《「節」的觀念及其心理意義——以明清之際士人的分析爲例》,臺北:輔仁大學應用心理學研究所碩士論文,1996 年 7 月。

26. 劉曉甜,《宋元之際遺民散文研究》,廣州:華南師範大學中國古代文學科碩士論文,2007 年 11 月。

27. 黎清,《宋末元初江西詞人群體研究》,南昌:江西財經大學中國古代文學科碩士論文,2007 年 3 月。

28. 潘玲玲,《南宋遺民詩研究》,臺北:政治大學中國文學研究所碩士論文,1986 年 5 月。

29. 謝皓燁,《宋元之際江西遺民詞研究》,湘潭:湘潭大學中國古代文學科碩士論文,2002 年 8 月。

30. 蔡佳琳,《典型在夙昔:明清時期文天祥忠節典範的形塑與流傳》,臺北:國立臺灣師範大學歷史學系碩士論文,2009 年 6 月。

31. 叢揚,《明清之際遺民心態》,大連:遼寧師範大學歷史系,2010 年 3 月。〔中國知識資源總庫網路出版項日期〕。

32. 譚輝煌,《宋元之際風雅詞派研究》,廣州:暨南大學中國古代文學科碩士論文,2007 年 4 月。

33. 鄧曉瓊,《論文天祥的詩歌藝術》,湘潭:湘潭大學中國古代文學科碩士論文,2008 年 4 月。

34. 羅才成,《文天祥哲學思想研究》,撫州:南昌大學中國哲學科碩士論文,2006 年 2 月。

四、期刊論文

1. 王次澄,〈南宋遺民詩人連文鳳及其詩析論〉,《東吳中文學報》2 期,1996 年 5 月,頁 189～210。

2. 王次澄,〈宋遺民福建大儒熊禾及其詩歌作品析論——兼述詩歌內容之區域文化觀照〉,《國立中央大學人文學報》36 期,2008 年 10 月,頁 1～56。

3. 王豔平,〈進退辭受間的優雅與沉重——宋元之交的士人心態與文學創作〉,《寧波大學學報》〔人文科學版〕第 17 卷第 4 期,2004 年 7 月,頁 75～79(接頁 107)。

4. 王豔平,〈堅守與無奈——宋元之交的士人心態與文學創作〉,《寧波廣播電視大學學報》第 5 卷第 3 期,2007 年 9 月,頁 8～20。

5. 卞威,〈謝枋得詩中的道家與儒家思想〉,《九江學院學報》第 4 期〔總第 137 期〕,2006,頁 83～85。

6. 田浩,〈因「亂」而致的心理創傷:漢族士人對蒙古入侵回應之研究〉,《臺大文史哲學報》第 58 期,2003 年 5 月,頁 71～94。

7. 任崇岳,〈論宋代民族英雄謝枋得〉,《商丘師範學院學報》第 11 卷第 1 期,1995 年 3 月,頁 51～53(接頁 6)。

8. 杜呈祥,〈關於正氣歌的內容問題〉,《中國語文》第 3 卷第 2 期,1958 年 8 月,頁 11～14。

9. 余英時,〈從宋明儒學的發展論清代思想史〉,《中國學人》第 2 期,1970 年 9 月,頁 19～41。

10. 李日剛,〈宋末遺民之血淚詩〉,《中國詩季刊》5 卷 3 期,1974 年 9 月,頁 1～30。

11. 李丕洋,〈從臨終表現看心學家的生死智慧〉,《哲學與文化》第 38 卷第 1 期,2011 年 1 月,頁 129～145。

12. 李存山,〈范仲淹與宋代儒學的復興〉,《哲學研究》第 10 期,2003 年 10 月,頁 40～48。

13. 李存山,〈慶曆新政與熙寧變法〉,《中州學刊》第 1 期,2004 年 1 月,頁 117～124。

14. 李杜,〈孔子對傳統生死觀的繼承與發展及對後代的影響〉,《哲學年刊》第 10 期,1994 年 6 月,頁 67～83。

15. 李瑞騰,〈悲哀的壯歌——南宋遺民詩中的血和淚〉,《文藝月刊》158 期,1982 年 8 月,頁 101～108。

16. 李曉婉，〈遺民詩人謝枋得道教慕仙情結研究〉，《蘭州大學學報》〔社會科學版〕第 32 卷第 3 期，2004 年 5 月，頁 32～37。

17. 吳吟世，〈大宋忠節謝疊山〉，《中國國學》7 期，1979 年 9 月，頁 227～233。

18. 吳秀玉，〈南明殉節大儒黃道周學說之時代地位〉，《宜蘭大學學報》2 期，2004 年 3 月，頁 113～126。

19. 吳振漢，〈明儒高攀龍的思想與殉節〉，《國立中央大學人文學報》37 期，2009 年 1 月，頁 29～67。

20. 吳曉青，〈南宋遺民林景熙詩歌初探〉，《中華學苑》42 期，1992 年 3 月，頁 189～212。

21. 江舉謙，〈文天祥「正氣歌並序」〉，《明道文藝》第 164 期，1989 年 11 月，頁 15～23。

22. 何冠彪，〈關於明季殉國人數的問題〉，《故宮學術季刊》10 卷 1 期，1992 年 9 月，頁 97～106。

23. 何冠彪，〈明季士大夫殉國原因剖析〉，《漢學研究》11 卷 1 期，1993 年 6 月，頁 287～317。

24. 何冠彪，〈明清之際士大夫對應否殉國之論說〉，《故宮學術季刊》10 卷 4 期，1993 年 6 月，頁 53～92。

25. 何冠彪，〈論明清之際士大夫對殉國者的評價〉，《漢學研究》12 卷 1 期，1994 年 6 月，頁 203～239。

26. 何晉勳，〈世變下的表態紀念——以南宋遺民為例〉，《中國歷史學會史學集刊》37 期，2005 年 7 月，頁 115～132。

27. 林明乙，〈〈正氣歌並序〉析評〉，《中國語文》第 55 卷第 6 期〔總第 330 期〕，1984 年 12 月，頁 54～58。

28. 林明乙，〈〈正氣歌並序〉析評〉〔續〕，《中國語文》第 56 卷第 1 期〔總第 331 期〕，1985 年 1 月，頁 55～62。

29. 林紅，〈宋元之際民族融合下的文學轉型〉，《長春大學學報》第 13 卷第 6 期，2003 年 12 月，頁 76～78。

30. 林蔥，〈宋遺民汪元量逸事〉，《浙江月刊》9 卷 1 期，1977 年 1 月，頁 7～9。

31. 周全，〈宋遺民林景熙與唐珏〉，《臺北師專學報》12 期，1985 年 6 月，頁 45～56。

32. 周全，〈宋遺民謝翱及其著述〉，《臺北師專學報》13 期，1986 年 6 月，頁 43～54。

33. 周全，〈宋遺民流亡海外略探〉，《臺北師專學報》14 期，1987 年 6 月，頁 101～108。

34. 周全,〈宋遺民詩試論〉,《臺北師院學報》1 期,1988 年 6 月,頁 427～443。

35. 沈杰,〈謝枋得《文章軌範》簡論〉,《四川師範學院學報》〔哲學社會科學版〕第 6 期,1998 年 11 月,頁 117～121。

36. 汪榮祖,〈說「正氣歌」的正氣〉,《歷史月刊》第 175 期,2002 年 8 月,頁 91～96。

37. 金生楊,〈謝枋得所傳易圖考〉,《周易研究》第 5 期〔總第 73 期〕,2005,頁 37～46。

38. 俞兆鵬,〈謝枋得愛國思想及其淵源與局限性〉,《江西社會科學》第 6 期,1984,頁 67～71。

39. 俞兆鵬,俞暉等著〈謝枋得的愛國思想和他的《注解選唐詩》〉,《南昌大學學報》〔社會科學版〕第 27 卷第 1 期,1996 年 3 月,頁 73～77。

40. 俞兆鵬,〈論「疊山精神」〉,《南昌大學學報》〔社會科學版〕第 31 卷第 1 期,2000 年 1 月,頁 85～89。

41. 肖振宇,〈謝枋得詩歌鑒賞特點略說〉,《淮海工學院學報》〔社會科學版〕第 7 卷第 4 期,2009 年 12 月,頁 47～49。

42. 孫克寬,〈元初南宋遺民初述——不和蒙古人合作的南方儒士〉,《東海學報》15 卷,1974 年 7 月,頁 13～33。

43. 孫琴安,〈論謝枋得的詩文評點〉,《許昌師專學報》第 17 卷第 2 期,1998,頁 46～47。

44. 袁信愛,〈荀子的生死觀及其禮義之學〉,《哲學年刊》第 10 期,1994 年 6 月,頁 161～175。

45. 馬蘭,〈理扁舟于五湖,對白鷗而忘機——宋元之際遺民文人騷體作品隱逸主題探析〉,《語文學刊》第 8 期,2011 年 4 月,頁 77～78。

46. 張秋娥,〈謝枋得評點中的修辭思想〉,《國文學報》33 期,2003 年 6 月,頁 125～163。

47. 張秋娥,〈謝枋得評點中的圈點——從謝枋得三種評點著作看其圈點及體現的修辭〉,《殷都學刊》第 3 期,2003,頁 100～105。

48. 張秋娥,〈謝枋得評點中體現的辯證修辭思想〉,《湖北師範學院學報》〔哲學社會科學版〕第 24 卷第 3 期,2004,頁 89～92。

49. 張秋娥,〈論謝枋得古文評點中的辯證修辭思想〉,《鄭州大學學報》〔哲學社會科學版〕第 38 卷第 1 期,2005 年 1 月,頁 97～100。

50. 張秋娥,〈南宋謝枋得評點中的「句法」〉,《湖北師範學院學報》〔哲學社會科學版〕第 26 卷第 1 期,2006,頁 62～65。

51. 張倩,〈謝枋得《注解唐詩絕句》版本源流考〉,《安徽大學學報》〔哲學社會科學版〕第 33 卷第 4 期,2009 年 7 月,頁 84～87。

52. 張曼莉，〈一曲悲歌泣鬼神──論愛國詩人謝枋得〉，《桂林市教育學院學報》第 2 期〔總第 29 期〕，1996，頁 10～14。

53. 張敏生，〈從典故看〈和文天祥正氣歌〉的主題思想──兼與〈正氣歌〉作比較〉，《長江師範學院學報》第 27 卷第 1 期，2011 年 1 月，頁 131～136。

54. 張智華，〈謝枋得《文章軌範》版本述略〉，《安徽師範大學學報》〔人文社會科學版〕第 28 卷第 1 期，2000 年 2 月，頁 97～100。

55. 張麗，〈謝枋得《文章軌範》初探〉，《撫州師專學報》第 21 卷第 1 期，2002 年 3 月，頁 51～55。

56. 許文君，〈謝枋得北行詩作探析〉，《齊齊哈爾大學學報》〔哲學社會科學版〕第 6 期，2008 年 11 月，頁 56～59。

57. 許倬雲，〈中國傳統的性格與道德規範〉，《思與言》第 2 卷第 5 期，1965 年 1 月，頁 407～408（接頁 414）。

58. 康凱淋，〈板蕩之朝與黍離之痛：謝枋得《詩傳注疏》析論〉，《彰化師大國文學報》18 期，2009 年 6 月，頁 165～193。

59. 黃俊傑，〈中國古代儒家歷史思維的方法及其運用〉，《中國文哲研究集刊》第 3 期，1993 年 3 月，頁 361～390。

60. 黃俊傑，〈論東亞遺民儒者的兩個兩難式〉，《臺灣東亞文明研究學刊》3 卷 1 期〔總第 5 期〕，2006 年 6 月，頁 61～80。

61. 傅正玲，〈「正氣歌」之思想探析〉，《孔孟月刊》第 35 卷第 6 期〔總第 414 期〕，1997 年 2 月，頁 46～49。

62. 傅佩榮，〈儒家生死觀背後的信仰〉，《哲學年刊》第 10 期，1994 年 6 月，頁 31～41。

63. 陳得芝，〈論宋元之際江南士人的思想和政治動向〉，《南京大學學報》〔社會科學版〕第 2 期，1997，頁 147～161。

64. 陳望南，〈謝枋得和《文章軌範》〉，《中山大學學報》〔社會科學版〕第 2 期，1996，頁 128～134。

65. 陳雅玲，〈南宋遺民謝枋得詩文初探〉，《思辨集》13 期，2010 年 3 月，頁 115～139。

66. 陳瑞，〈試論宋遺民散文中的老莊思想〉，《語文知識》第 4 期，2010，頁 87～88。

67. 楊亮，〈從拒絕到認同──以宋元易代之際南方文士立場轉變爲中心〉，《贛南師範學院學報》第 4 期，2009 年 8 月，頁 53～57。

68. 歐濟霖，〈〈正氣歌〉中三個字的辨析〉，《五邑大學學報》〔社會科學版〕第 2 卷第 1 期，1988，頁 58～62。

69. 劉曉惠，〈謝枋得《疊山集》版本源流考〉，《上饒師範學院學報》第 30 卷第 4 期，2010 年 8 月，頁 11～14。

70. 劉學智，〈「三綱五常」的歷史地位及其作用重估〉，《孔子研究》第 124 期，2011，頁 19～29。

71. 劉靜，〈宋末元初江南遺民群體的崛起、分化及原因尋繹〉，《廣西社會科學》第 5 期〔總第 191 期〕，2011 年 5 月，頁 99～101。

72. 賴漢屏，〈遺民淚盡胡塵裡——說宋、明兩代的遺民詩〉，《明道文藝》214 期，1994 年 1 月，頁 30～39。

73. 陸達誠，〈生死與價值〉，《輔仁宗教研究》第 3 期，2011 年 6 月，頁 165～186。

74. 謝皓燁，〈論宋元之際江西遺民詞人群之組成及群體關係〉，《齊齊哈爾大學學報》〔哲學社會科學版〕第 6 期，2003 年 11 月，頁 72～76。

75. 謝皓燁，〈論宋元之際江西遺民詞人群的群體特徵〉，《求索》第 3 期，2004，頁 192～194（接頁 224）。

76. 謝皓燁，〈論宋元之際江西遺民詞的內容特質〉，《南昌大學學報》〔人文社會科學版〕第 35 卷第 4 期，2004 年 7 月，頁 108～113。

77. 謝皓燁，〈宋元之際江西遺民詞的藝術風貌〉，《贛南師範學院學報》第 5 期，2004 年 10 月，頁 58～61。

78. 蔡佳琳，〈近五十年來的文天祥研究（1957～2007）：回顧與討論〉，《歷史教育》12 期，2008 年 6 月，頁 187～204。

79. 蕭啓慶，〈宋元之際的遺民與貳臣〉，《歷史月刊》99 期，1996 年 4 月，頁 56～64。

80. 鄭小江，〈論文山先生之生死觀與民族精神〉，《孔孟月刊》39 卷 11 期，2001 年 7 月，頁 27～31。

81. 譚輝煌，〈論宋元之際風雅詞派的居所詞〉，《咸寧學院學報》第 27 卷第 4 期，2007 年 8 月，頁 86～88。

82. 譚輝煌，〈論宋元之際風雅詞派詞風的嬗變〉，《長城》第 4 期，2010 年 2 月，頁 104～105。

五、會議論文

1. 趙中偉，〈人能弘道，非道弘人——從「意義治療」詮釋孔子的生命意義與價值〉，「話語的流動——第九屆通俗文學與雅正文學國際學術研討會」會議論文集，臺中：中興大學中國文學系，2012 年 3 月 16、17 日，第 1 冊，頁 83～102。